Michel Henry   **La barbarie**

야
만

미셸 앙리

Michel Henry   La barbarie

이은정 옮김

미셸 앙리

자음과모음

차례

일러두기

• 이 책의 저본은 Michel Henry, *La barbarie*, Presses Universitaires de France, 2004이다.
• 진한 글씨로 강조한 부분은 모두 지은이의 것이다.

이 책은 단순하지만 역설적인 사실에서 출발했다. 문화의 붕괴와 짝을 이루는, 지식의 유례없는 발전으로 특징지어지는 이 시대, 곧 우리 시대가 그것이다. 엄청난 대결 속에서 서로 맞설 정도로, 인류사에서 아마도 처음으로 지식과 문화는 분리되었다. 만일 전자의 승리가 후자의 소멸을 가져오는 게 사실이라면, 실로 목숨을 건 투쟁이라 할 만하다.

　신비로운 만큼 비극적이기도 한 이런 상황은 인간이 줄곧 자신을 내맡겼던 앎이 거짓이자 허구라고 갈릴레이가 선언한 17세기 초, 그 원천으로 거슬러 올라가면 해명된다. 앎은 그 다음이다. 사물이 색깔, 냄새, 맛을 지니며, 소리가 나고, 기분이 좋거나 좋지 않은 것이라고, 요컨대 세계가 감각적인 세계라고 우리를 믿게 한 감각적인 앎이다. 하지만 실제 세계는 감각적이지 않은 물체로 이뤄져 있다. 그 물체는 연장延長의 성질을 지니고, 형체와 모양을 갖추었다. 따라서 그 물체를 아는 방식은 개인에 따라 변하고 겉모습만 드러내주는 감성sensibilité이 아니라 그것의 형체와 모양에 관한 이성적 앎이다. 곧 기하학이다. 데카르트가 바로 증명해보일 것으로, 물질 자연에 관한 기하학적인 앎, 곧 수학으로 공식화할 수 있는 앎, 이런 것이 바로 다른 모든 지식의 자리를 차지하고, 다른 모든 지식을 무의미 속으로 내던져버린 새로운 지식이다.

그런데 갈릴레오 과학은 오직 이론의 측면에서만 전복을 일으킨 것이 아니다. 그것은 역사의 새로운 시기인 근대의 경계를 정하면서 우리 세계를 만들어가게 된다. 다른 문명일 때, 그 출현의 조건은 복잡하고 다중 성격을 띠어서 지성의 한 작용만으로 되돌릴 수 없다. 그래서 현실적인 설명력이 전혀 없는 모호한 도식, 예를 들면 탄생, 성장, 쇠락과 죽음의 유기체적 도식을 밖에서 적용하기 쉬울 정도다. 이와 달리 근대는 뚜렷하게 공식화되어 있고 내용을 아주 이해하기 쉬운 지적인 결단의 결과다. 이는 기하학적이고 수학적인 앎의 빛을 통해 물질 현상의 객관적 총체로 이제 되돌려진 세계를 이해하고, 나아가 오직 이 새로운 지식과 이 새로운 지식이 자유자재로 다룰 수 있게 해준 관성적인inerte 과정에 바탕을 두면서 세계를 구성하고 조직하고자 하는 결단이다.

한 시대나 문명을 분석해야 한다면 역사학이나 사회학에 발언을 줘야 하지 않을까? 역사학이나 사회학일 때, 방법은 경험적 사실에 그 출발점을 둔다. 경험적 사실을 설정하는 것이 첫 번째 과제다. 역사학자나 사회학자는 그 자체가 의심스러운 어떤 상관성을 경험적 사실에서부터 무한한 연구 작업 속에서 알아내고자 한다. 경험에 비해 늘 이차적이고, 확인, 수정, 반박 절차를 따르기에 '아포스테리오리^{a posteriori}'¹라 말해진 앎에 상대주의와 회의주의와 싸우던 위대한 고전 철학은 플라톤 이후 상위 질서의 앎을 대립시킬 줄 알았다. '아프리오리^{a priori}'의 앎이 그것이다. 이 '아프리오리'의 앎은 경험에 종속되기는커녕 경험을 가능하게 하므로 반대로 경험에 앞선다. 칸트가 공간과 시간을 감성의 '아프리오리' 형태이자 또 그처럼 세계에 관한 우리 직관의 '아프리오리' 형태로 생각한 데서, 이 세계를 구성하는 모든 사물이 그 여러 구분을 넘어 공간적이거나 시간적인 대상으로 우리에게 주어지고 주어질 거라는 결론이 나온다. 달리기를 하거나 산책을 하려 그의 집 문을 여는 자는 그것을 생각하지 않더라도 이미 그 모든 걸 안다.

이어지는 글에서 나는 갈릴레오의 전제를 근대의 '아프리오리'로 생각하는 위험을 무릅썼다. 그런 뒤에야 근대의 본질적 특징을 이끌어낼 수 있었다. 그 특징 가운데 첫째로, 특히 상상조차 할 수 없는 지식과 문화의 분열을 이끌어낼 수 있었다. 이를 위해서는 갈릴레오의 환원을 가늠해보는 것으로 충분하다. 대상 현실에서 그 감각 성질을 배제하는 일은 이와 함께 우리 감성을 배제하는 일이다. 우리의 인상, 감정, 욕망, 열정, 생각 그것을 모두 배제하는 일이다. 요컨대 우리 삶의 실체를 이루는 우리 주관성을 모두 배제하는 것이다. 모든 참된 실재성을 잃고 겉모습으로 되돌려진 것은 결국

---

1 'a posteriori'는 '더 나중의 것에서부터'라는 뜻을 지닌 라틴어 성구로 '더 먼저의 것에서부터'라는 뜻을 지닌 'a priori'와 짝으로 쓰인다. 'a priori/a posteriori'는 주로 '선천적/후천적' 또는 특히 칸트 철학에서 '선험적/후험적'으로 옮긴다. 여기서 아포스테리오리의 앎은 칸트적 의미에서 감각 경험을 통해 획득된 앎을 말하며, 아프리오리의 앎은 감각 경험의 가능 조건으로서 그것을 앞서는 앎을 말한다._옮긴이 주

삶이 지닌 부인할 수 없는 현상성phénoménalité[2] 속에서 우리 안에서 자기를 깨닫는s'éprouver 것으로서 삶이다. 우리를 살아있는 것으로 만드는 그것이다. 과학의 입장에서 연인들이 나누는 입맞춤은 원자물리학적 입자들의 폭발에 지나지 않게 된다.

삶이 문화의 모든 모습에서 문화의 유일한 원천이라고 가정한다면 삶을 작용 밖에 두는 일은 마찬가지로 문화를 작용 밖에 두는 일이며, 갈릴레오의 근대는 우리 눈 아래 벌어지는 끔찍한 광경만 줄 뿐임이 명백해진다. 그 광경은 바로 삶에 속하고 삶이 자신을 표현하던 모든 영역에서 사는 이유를 삶에 주었던 것의 점진적인 파괴다. 왜냐하면 삶에 뿌리를 둔 문화는, 다시 말해 자기에게 오고, 자기 자신을 깨닫고, 또 그처럼 자기를 통해 자기를 증대하는 삶의 쉼 없는 운동에 뿌리를 둔 문화는 삶이 그 자신을 가로지르는 거대한 욕망에 스스로 가져오고자 한 파토스적[3] 해답의 총체에 지나지 않기 때문이다. 그런데 그 해답을 삶은 오직 자기 자신 속에서만 찾을 수 있을 뿐이다. 곧 예술에서 일어나는 것처럼 더 많이 느끼고자 하는, 더 강렬하게 자기를 느끼고자 하는 감성 속에서. 그리고 윤리학에서 일어나는 것처럼 증대를 원하는 이 커다란 욕망이 그에 적

---

2 나타나는 것을 나타나게 하는 나타남의 가능 조건을 말한다. 이 가능 조건이 나타남의 본디 성질을 이루기에 현상성이라 한다._옮긴이 주
3 파토스pathos는 '받다'라는 뜻을 지닌 고대 그리스어 'paschein'에서 나온 말이며, '마음의 받은 상태'를 근본에서 뜻한다. 파토스는 흔히 '고통'으로 옮기는 'souffrance', 흔히 '정념'이나 '열정'으로 옮기는 'passion'과 근원에서 같은 의미다. 지속해서 받음으로써, 그 받음을 견딤으로써 생기는 게 괴로운 마음으로서 '고苦'이고, 나아가 '통痛', 아픔이다. 고통은 어쨌거나 서양말의 어원에서 보면 견디는 일이며, 나중에는 더는 견딜 수 없을 정도의 지경에 이르러 거기에서 벗어나고 싶은 욕망을 지니게 되는 일을 말한다. 앙리는 이 세 가지 말 'pathos', 'passion', 'souffrance'를 서로 같은 것으로 혼용한다._옮긴이 주

합한 길을 따라서 자기를 성취하게 해주는 행위 속에서. 그리고 마침내 종교에서 일어나는 것처럼 삶이 솟아나고 자기를 껴안기를 멈추지 않는 이 신비스러운 바탕에서 그 삶의 자기에 관한 깨달음 épreuve 속에서 말이다.

그런데 그 조직화의 원리를 삶 밖에 두는 우리 사회에서 문화가 없는 것과 같이, 그 숨겨진 원천에서 영감을 얻는 모든 사회에서 삶이 스스로 증대하는 과정에서 자기를 드러내는 것으로서 문화는 오직 상위의 모습만을 띠지 않는다. 문화는 인간 공동체의 기저층에서 음식, 의복, '재물' 일반의 생산, 공동체 성원 사이의 구체적 관계, 그 어느 것이 관계하든 기본적인 필요에 행위가 응답하는 거기, 인간 공동체에 배어 있다. 그처럼 요리, 주거, 노동, 연애 관계나 죽은 자와 관계에 관한 문화가 있게 된다. 죽은 자와 관계는 '인간적인 것'에 관한 첫째 정의를 허용한다.

삶 속에서 살아있는 자의 공동체로 이해한 사회에서 문화는 어디에나 이처럼 있다. 삶이 삶을 위해 모든 걸 이루었기에 모든 것이 가치 있다. 모든 걸 자기 자신에 따라 배열함으로써 삶이 행하는 평가는 처음부터 목적의 지배를 일으킨다. 하지만 그런 평가는 그 자체로 가치 있어야 하며, 오직 삶 그 자체가 최상의 가치이기에 그것은 가치가 있다. 삶은 유일한 가치다. 거기서 다른 모든 가치가 유래한다. 어째서 삶이 절대적 가치이자 다른 모든 가치의 유일한 기반인가?

삶 자신이 그것을 우리에게 말해준다. 삶은 스스로 그 일을 떠맡는다. 고통은 예컨대 고통을 말해준다. 고통은 그처럼 그 자체의 살 chair 안에 달라지고자 하는 욕망을 지닌다. 고통은 이 욕망을 이길 수 없다. 이런 것이 우리 삶의 현상학적 실체와 같은 것으로서, 최초의 평가이자 생각할 수 있는 모든 행위의 파토스적 동기다. 이 동기가 굉장히 깊어져서 우리를 문화의 원천으로 이끈다. 만일 우리가 고통을 최초의 받아냄souffrir[4]과 관련해 생각한다면, 문화의 원천은 삶의 원천이다. 최초의 받아냄 속에서 삶은 자기 자신을 깨닫고 증대하며, 자기를 즐기는 것, 절대 가치인 삶에 취하는 것 속에서 자기에 이른다.

반대로 삶의 내적 생성과 그 삶에 연결된 모든 지식, 그 삶의 표현이던 모든 형태의 문화가 물리학이 연구하는 것과 동질적인 과정의 앎에, 익명으로 된 그 앎에 자리를 내주었을 때 더는 그 어떤 것도 가치를 지니지 않게 된다. 또는 모든 게 같아진다. 참된 니힐리즘nihilisme의 시간이다. 삶을 죽음으로 바꾼 이런 일에 관한 가장 극명한 신호가 바로 더는 살아있는 몸의 주관성subjectivité이 아닌 물질적 과정의 비인격적 앎에 뿌리를 둔, 이제까지 알려지지 않던 기술의 출현이다. '도구'는 살아있는 몸의 연장일 뿐이다. 물질적 과정의 비인격적 앎은 물질적 과정과 같아지며, 일종의 악마적 소망을 따른 물질적 과정의 조건 없는 실행일 뿐이다. 맹목적인 사물 세

---

4 주로 '고통'이나 '괴로움'의 뜻으로 쓰이고, 또 그처럼 옮기는 'souffrance'의 동사형으로서, 'souffrir'는 '고통스러하다', '괴로워하다'라는 뜻으로 흔히 쓰이고, 또 그처럼 옮기는 게 통례다. 하지만 그 어원에서 'souffrir'는 '밑에서 받치다', '견디다'를 뜻하는 'supporter'와 같은 말이다. 앞서 얘기한 'pathos'와의 관련 속에서(각주 2번 참조), 그 근본적 뜻을 생각해서, 그리고 앙리도 이를 염두에 두고 있기에 이 말을 '받아냄'으로 옮긴다. 'souffrir'는 최초에 받아내는 일(견딤)이다. 그 견딤이 오래되어서야 그 마음은 괴로움이나 고통 같은 특수하고 개별적인 마음이 된다. 최초에 받아내는 일souffrir은 고통뿐 아니라 욕망이든 기쁨이든 특수하고 개별적으로 되는 모든 마음의 바탕으로서 이해된다._옮긴이 주

계에서 이뤄질 수 있는 모든 것은 아마도 이익이 아니라면 다른 헤아림 없이 그렇게 되어야만 할 것이다. 마치 어디서나 이미 인간의 실제 노동을 기만적 추상으로 바꾼 경제학만이 오늘날 우리를 구할 수 있는 것처럼 말이다. 그 자체로 모든 윤리적 명령에 낯선, 순수하게 물질적 본질로 된 이 새로운 기술이 결국 원칙에서 비인간적으로 된 우리 세계를 이끈다.

1987년 『야만』이 출간되었을 때 이 책은 커다란 반향뿐 아니라 신랄한 비판 또한 일으켰다. 그 어조는 단호했으며, 그 주장은 지나치게 단정적인 것 같았다. 그 지복천년설의 제안에 예언적인 무엇이 있었다. 사라져가는 문화에 관한 한탄은 과거의 향수를 잘 숨기지 못했다. 그리고 어쩌면 다른 것에 자리를 내줘야 했을 생각이나 방식, 표현 방법에 관한 애착을.

특히 몇몇 독자가 책 속에서 읽었다고 믿을 과학에 관한 비판에 관해서는 더욱 그랬다. 그 놀라운 결과와 함께 근대 과학은 오늘날 가장 중요하고 혁신적인 문화의 한 모습이 아닐까? 다만 과학은 갈릴레이의 선입견에서 벗어난다는 조건에서만, 결국 주관성을 내몰지 않는다는 조건에서만 문화의 한 모습이다. 이 초월론적 transcendantal[5] 의식 작용 없이는 원도 사각형도, '언어'의 어떤 특성

---

5 '초월론적/초월적transcendantal/transcendant'의 의미를 혼동하지 말아야 한다. 대상은 의식을 뛰어넘어 있다는 뜻에서 '초월적transcendant'이지만, 대상을 인식하는 의식 자체는 대상의 가능 조건이라는 뜻에서 '초월론적transcendantal'이라 할 수 있다. 대상의 가능 조건으로서 의식은 대상 경험을 앞서 있다는 점에서, 곧 당위적으로 앞서 있다는 점에서 그것을 뛰어넘어 있다고 할 수 있다. 그런데 왜 초월-론-적인가? 왜냐하면 뛰어넘어 있으면서 의식은 대상의 가능 조건을 해명해주기 때문이다. 곧 'logos(해명)'의 구실을 하기 때문이다. 따라서 초월-'론'-적이라 할 수 있겠고, 그처럼 옮기는 게 적절하다고 나는 생각한다._옮긴이 주

도 없게 된다. 그와 함께 갈릴레이는 "우주의 커다란 책"을 해독하
겠다고 주장했다. 결국 그런 주관성도 감성도 내몰지 않는다는 조
건에서만 과학은 문화의 한 모습이 된다. 이 감성 없이는 과학의 관
념성이 불가피하게 관계하게 되는 내용을, 이를테면 원자물리학의
입자로 해석되는 영사막 위의 이 섬광을 우리는 만날 수 없다. 이른
바 과학에 관한 비판은 결국 그 구체적 가능성의 총체 속에서 그것
을 파악하도록 이끌고자 한 데 지나지 않는다.

다만 그 가능성은 '노에시스noesis'[6]의 내용을 이루는 관념적 의
미와 초월론적 의식이 갖는 지향적 관계, 그 관계 속에서 생각한 초
월론적 의식의 노에시스 활동으로 되돌려지지 않는다. 갈릴레이의
환원은 독단적으로 과학의 실재성réalité이나 현실성effectivité을 노에
시스의 내용으로 한정한다. 고전 합리성의 연장인 후설의 합리성
은 모든 객관성을 그 주관적 조건으로 되가져올 수 있다. 그렇지만
후설의 합리성은 비인격성과 익명성이라는 이중의 위협 아래 사로
잡혀 있다. 과학을 문화의 한 모습이라고 말할 수 있는 건 오직 초
월론적 의식이 삶에, 또 삶에만 스스로 주는 이 행위autodonation를
모든 지식과 모든 가치의 궁극적인 현상학적 기반으로 인식할 때
뿐이다. 가장 근원적인 기반으로 되돌아가게 하는 이 물음을 근대
과학은 묻지 않는다. 근대 과학은 삶이 비밀에 부쳐진 뒤로 우리 정
신을 점령한 객관주의에 속한다. 대개 그 원리를 모르는 자들의 눈
먼 조작에 내맡겨진 초대형 기계와 함께 근대 과학이 낳은 기술은

---

6 후설 현상학은 노에시스noesis와 노에마noema를 구분한다. 노에시스가 '의식의 기능적,
작용적 측면'을 말한다면, 노에마는 '의식의 객관적, 대상적 측면'을 말한다._옮긴이 주

더욱이 그것을 묻지 않는다. '컴퓨터의 문화'는 존재하지 않는다.

삶의 영역에 지식을 복귀시키는 일, 예를 들어 마르크스처럼 "생각은 삶의 한 방식"이라고 주장하는 것은 어떤 이론적인 문제도 참으로 자율적이지 않다는 걸 이해하는 일이다. 그 연구 주제에서 주관성을 배제한 갈릴레이의 결단은 오직 지적인 결단만은 아니다. 그 결단 속에서 자기 자신에게 등을 돌린 건 바로 삶 자체다. 지식의 변화 뒤에 그 원인이나 그 결과로서 자기 파괴autodestruction라는 중대한 현상이 출현한다. 이 자기 파괴는 삶의 자기 파괴다. 삶의 자기 파괴는 마찬가지로 문화의 자기 파괴다.『야만』은 그 현상에 관한 체계적 기술을 제안했다. 그 현상에 관한 공포는 그 현상의 내용과 또한 그 현상의 피할 수 없는 전개에서 나온다. 교양 있는 모든 사람이 '사실' 앞에서 오늘날 느끼는 이 무능력한 비극적 감정은 그 사실이 갈릴레이가 상상한 '아프리오리'에 뿌리를 둔다는 데서 기인한다. 이 '아프리오리'를 철학은 이제껏 진리Vérité와 선Bien에 관한 앎을 위해 따로 놓아두었다.[7] 진리와 선에 관한 '아프리오리'의 이 앎이 사실은 파토스적인 으뜸드러냄archirévélation[8] 속의 삶 그 자체라는 점, 자기 자신에게 주고 모든 사람을 그인 것으로 만드는 자기 드러냄autorévélation 속의 삶 그 자체라는 점, 바로 삶을 배제하고자 하는 터무니없는 계획에 살인적인 광기의 성격을 주는 것이 바로 여기에 있다.

하지만 삶은 늘 거기 있다. 삶이 자기 안에 오는 지칠 줄 모르는

---

7 진리와 선을 대문자로 써서 궁극적인 진리와 선이 여기 관계함을 알게 한다._옮긴이 주
8 'archi-'라는 접두어는 '으뜸'이나 '상위'를 뜻한다. 가장 근본이 되는 드러냄이라는 뜻으로 이렇게 옮긴다._옮긴이 주

과정에 맞서면 어느 것도 힘을 쓰지 못한다. 받아내고 즐거워하는 과정에서 삶은 자기를 증대하고, 자기 안에서 자기를 부풀린다. 받아내고 즐거워하는 파토스적 방식에 따라 자기 안에 오는 이 행위에서 엄청난 에너지Energie가 솟는다. 이 에너지는 고도의 문화 형태 속에서 자신을 이뤄내고 자신을 가라앉힌다. 그런 문화 형태가 폐지됨으로써 쓸모없게 된 에너지는 단지 거북하기만 한 게 아니다. 그것이 지닌 힘이 사라지지 않고 반대로 배로 늘어나기에, 되는 대로 목적 없이 펼치게 될 그 힘은 억제할 수 없는 폭력을 낳게 된다.

『야만』의 진단이 있었던 뒤로 자기 파괴의 현상은 믿을 수 없을 정도로 증대했다. 특히 폭력이 그렇다. 우리는 폭력을 거리에서만 보지 않는다. 모든 가치에 맞서는 니힐리즘의 집요함, 자연을 거스르는, 곧 삶을 거스르는 모든 것에 관한 예찬이 폭력을 더욱 드러낸다. 폭력과 함께 노력이 가져다주는 이로움과 삶이 주는 행복을 눈 먼 과정으로 바꾸는 일을 극단적으로 행하는 것은 비정상적으로 자기를 발전해가는 기술이다.

결국 편재하는 근대성의 객관주의를 부인할 이유가 더는 없어진다. 과학의 일방적인 객관주의 뒤에 매체의 객관주의가 강요된다. 매체의 객관주의는 매 순간 인간 정신을 점유하러 오는 내용을 만들어냄으로써, 전례 없고 경계 없는 이데올로기의 조작을 허용함으로써, 자유로운 모든 생각과 모든 '민주주의'를 금지함으로써 외적인 나타남으로, 사랑에 관해 예를 들자면 몸의 객관적 움직임으로, 사진으로 되돌려진 모든 사적인 관계를 금지함으로써 인간을 자기 자신에게서 내몬다.

'소통'의 회복을 떠맡게 된 건 컴퓨터다. 고전 사유가 "의식의 소통"이라 불렀고, 현대 현상학이 여전히 "상호 주관성"이라는 이름 아래 부르는 것, 누군가가 다른 누군가의 동시대인으로 되는 이 감정적 동요는 이제 화면 위 객관적 메시지의 출현으로 귀결한다. 이는 '정보의 고속도로'다. 그 위에서 우리는 누구의 얼굴도 구별하지 못한다. 소통, 이곳에서는 아무와도 소통하지 않으며 그 내용은 속도에 따라 빈곤해지기를 멈추지 않는다. 결국 다중적이고 비일관적인 모든 분석과 모든 평가 기준과 모든 비판에서, 그 역사와 발생에서 모든 이해 원칙에서 단절된 아무 의미 없는 정보의 소통이다. 바야흐로 학교에 컴퓨터를 들일 때다. 수업하는 건 컴퓨터의 몫이다. 유전자 사이에서 발생하는 것과 비슷한 정보의 소통이다. 모든 형태에서, 그리고 모든 변장을 통해 인간의 '자연화'는 갈릴레이의 '아 프리오리'가 갖는 마지막 변모다. 인간은 사물과 다르지 않다.

2000년 11월
미셸 앙리

이제껏 한 번도 본 적 없는 것

우리는 야만으로 들어간다. 인류가 칠흑 같은 밤에 빠진 건 물론 처음이 아니다. 그런 쓰라린 모험을 인류가 심지어 여러 차례 겪었다고 우리는 생각해볼 수 있다. 역사학자나 고고학자는 목이 멘 채로 사라진 문명의 흔적을 들춰낸다. 하지만 다른 문명이 늘 이어졌다. 고대 성전의 폐허 위에 더 강하거나 더 섬세한 새로운 사원이 세워졌다. 버려진 관개 시설 때문에 악취를 풍기는 늪으로 바뀐 들판은 언젠가 물이 빠지고 다시 말라 더욱 풍요로운 경작지로 자리 잡을 것이다. 이처럼 우리는 역사를 순환적으로 생각할 수 있었다. 팽창의 모든 단계에 쇠퇴의 단계가 이어지지만, 어디서든 삶의 발전을 더 멀리 가져가는 새로운 비약이 일어났다.

삶의 발전은 총체적으로 나타난다. 서로 기대고 열광하면서 인간 안에 있는 힘은 함께 펼쳐진다. 경제, 수공업, 예술, 지식, 도덕, 종교 행위는 함께 간다. 어느 것을 우선시하든 해석가는 실천적, 기술적, 이론적 지식의 동시적 개화를 확인한다. 그 결과가 바로 수메르, 아수르, 페르시아, 이집트, 그리스, 로마, 비잔틴, 중세, 르네상스다. 이 혜택을 입은 '공간'에서는 매번 인류를 만드는 가치의 총체가 다 함께 꽃을 피웠다.

우리 눈 아래 일어나는 건 매우 다르다. 근대 시기 초부터 '과학'을 이뤘고, 더군다나 이 과학의 자격을 소리 높여 요구하는 지식의 전례 없는 발전을 우리는 본다. 우리는 과학을 엄밀하고 객관적이고 반박할 수 없으며 참된 앎으로 이해한다. 한때 과학을 앞선, 막연하고 의심스러운 모든 형태의 앎이나 믿음이나 미신과 비교하면 과학은 그 명증과 증명의 힘, 지구의 모습을 뒤바꾼 그 '증거'의 힘이 가져온 놀라운 결과에서 구별된다.

불행히도 그런 전복은 인간 자신의 것이기도 하다. 세계에 관해 점점 더 포괄적으로 되어가는 앎이 의심의 여지없이 좋은 것이라면 어째서 그 앎은 다른 모든 가치의 붕괴와 함께 가는가? 그 붕괴는 매우 심각해서 우리 존재 자체를 문제 삼게 한다. 사실 달라진 건 지구의 모습만이 아니다. 지구의 모습은 매우 끔찍해져서 그곳에서 삶은 더는 견딜 수 없게 되었다. 그 결과 사람들이 공들여 만들고 매우 끈기 있게 정복한 그것, 아름다움이 사물의 측면에 연결되지 않았다. 아름다움이 퍼트리고 그것이 요구하는 삶의 내적 조건 또한 사물의 측면에 연결되지 않았다. 삶 그 자체가 타격을 받았기에 삶의 모든 가치가, 미적인 것뿐 아니라 윤리와 성스러움, 그리고 그것들과 함께 나날을 살 가능성이 비틀거린다.

오늘날 전혀 숨길 수 없게 된 문화의 위기는 다소 수상쩍은 분석의 대상이 되었다. 가장 일반적으로 받아들여지는 '설명'은 다음 문제다. 근대 과학과 함께 지식은 엄청난 진보를 했다. 그 결과 지식은 저마다 자체의 방법론과 자체의 개념 체계와 자체의 대상을 지닌 연구의 증식으로 분할되었다. 누구도 이제 더는 지식을 모두, 심지어 그 가운데 몇이라도, 심지어 단 하나만이라도 제압하지 못한다. 문제가 되는 건 지식의 통일성이다. 그와 함께 지식의 일치를 보장하는 원칙의 해명이 문제가 된다. 또 그처럼 행동의 타당성, 모든 영역에서 가치 평가의 타당성, 생각 자체의 타당성이 문제가 된다. 우리의 일상적 태도는 이와 관련해 의미를 갖는다. 모든 특수한 문제 앞에서 우리는 전문가에게 도움을 청한다. 하지만 치통이나 기계 수리에는 그 방법이 효과적임이 밝혀지지만, 인간 존재와 그의 운명에 관해서는 여전히 어떤 총체적 전망도 주지 못한다. 그런 전망 없이, 그렇지만 정확히 사물이 아닌 우리 존재와 관련 있는 한 그런 식으로 모든 때에 할 바를 결정하는 건 불가능하다.

　엄밀하고 객관적이고자 하는 과학의 의지를 따르는 지식의 필수적인 증식, 그 결과로 생기는 문화의 위기에 관한 해석과 함께 하나의 전제가 놓인다. 그 전제는 너무 뻔해서 눈에 띄지 않는다. 그것은 매우 다양하다 할지라도 그 지식이 가능한 유일한 지식을, 경험의 모든 범위에서 합리적 태도에 줄 수 있는 유일한 기반을 이룬다는 점이다. 그런데 어째서 적응되고 확신에 찬 태도 대신 어디서나, 즉 감각적이고 감정적이고 정신적일 뿐 아니라 말 그대로 지적이거나 인식적인 삶의 모든 영역에서 똑같은 불확실성과 혼돈을 지켜보게 되는 일이 생기는가? 그 혼돈은 예술이나 윤리나 종교가 지닌 가치의 동요가 아니다. 말 그대로 그것들의 갑작스럽거나 점진적인 전멸이다. 왜냐하면 거기 관계하는 것은 사실 문화의 위기가 아니라 문화의 파괴이기 때문이다.

　이처럼 인류의 전통적 앎과 완벽한 단절을 뜻하는 이론적이고 실천적 방법을 지닌 과도한 지식의 발전은 허구처럼 주어진 이 앎(전통적 앎)을 무너뜨릴 뿐 아니라 인류 자체를 무너뜨린다. 큰 바다의 물결과 비슷하게, 과거 문명의 모든 산물은 마치 공통 화음으로 되어 있는 듯 서로 떨어지지 않은 채 함께 오르고 함께 내렸다. 지식이 재물을 만들면 그 재물은 아름다움을 만들었다. 그리고 성스러움은 모든 사물을 비추었다. 여기 우리가 이제껏 한 번도 본 적 없는 것이 있다. 과학의 팽창과 인간의 폐허가 바로 그것이다. 여기 새로운 야만이 있다. 그것을 극복할 수 있을지 이번엔 확실치 않다.

　왜 그리고 어떻게 갈릴레이 시대에 나타난 뒤로 유일한 지식으로 생각해온 어떤 유형의 지식이 누구나 알 만하고 매우 잘 이해할 필요의 길을 따라서 다른 모든 가치의 전복을 생기게 한 걸까? 또 그처럼 문화의 전복을? 또 인간 인간다움의 전복을? 이는 모든 가능한 지식의 본질과 그 궁극적 기반의 본질에 관한 이론을 지니기만 하면 완벽하게 이해될 수 있다. 왜냐하면 그 기반은 곧 가치와 문화와 인류와 인류의 모든 성취의 기반이기도 한 까닭이다. 믿을 수 없는 방식으로 그 기반을 제쳐놓았기에 근대 과학은 은연중 우리의 세계를 심연에 몰아넣었다. 인류가 있은 뒤 그를 동반하고, 인류를 생존하게 해주고, 문명과 정신의 주기를 가로지르게 해준 낯선 앎의 햇불을 아직 손에 쥔 채 적어도 우리는 아직 구렁의 가장자리에서 그 구렁에 마지막 빛을 던질 수 있다. 그 빛은 우리에게 그 구렁이 지닌 위협과 크나큰 단절과 붕괴를 드러낸다.

1

문화와 야만

야만은 시작이 아니다. 야만은 그것을 반드시 앞서는 문화 상태에 늘 이차적이다. 문화 상태와 비교했을 때만 야만은 빈곤과 퇴화처럼 보일 수 있다. 야만은 조제프 드 메스트르[9]의 말처럼 폐허지, 기초가 아니다. 문화가 결국 늘 첫 번째다. 활동과 사회 조직의 가장 거친 모습조차도, 예를 들면 원시 부족에서나 볼 수 있는 그런 모습조차도 이미 문화의 한 방식이다. 그 모습은 정확히 집단의 존재와 그 생존을 가능케 하는 데 목적을 둔 조직, 암묵적 법률 그리고 행동의 유형을 보여준다. 그 기본 형태가 얼어붙은 것 같고 그것의 맹목적 전파가 무한히 반복되는 구조의 단순 연장에 이르렀을 때

---

9 Joseph de Maistre는 19세기 초 프랑스의 소설가, 철학자, 정치가, 프랑스 전통주의를 대표하는 사상가였다. 프랑스혁명에 반대해 절대왕정과 교황의 지상권을 주장했다.『교황론』,『상트페테르부르그 야화』등을 썼다._옮긴이 주

조차도 깊은 힘이 활동 중이다. 그 힘은 삶을 지속하게 해주는 현재 상태만을 유지하지 않는다. 그 힘은 오히려 기회를 엿보고 있다고 말해야 할 것이다. 있는 것을 보존하는 데 만족하지 않고 그 힘이 가로지른 천 년의 세월에 걸맞은 인내심으로 도약을 이루고자, 아직 알려지지 않은 관계를 발견하고자, 도구나 생각을 발명하고자, 새로운 세계를 일어나게 하고자 지식에 의존할 때를 기다린다고 말해야 할 것이다.

결국 문화란 무엇인가? 삶이 문화의 주체와 그 대상을 모두 이룬다는 이중적인 의미에서 모든 문화는 삶의 문화다. **곧 삶이 자기 자신에게 하는 행위다. 그 행위로써 삶은 바꾸는 것이자 바뀐 것으로서 자기 자신을 바꾼다.** '문화'는 다른 아무것도 가리키지 않는다. '문화'는 삶의 자기 변화autotransformation를 가리킨다. 좀 더 높은 실현과 성취의 모습에 이르고자, 자기를 증대하고자 스스로 달라지기를 멈추지 않는 움직임을 가리킨다. 그런데 삶이 스스로 자기 변화하고 자기 성취하는 쉼 없는 움직임이라면, 삶은 문화 자체다. 또는 삶 안에 새겨지고 삶인 그것 자체처럼 삶이 원한 문화를 삶은 어쨌거나 지닌다.

우리는 여기서 어떤 삶에 관해 말하는가? 자기를 유지하고 자기를 증대하기를 멈추지 않는 이 힘은 무엇인가? 어떤 방식으로든 생물학의 주제나 과학의 대상을 이루는 그 삶은 아니다. 과학자가 자신의 현미경을 통해 도달하고자 하는 분자나 입자가 아니다. 과학자는 여러 절차를 통해 그 분자나 입자의 성격을 공들여 만들어낸다. 그렇게 해서 늘 더 적합하지만 언제나 수정될 수 있는 그런 성격의 개념을 애써 구성하려 한다. 그 결과 결코 이르지 못할 과학 진보의 이상적 기한이 아니고서는 생물학자가 연구하는 삶이 무엇인지 우리는 결코 완벽하게 알 수 없을 것이다. 그러나 오늘날 우리가 여전히 생물학적 삶에 대해 완전하지 못한 개념만을 지니더라도 인류는 어쨌든 그 개념에 관해 조금의 생각도 지니는 일 없이도, 자신의 존재를 의심하는 일 없이도 수천 년을 살았다는 사실을 눈여겨봐야 한다. **인간 삶의 어떤 변화도 그 삶의 유지든, 증대든, 문화든 전혀 그 개념의 덕을 보는 일 없이 말이다.** 그처럼 우리는 이미 다음과 같은 첫 번째 진리를 예감한다. 20세기 말 그런 진리에 대해 생각해보는 것은 쓸모없지 않다. 말하자면 **문화는 본디 그 자체로 과학과 아무 관계가 없으며, 과학의 결과로 생기지 않는다.**

우리가 말하는 삶은 결국 과학 지식의 대상과 혼동되지 않는다. 그 대상에 관한 앎은 이 지식을 소유하고 그것을 얻어내야만 했던 이들을 위해 마련한 것이다. 우리가 말하는 삶은 오히려 우리인 그것 자체이기에 모든 사람이 아는 것이다. 하지만 삶이 자기 자신을 알고, 자기에 관한 이 본디 지식이 삶의 고유한 본질을 구성함에 따라서가 아니라면 어떻게 '모든 사람', 곧 살아있는 자로서 모든 사람이 삶인 것을 알 수 있겠는가? 삶이 자기 자신을 느끼고 깨달은 결과, 삶이 깨닫지 않고 느끼지 않는 건 삶 안에 아무것도 없었다.[10] 또 자기 자신을 느끼는 사실이 곧 삶을 삶으로 만들었다. 이처럼 자기 자신을 느끼는 이 놀라운 속성을 자기 안에 지니는 모든 것은 살아있는 것이다. 하지만 그 속성이 없는 채 있는 모든 것은 죽은

---

10 'Sentir', 'éprouver', 같은 뜻인 '느끼다'로 쓸 수 있는 말로, 여기서는 구분을 위해 '느끼다', '깨닫다'로 옮긴다._옮긴이 주

것일 뿐이다. 예를 들면 돌멩이는 자기 자신을 깨닫지 못한다. 우리는 그것을 '사물'이라고 한다. 땅도 바다도 별도 사물이다. 초월론적 의미에서 **감성**sensibilité을, 곧 자기 자신을 깨닫고 느끼는 능력을 그 안에 드러나게 하지 않는 한 풀도 나무도 식물 일반도 마찬가지로 사물이다. 그 능력은 더는 생물학의 뜻에서가 아닌, 참된 삶의 뜻에서 그런 것을 정확히 살아있는 것으로 만들게 될 것이다. 참된 삶은 **절대적 삶, 현상학적 삶이다. 그 삶의 본질은 자기 자신을 느끼거나 깨닫는 사실 자체에 있으며 그 외에 다른 아무것도 아니다.** 이것이 우리가 여전히 주관성이라 부르는 것이다.

이제 자기 자신을 느끼는 이 비상한 속성을 지식이라고, 아마도 가장 심원한 형태의 지식이라고 한다면, 또 그처럼 특히 과학에 관해서 또한 지식을 말하듯 삶이 그 자신 안에서 살아있는 것으로서 본디 지식이라고 한다면, 어떤 종류의 지식이 과학일 때와 삶일 때 관계하는지, 그리고 이 두 지식을 어떻게 서로 구분하는지를 자세히 밝히는 것이 중요하다. 만일 긍정적이든 부정적이든 지식 일반과 본질적인 관계에 있는 문화와 야만에 관한 논쟁이 모호함 속에서 길을 잃기를 바라지 않는다면 말이다.

과학 지식은 원칙에서 객관적이다. 하지만 이로써 우리는 보통 두 가지를 이해하고 혼동한다. '객관적'이라 함은 먼저 과학 지식이 합리적이고 보편적으로 타당하며 모든 이로부터 인정받음을 뜻한다. 과학 지식은 개개인이 지닌 여러 의견이나 특수한 관점, '주관적'일 뿐인 모든 것에 대립하는 참된 앎이다. 그런데 '주관적인 것'의 특수성과 상대성을 극복한다는 주장을 우리는 그 충만한 의미에서 파악해야 한다. 개별적인 다름에 관한 단순 거부를 훨씬 넘어서면서 그 주장은 경험과 인간 조건의 심원한 본성을 가리키며 또 그로부터만 이해될 수 있다. 그 주장이 갈릴레이 시대 근대 과학의 탄생에서, 곧 자연에 관한 수리 과학의 탄생에서 결정적인 구실을 한 건 그런 자격에서였다.

세계는 실제로 아직 헤라클레토스의 흐름을 이룰 뿐인, 감각적이고 변화 가능하며 우발적인 출현으로 우리에게 주어진다. 그 강물 속에서 우리는 절대 두 번 몸을 담그지 못하며, 아무것도 머물지 못한다. 확고한 앎을 위한, 고정된 그 어떤 지레 점에도 머물지 못한다. 그런데 유럽인의 사고방식을 뒤흔들고 유럽인을 유럽인으로 만들게 될 자연에 관한 갈릴레이 과학을 따르면, 그 주관적 모습의 상대성 넘어 세계의 참 존재를, 그 자체로서 세계를 드러내 보이는 일이 가능해진다. 이는 오직 시공간적 세계의 추상적 모습만을 참으로 있는 것으로 붙들고자 이 세계에 관한 앎에서 감각 성질과 일반적인 방식으로 주관성에 종속된 모든 것을 배제하는 한에서만 그렇다. 그 결과 그 모습은 모든 정신에 같은 것으로 있는 기하학적인 결정에 적합해진다. 이처럼 개별적인 인상과 그 인상이 일으키는 여러 의견 대신 세계에 관한, 참으로 있는 것에 관한 일의적인 앎이 제시된다.

자연의 참된 존재는 과학으로 명백해지고 과학으로 설명된다. 주관성의 범위, 감각, 의견, 개인적 생각 따위의 범위, 인간의 정신성spiritualité이나 정신 세계라 부를 수 있는 것은 그런 자연에 근거를 둔다. '정신 과학' 또는 오늘날 말하듯 '인간 과학'은 결국 그 어떤 자율성도 지니지 못한다. 그것은 자연학과 대칭을 이루지 못한다. 그 연구는 임시적이고, 언젠가 다른 지식에 자리를 내줘야 한다. 심적 현실, 다시 말해 인간 경험의 수위를 내버리고 숨겨진 토대, 곧 분자와 원자의 세계를 향하는 지식에 자리를 내줘야 한다. 만일 문화가 인간 정신성의 범위를 대상으로 한다면 기반 과학이라 부를 더 적합한 학과를 위해 그것이 매일 뒷걸음질을 치는 건 정당한 일이다.

후설 현상학은 우리 시대 과학주의와 실증주의 이데올로기를 떠받치고 있던 잘 알려진 주장을 뒤엎었다.[11] 이 놀라운 전복을 침묵으로 흘려보낼 수는 없다. 기하학적인 결정은 관념성이다. 그런 결정으로 갈릴레이 과학은 사물의 존재를 되돌리고자 했다. 관념성은 우리 일상 활동이 벌어지는 곳으로서, 감각적이고 주관적이고 상대적인 세계를 설명할 수 있기는커녕 반드시 삶의 이 세계와 관계한다. 관념성은 이 세계와 관련해서만 의미를 지니며, 그것이 피해갈 수 없는 이 세계의 지반에서 구성된다. 이런 관점에서, 만일 과학의 이론적 구성 속에서 태양 주위를 도는 행성이 아니라 과학의 관념화가 어쩔 수 없이 가리키는 모든 경험의 지반으로서 지구를 고려한다면, 후설의 이 엄청난 격언을 다시 취해야 할 것이다. 그리고 그와 함께 말해야 할 것이다. "으뜸근원Archi-originaire 지구 Terre는 움직이지 않는다."[12]

다른 한편 관념성으로서 자연 과학이 사용하는 기하학적이고

11 이에 관해 cf. Edmund Husserl, *la Crise des sciences européennes et la phénoménologie transcendantale*, trad. Gérard Granel, Gallimard, Paris, 1976. (에드문트 후설, 『유럽 학문의 위기와 선험적 현상학』, 이종훈 옮김, 한길그레이트북스, 1997)

12 in *Philosophie*, "Manuscrit d'Edmoun Husserl", mai 1934, trad. Didier Franck, n° 1, janvier 1984. (에드문트 후설의 「원고」, 1934년 5월, 디디에 프랑크 옮김, 『철학』, 제1집, 1984년 1월)

수학적인 결정은 그 결정을 발생시키는 주관적 작용을 가정한다. 그 작용 없이는 존재하지 않을 것이다. 자연에는 숫자도 산수도 덧셈도 뺄셈도 직선도 곡선도 있지 않다. 그곳에 관념적 의미가 있다. 엄격한 뜻에서 그 의미를 만들어내고 그 의미에 관해 초월론적 의식이라 불러야 할 의식에서 그 의미는 절대적 기원을 찾는다. 결국 기하학적이고 수학적인 관념화가 주관성에서 나온다면, 주관성을 겉으로 드러난 것에 지나지 않는 것으로 되돌리기는커녕 과학 세계는 반대로 주관성에서 자체 가능성의 항구적인 조건으로서 그것을 계속 낳는 원리를 찾는다.

정신 세계가 그 법칙과 고유한 창조와 함께 어떤 본성, 인간이나 동물의 몸성corporéité[13]에 근거를 둠에 따라서 이 본성은 추상적 관념성을 지닌 과학의 세계가 아니다. 그것은 삶의 세계다. 우리 것과 같은 감성 내부에서만 다가갈 수 있는 세계다. 또 끊임없이 달라지고 새로워지는 주관적 출현의 끝없는 작용을 통해서만 우리에게 주어지는 세계다. 갈릴레이의 착각, 그리고 그를 이어 과학을 절대 지식으로 생각한 모든 이의 착각은 실제 세계에 관해 일의적인 앎을 주려고 마련된 수학적이고 기하학적인 세계를 실제 세계 그 자체로 여겼다는 데 있다. 실제 세계는 우리 주관적 삶의 구체적 방식에서 직관하고 느낄 수 있을 뿐이다.

그런데 이 주관적 삶은 과학의, 또한 모든 개념적 사유 일반의 관념성과 추상만을 만들지 않는다. 그것은 먼저 삶의 이 세계에 모

---

13 'Corporéité'는 '몸을 지니는 성질'을 말한다. 보통 유형성 또는 육체성이나 신체성으로 옮기나 여기서는 '몸성'으로 옮기겠다._옮긴이 주

습을 준다. 그 세계 한가운데 우리의 구체적 존재는 펼쳐진다. 왜냐하면 정육면체나 집처럼 단순한 실재성은 우리 밖에, 우리 없이, 어떤 방식에선 그 자체로 그것이 지닌 성질의 기층처럼 존재하는 어떤 것이 아니기 때문이다. 그 실재성은 지각의 복잡한 활동 덕분에만 그것으로 있다. 지각은 정육면체나 집에 관해 우리가 지니게 되는 연속적인 감각 자료 너머, 이 모든 주관적 출현이 관계하는 동일한 관념적 극처럼 정육면체나 집을 놓는다. 정육면체의 한 면이나 집의 한 측면에 관한 지각은 무한한 관계 작용에 따라서 아직 지각되지 않은 다른 면에 관한 가능한 지각을 가리킨다. 모든 대상 일반, 모든 초월적 구성에서도 상황은 마찬가지다. 그 초월적 구성은 매번 초월론적 주관성의 특수하고 종합적인 작용을 함축한다. 그 초월론적 주관성 없이 초월적 구성은 존재하지 않을 것이다.

아마도 우리 일상의 삶에서 우리는 우리에게 익숙한 주변 세계를 이루는 의식에 주의하지 않을 것이다. 우리는 집을 지각하지만 집에 관한 우리 지각에는 주의하지 않는다. 우리는 늘 세계에 관한 의식을 가지지만 세계에 관한 의식에 관한 의식을 전혀 지니지 않는다. 세계를 지각하고, 과학의 관념성과 추상을 생각으로 품고, 상상하고 기억하는 따위, 의식의 이 지칠 줄 모르는 활동은 이처럼 우리 실제 삶의 흐름을 동반하기를 멈추지 않는 모든 비실재적 표상을 만들어내며 그런 의식의 활동을 명백하게 하는 건 철학의 몫이다.

고전 철학이 모든 앎 일반 한가운데 두었고, 먼저 우리를 둘러싼 세계에 관한 감각적 앎 한가운데 두었으며, 또 그처럼 과학 한가운데 두었던 이 의식의 존재 자체를 몇몇 학자는 의심하기를 겁내지 않았다. 그처럼 행동주의의 창시자들은 다른 과학이 시험관 속이나 현미경 끝으로 그것이 말하는 대상을 보여줄 수 있는 것과 마찬가지로, 이른바 이 의식이라 말해지는 걸 그들한테 '보게 하라'고 요구했다. 그들은 의식이 바로 그 '보게 하는' 힘임을 알아차리지 못했다. 그 힘에 그들 자신, 다른 과학과 모든 형태의 앎 일반은 끊임없이 도움을 요청한다.

의식의 초월론적 작용은 과학 세계의 관념성을 만들기에 앞서 지각 세계의 대상을 구성한다. 그렇다면 그 의식은 무엇으로 구성돼 있을까? 먼저 문제가 되는 힘이 두 상황, 가장 단순하고 직접적인 지각과 가장 공들여 구상된 과학의 목표에서 같은 것임을 눈여겨봐야 한다. 보게 하고, 볼 수 있게 하고, 현재 조건에 자리 잡게 하는 바로 그 힘 말이다. 볼 수 있게 한다는 건 대상ob-jet[14]의 조건 속에 앞으로 오게 함un faire-venir-devant이다. 그 결과 모든 사물을 볼 수 있게 해주는 가시성은 그 자체로서 객관성 이외에 다른 아무것도 아니다. 곧 빛의 전경이다. 그 안에서 우리에게 모습을 드러내는 모든 것은 감각적 현실이든 과학의 관념성이든 모습을 드러낸다. 의식은 전통적으로 '주체sujet'로 이해된다. 하지만 주체는 대상의 조건이다. 곧 사물이 우리에게 대상이 되고, 또 그처럼 우리에게 모습을 드러내도록 하는 것이다. 그 결과 우리는 사물을 알 수 있다.

그런데 의식에 관한, 다시 말해 현상의 현상성에 관한 이 함축적 이해가 과학 자체의 뒷배경에 놓이는 것처럼 대부분 철학의 뒷배경에 놓이게 된다. 경험의 가능성을 명백하게 하려는 칸트에게

---

14 본디 '앞으로 던지다'라는 뜻을 지닌 동사 'objicere'에서 왔으며, 그 본디 뜻을 살려주고자 'ob'와 'jet'를 띄어 썼다._옮긴이 주

서 예를 들면 그 가능성은 대상의 가능성으로 나타난다. 곧 공간과 시간의 직관과 오성의 범주인 조건 전체인 것으로 나타난다. 그 조건 덕분에 대상은 우리에게 주어질 수 있다. 따라서 그 조건으로 우리는 대상과 관계할 수 있으며, 대상을 경험할 수 있다. 대상과 관계하고 대상에 이르고자 대상을 향해 자신을 넘어서는 그 가능성이 후설 현상학에서는 바로 '지향성'이다. 지향성은 의식 그 자체의 바탕을, 의식의 나타내고 보여주는 힘을, 곧 현상성 자체를 규정한다. 의식이나 주관성의 개념을 거부한다고 주장했던 철학에서, 심지어 그 개념을 사용하지 않던 고대 사유에서 똑같은 가정이 은밀하게 작용 중이라는 것이 눈에 두드러져보인다. 안다는 건 늘 본다는 것이다. 본다는 건 보이는 걸 본다 함이다. 보이는 건 거기 우리 앞에 있는 것이다. 앞에 놓인 건 대상이다. 대상이 보이고 알려지는 건 그것이 앞에 놓인 한에서, 그것이 대상인 한에서다. 따라서 지식, 의식은 그 자체로 앞에 놓임position-devant이다. 객관성ob-jectivité이자 궁극에는 객관성에 그 기반을 주는 것이다. 후설 이후 현상학, 하이데거Martin Heidegger의 현상학과 특히 하이데거 이후 현상학은 '주관성'과 '의식'의 개념을 멀리했다. 이는 대상Objet이 있는 바깥Dehors의 최초 발현으로 되돌려지지 않는 모든 것에 관한 거부다.[15]

우리는 과학 지식을 구별하게 해주는 특징이 그 객관성이라고 말했다. 이로써 우리는 그 초超-주관적이고 초超-개인적인 특성을,

---

15 'Objet'는 대문자로 쓰여 '대상 일반'을 가리킨다. 그리고 'Dehors', 바깥은 그런 대상 일반의 '현상 조건'으로서 바깥이기에 또한 대문자로 쓰였다._옮긴이 주

그 보편성을 이해했다. 과학적으로 참인 건 요구된 능력을 지니기만 하다면 모든 정신이 인정하는 것으로서 있다. 하지만 그 보편성의 의미에서 과학 지식의 객관성은 이제 막 문제시한 존재론적 객관성에 근거한다. 곧 참인 건 증명할 수 있어야 한다는 사실에 근거한다. 다시 말해 거기 앞에 있다는 조건 속에, 자신이 보는 걸 확신할 수 있도록 모든 눈길이 발견하고 볼 수 있는 대상의 조건 속에 그 참인 걸 보여주고 가져올 수 있어야 한다는 사실에 근거한다. 이로써 과학 지식은 의식 일반의 지식과 동질적으로 되고, 단순히 의식 일반의 지식을 연장하게 된다. 왜냐하면 의식 일반의 지식처럼 과학 지식은 명증성évidence¹⁶의 목적에 순응하기 때문이다. 곧 눈길 앞으로 가득한 빛 안에서 또렷이 보이고, 그런 방식으로 의심할 수 없게 될 것을 그 빛 안에 지니려는 동일한 노력에 순응한다.

문화의 문제는 그와 상관적인 야만의 문제와 마찬가지로 **의식의 지식이나** 이 지식의 치밀하게 구상된 한 모습인 **과학의 지식을 더는 끌어들이지 않는 존재의 차원과 확고하게 관계할 때에만,** 삶과 관계할 때에만, 오직 삶과의 관계에 놓였을 때에만 철학적으로 이해될 수 있다. 이것이 바로 문화는 삶의 문화라는 주장이 첫째로 함축하는 바다. 이는 문화가 삶의 자기 변화라는 것만을 뜻하지 않는다. 삶의 자기 변화는 눈먼 것일 수 없다. 삶의 자기 변화가 증대를 목표로 하는 한 그것은 지식에 의존해야 한다. **과학과 의식의 지식, 이것과 다른 지식에 결국 문화는 그 근거를 둔다.** 그 지식은 곧 삶의 지식이다. 삶은 그 존재의 모든 지점에서 자기 자신을 느끼는 사실 자체이자

---

16 본디 '보다'라는 뜻을 지닌 동사 'videre'에서 나온 말이다._옮긴이 주

또 그처럼 자기 드러냄autorévélation이기에 본질에서 그런 지식을 이룬다. 이 자기 드러냄과 함께 삶은 시작하고 끝난다. 삶의 이 본디 지식에 문화가 그 근거를 둔다면 그 지식은 더 자세히 무엇으로 되어 있는가? 어떤 점에서 그 지식은 의식과 과학의 지식과 다른가? 그 다름의 결과로 이 의식과 과학의 지식을 돌이킬 수 없는 방식으로 자체에서 배제할 정도다.

유전 기호에 관한 책을 읽는 데 몰두해 있는 생물학과 학생을 생각해보자. 그의 독서는 이 책에 담긴, 다시 말해 활자로 의미화한 개념과 이론의 복잡한 과정에 관해 그의 고유한 의식이 하는 반복이다. 하지만 그가 읽는 동안 그리고 그의 독서가 가능하도록 **그는 손으로 책장을 넘긴다**. 그리고 문장의 한 줄 한 줄을 눈으로 가로지르고, 그 안에 새기고자 **그는 눈을 움직인다**. 그런 노력으로 피곤해졌을 때, 그는 일어나서, 도서관을 떠나, 카페테리아로 가고자 계단을 내려갈 것이다. 그곳에서 그는 약간의 휴식을 취하고 먹고 마실 것이다. 생물학 개론서에 담기고 생물학과 학생이 독서 중 자기 것으로 만드는 지식은 과학 지식이다. 독서 자체는 의식의 지식을 사용하는 일이다. 한편으로 독서는 단어의 지각, 즉 종이에 그린 선의 감각 직관으로 되어 있다. 다른 한편으론 단어가 담아오는 관념적 의미에 관한 지적 이해로 이뤄져 있다. 그 의미가 모여 책의 의미를 이룬다. 곧 그 책 안에 포함된 과학 지식을 이룬다. 손과 눈의 움직임을 가능하게 한 지식, 일어나고, 계단을 오르고, 마시고, 먹는 행위, 쉼 그 자체는 삶의 지식이다.

이 세 가지 지식 가운데 어느 것이 기본적인지를 묻는다면 우리 시대의 선입견 전부를 단숨에 거부할 수밖에 없다. 곧 과학 지식이 가장 중요할 뿐 아니라 실제로 참된 유일한 앎이라는 믿음 말이다. 지식이 과학을, 다시 말해 갈릴레이 시대에 도입된 자연에 관한 수학적 지식의 유형을 뜻한다는 믿음 말이다. 서양에서 엄밀한 과학의 도래를 앞서는 모든 것은 선입견이고 착각이라고 말하지 않는다면, 유기적이지 않은 앎의 축적에, 불명료한 예지豫知에 지나지 않는다는 믿음 말이다. 그러나 시작이 늘 가장 어려운 일임을 잊어선 안 된다. 어떻게 선先 과학적인 인류가 근대 기술이 그의 수중에 놓게 될 수단 하나 없이 살아남고 발전했을 뿐 아니라 여러 영역에서, 예컨대 예술과 종교의 영역에서 오늘날 사람들이 이를 수 없을 놀라운 결과를 만들어낼 수 있었을까? 만일 삶의 지식인 이 근본적 지식을 인류가 지니지 않았다면 말이다.

우리의 생물학과 학생을 보자. **책에 담긴 과학 지식을 그에게 얻게 해주는 건 과학 지식이 아니다.** 그가 손이나 눈을 움직이거나 정신을 집중하는 건 그런 지식에 근거해서가 아니다. 과학 지식은 추상적이다. 그것은 일정 수의 관념적 의미에 관한 지적 직관이다. 그러나 손을 움직이는 행위는 조금도 추상적이지 않다. 과학 지식은 먼저 객관성에 관한 앎이라는 의미에서 객관적이다. 객관성은 거기 앞에 있고, 또 그처럼 모습을 보여주고, 또 그처럼 눈으로 이를 수 있고, 또 그처럼 알려질 수 있다는 조건에 있게 되는 한에서만 지각된다. **하지만 손을 움직일 줄 아는 일, 눈을 돌릴 줄 아는 일, 곧 삶의 지식은 어떤 방식으로도, 또 어떤 의미에서도 객관적이지 않다. 대상과 관계를 그 안에 지니지 않기에, 이 대상과의 관계가 그 본질이 아니기에 삶의 지식은 어떤 대상도 지니지 않는다.**

만약 손을 휘젓는 움직임에 포함되고 그 움직임을 가능하게 하는 지식이 대상을, 손과 그 가능한 이동을 지닌다면 손의 움직임은 일어나지 않을 것이다. 지식은 마치 객관적인 뭔가와 마찬가지로 자기 앞에 있게 될 것이다. 객관성의 거리는 이 객관적인 뭔가에서 지식을 영영 떨어트려놓을 것이고, 그것과 영영 다시 합쳐질 수 없게 할 것이다. 손의 움직임을 객관적인 뭔가와 마찬가지로 생각함에 따라서, 그리고 그동안에는 그 움직임에 작용을 가하고 먼저 그것을 일으킬 가능성은 그 움직임을 대상처럼 바라보는 자에게 수수께끼처럼 보이며 마법에 속하게 된다. 이 수수께끼를 사라지게 하는 건 삶 속으로 파고들 때뿐이다. 또한 대상과 모든 관계, 모든 지향성과 모든 탈자태ek-stase[17]를 그 자체에서 배제하기에 모든 외재성을 그 자체에서 배제하는 본질을 그 삶 안에서 인정할 때뿐이다. 손의 힘과 합치되고 그 힘과 같아지는 능력, 그 힘인 것으로 되고 그 힘이 하는 걸 하는 능력, **그 힘과 혼동하는 지식**만이 그런 능력을 지닌다. **왜냐하면 그 지식은 그 힘이 끊임없이 자기에 관해 지니는 깨달음**épreuve de soi **이외에 다른 아무것도 아니기 때문이다. 그것은 그 힘의 근본적인 주관성 이외에 다른 아무것도 아니다.** 그 근본적 주관성의 내재성 속에서만, 그리고 그 내재성을 통해 손의 힘은 또한 그 어떤 힘도 가능하다. 다시 말해 자기를 소유하고 또 어느 때라도 그처럼 자기를 펼칠 수 있다. 자기로부터 객관성의 탈자태를 배제하는 지식, 아무것도 보지 않고 보아야 할 아무것도 없는 지식, 반대로 자기에 관한 순수 깨달음의 내재적 주관성과 그 깨달음의 파토스로

---

17 탈자태ek-stase는 '~밖에'를 뜻하는 'ek'와 '있다'를 뜻하는 'stase'가 결합된 말로, 말 그대로 '(자기) 밖에 있다'는 걸 뜻한다. 탈자태는 삶과 대립되는 것으로서 세계, 이 세계의 가능 조건으로 이해된다._옮긴이 주

이뤄져 있는 지식, 바로 여기 삶의 지식이 있다.

그런데 삶의 지식은, 이제부터 이 표현은 동어반복처럼 우리에게 쓰이는데 과학자가 그의 책장을 넘길 줄 알아야 한다는 의미에서 오로지 과학 지식의 외적 조건은 아니다. 그것은 또한 과학 지식의 내적 조건이다. 과학 지식은 의식 지식의 한 모습일 뿐이다. 다시 말해 대상 관계의 한 모습일 뿐이다. 하지만 대상 관계 그 자체는 그 안에 삶의 바탕, 이 바탕에서만 가능하다. 대상 관계는 감각 대상에 관한 감각적 봄vision이 관계하든, 수, 추상 관계, 모든 종류의 관념성 따위와 같은 지적 대상에 관한 지적 봄이 관계하든 대상에 관한 봄이다. 그런데 대상에 관한 봄에 담긴 지식은 조금도 대상에 관한 지식으로 끝나지 않는다. 그 지식은 봄 그 자체에 관한 지식을 함축한다. 봄 그 자체에 관한 지식은 더는 의식이 아니고 지향적 대상 관계가 아니며, 바로 삶이다.

이것이 바로 철학 사고에서 가장 유명한 분석의 하나이자 넘쳐나는 주석이 있는데도 가장 이해받지 못한 채로 있는 데카르트 '코기토cogito'에서 나오는 담론이다. 이 오역의 주된 이유가 흥미롭다. 왜냐하면 그것이 이론적 지식의 착각이라 불러야 할 것에 관해 눈여겨볼 만한 예시를 제공하기 때문이다. 그 착각은 근대 문화에서 극단적 모습을 띤다. 근대 문화는 모든 담론의 지시 내용과 이 내용이 놓이고 이것이 존재의 출현 안으로 자체적으로 나아가는 고유한 방식, 이 둘을 논의 자체, 즉 글과 글의 객관적 소여 방식으로 뒤바꿨다. '코기토'는 글에 개입한다. 정확히 앞의 두 '성찰'에 관한 글에 개입한다. 따라서 우리는 그것을 글의 한 부분으로, "나는 생각한다. 고로 나는 존재한다."라는 명제로 헤아릴 수 있다. 이것은 명증적évident[18]이다. 생각하려면 내가 존재해야 한다는 걸 나는 잘 안다. 마치 둘 더하기 셋은 다섯과 같다는 걸 내가 아는 것처럼 말이다. 명증적인 건 뚜렷하게 보고 뚜렷하게 갈라 보는 일voir clair et distinct[19] 속에서 의식이 보는 일이다. 그것은 이 보는 일의 대상이다. 코기토일 때 그것은 내 생각이 함축하는 내 존재다. 이처럼 이해되고 제시된 '코기토'는 이론적 지식의 순간이자 그 최초의 지식이다. 이와 함께 모든 가능한 이론적 지식의 본보기다. 뚜렷하게 보고 뚜렷하게 갈라 본다는 조건에 모든 가능한 이론적 지식을 종속시키기만 하면 그것은 확고하고 틀림없는 지식이 될 것이다. 명증성 속 이론적 지식의 현실화는 의식 일반, 다시 말해 대상 의식이 갖는 지식의 한 방식이다.

그런데 코기토에 관한 글이 이론적 지식 내부의 명증성이라면, 코기토가 의미하는 건 매우 다르다. 그런 유형의 모든 지식을 작용 밖에 두고 배제하는 것, 과학과 의식 일반의 지식을 배제하는 것이다. 그리고 이는 다른 성격의 지식을 위해서 그렇다. 이 지식의 본질적이고 구별되는 특징은 바로 모든 대상 관계와 모든 가능한 객관성을 자체에서 배제한다는 데에, 따라서 모든 명증성을 자체에서 배제한다는 데에, 이론적이거나 특히 과학적 지식을 자체에서 배제한다는 데에 있다. 어떻게 그런지 살펴보자.

데카르트는 모든 앎의 원천과 기반으로서 보기voir 일반을 문제

---

18 그 명사형 'évidence'(명증성 또는 명백함)는 앞서도 얘기했듯 '보다'라는 뜻을 지닌 라틴어 'videre'에서 나온 말로, 그 본디 뜻을 새기는 것이 중요하다._옮긴이 주
19 '뚜렷하게 보고, 뚜렷하게 갈라 본다'로 옮긴 'voir clair et distinct'은 흔히 '명석 판명하게 본다'로 옮긴다._옮긴이 주

삼는다. 곧 감각 세계에 관한 감각 직관과 이성적 진리에 관한 지적 직관을 모두 문제 삼는다. 만일 꿈에 지나지 않기에 감각 세계가 존재하지 않는다면, 만일 둘 더하기 셋이 다섯과 같다거나 "생각하려면 내가 있어야 한다."라고 내가 믿을 때 악마가 나를 속이겠기에 이성적 진리가 모두 거짓이라면 이는 오직 봄vision, 상상할 수 있는 모든 봄이 가장 뚜렷한 것에서부터 불명확한 것에 이르기까지 기만적이기 때문이다. 겉으로 볼 때 가장 의심할 수 없을 것 같던 명증성, 예를 들어 '코기토'의 명증성은 그 자체로서 명증성에 타격을 가하는 의심을 피할 수 없다. 하지만 만일 봄이 그 자체로 기만적이라면, 만일 모든 사물을 보게 하는 가시성의 세계가 나타나게 하거나 보게 하는 것이 아니라 오류로 이끄는 것이라면, 감추고 속이는 것이라면, 만일 가능한 모든 앎의 초월론적 조건이 그 자체로 사실은 그릇됨과 방황의 원리라면 어떻게 이론적 논의가 이어질 수 있으며, 어떻게 먼저 인간 삶이 그저 계속될 수 있을까?

첫 번째 '성찰'에서 표류하는 것과 다른 지식을 지니기에 삶은 계속될 수 있다. 이 두 번째 지식이 바로 삶이다. 삶은 자기 자신을 느끼는 일이자 그 존재의 모든 지점에서 자기 자신을 깨닫는 일이다. 이 '느끼기sentir'와 '깨닫기éprouver' 안에는 대상 관계도, 대상도, 세계의 탈자태도, 세계도 있지 않다. 세계와 관계, 또는 세계의 운명에 전혀 무관심한, 예컨대 세계의 존재 또는 비존재에 전혀 무관심한 '깨닫기'과 '느끼기'다. 그처럼 내가 꿈을 꿀 때 내가 본다고 믿는 방과 내가 얘기를 나누는 사람들은 존재하지 않을 수 있다. 그러나 만일 꿈꾸면서 내가 공포를 깨닫는다면 그 공포는 절대로 그것 자체다. 꿈이 관계하며 방도 사람도 세계도 있지 않다는 사실로 그 존재가 타격이나 손상을 입지 않는다. 봄이 손상을 입음으로써, 내게 보게끔 주어진 모든 걸 보게 하는 가시성의 탈자태 세계가 동요됨으로써 그 존재가 타격이나 손상을 입지 않는다. 세계와 관계의 도착, 그리고 모든 객관성의 붕괴, 하지만 이런 일에도 공포가 그대로 남았다면 이는 세계와 지향적 관계가 더는 공포 그 자체 속에 끼어들지 못하며 그 안에 조금도 자리하지 못하는 한에서다. 세계와 지향적 관계를 매개로, 봄vision을 매개로, 모든 봄이 기반을 두는 탈자태를 매개로 공포가 자기에게 자기를 주지 않는 한에서다. 그렇다면 공포가 어떻게 자기에게 자기를 주는가? 자기 자신을 느끼고 그 존재의 모든 지점에서, 자기 자신을 느끼는 일 안에서, 자기 자신을 깨닫는 것으로서 가능하다. 자기 자신을 느끼는 일은 촉발성affectivité[20]의 본질을 이룬다. 초월론적 촉발성은 드러냄의 본디 방식이다. 그 방식에 근거해 삶은 자기에게 자기를 드러나게 하고 또 그처럼 그것인 것으로 삶이 될 수 있다.

이로써 삶의 지식은 의식과 과학의 지식, 우리가 일반적으로 앎이라 부르는 것에 근본에서 대립하게 된다. 거의 모든 데카르트 주석가, 후설과 특히 하이데거가 이해하는 의미에서 'cogitatio'에는 'cogitatum'이 있다. 의식은 항상 뭔가에 관한 의식이다. 그것은 자기와 다른 것을 드러낸다. 감각과 함께, 예를 들면 뭔가가 깨달아진다. 다시 말해 이 감각 안에, 또 그것을 통해 그 뭔가가 드러난다.

---

20 삶의 본질로서 이해되는 촉발성affectivité은 일으키는 성질이다. 일으키는 것과 일으켜진 것의 이중 의미에서 이해되는 촉발affection은 앞서 얘기한 파토스pathos와 같은 것으로, 이 둘은 서로 바꿔 쓸 수 있다. 본디 촉발은 스스로 자기 자신을 일으킨다. 곧 자기에 관한 자기 촉발autoaffection de soi이다. 자기 자신을 일으키고, 자기 자신을 받는 일이다._옮긴이 주

마찬가지로 지각은 지각된 대상을 드러낸다. 상상은 상상한 내용을, 기억은 추억을, 오성은 개념을 드러낸다. 그 고유한 지식 안에 반대로 삶은 다른 아무것도 드러내지 않는다. 그 어떤 타자성도, 그 어떤 객관성도, 그것과 다르거나 낯선 그 무엇도 드러내지 않는다. 바로 그렇기에 삶은 삶이다. 왜냐하면 삶이 본디 느끼는 건 자기 자신이기 때문이다. 삶이 본디 깨닫는 건 자기 자신이며, 삶을 본디 촉발한 것 또한 자기 자신이다. 그 자체가 촉발된 것이자 촉발하는 것이라는 의미에서 스스로 자기를 촉발하는 본질을 자기 안에 지니는 모든 것, 그것만이 살아있다. 그러나 자기 촉발성은 비어 있거나 형식적인 개념이 아니다. 그것은 사변적 명제가 아니며 삶의 현상학적 실재성을 규정한다. 그 실재성의 실체성은 그 실재성의 순수 현상성이다. 또한 그 실재성의 순수 현상성은 초월론적 촉발성이다. 공포는 그것이 지닌 자기 촉발의 촉발성 이외에 다른 아무것도 아니기에, 공포는 절대로 있으며 세상에 그것 외에 다른 아무것도 없을지라도, 또는 아무 세상도 없을지라도 그것은 있을 것이다. 어쨌거나 공포가 그 자체에 관해 갖는 이 말 없는 순수 자기 깨달음은 있을 것이다. 자신의 정념passion은 있을 것이다. 요컨대 삶은 있을 것이다.

세상의 꿈에서 공포를 수반하는 표상이 거짓으로 밝혀질 때에도 공포는 그 고유한 존재, 그 촉발성의 살chair에 전혀 손상을 입지 않는다. 그런데 봄에서 보는 모든 것을, 그리고 보인 것과 관계하는 힘으로서, 보게 하는 것으로서 보기 자체를 추상하면 공포에 관해 참인 것은 봄 자체에 관해서도 그렇다. 왜냐하면 보게 하는 일이 사실은 감추고, 모습을 바꿔놓고, 실수로 이끄는 일이었다면, 자기에 관한 순수 깨달음 속에서, 그 존재의 모든 지점에서 자기를 느끼고 자기를 깨닫는 것으로서, 살아있는 봄으로서 보게 하는 일은 또한 존재하기 때문이다. 데카르트는 "Sentimus nos videre"[21]라고 말한다. 그처럼 봄이 자기 자신을 깨닫는 일이 있으며, 이 봄이 보는 일과 그것이 보는 모든 것이 거짓이라 할지라도 그런 일은 남으며 절대로 '참'이다.

다만 어떤 조건에서인지를 우리는 잘 안다. 봄과 이 봄이 보는 것이 모두 거짓일 때, 만일 봄 자체를 드러내는 드러냄의 힘이 봄에게 보이는 걸 발견하게 해주는 드러냄의 힘과 근본에서 다를 때에만, 왜냐하면 이 두 번째 힘은 의심스럽기에 봄의 주관적 경험은 '참'일 수 있다. 봄이 자기에게 자기를 드러내는 드러냄의 힘은 삶의 지식이다. 곧 삶이다. 봄에게 그 대상을, 그것이 보는 걸 발견하게 해주는 드러냄의 힘은 의식의 지식이다. 이 지식에 과학과 모든 앎 일반은 근거를 둔다. 이 두 개의 힘은 다음의 점에서 근본적으로 다르다. 두 번째 힘이 대상 관계와 이 대상 관계에 궁극에는 기반을 주는 것, 최초의 벌어짐, 지평선의 멀어짐, 탈자태의 나타남, 그 속에서 자신을 다한다는 점에서다. 그 힘이 세우는 현상성은 초월론적 외재성의 현상성이다. 이곳에 모든 형태의 외재성과 객관성은, 특히 과학 세계의 객관성은 뿌리를 둔다. 삶이 지니는 드러냄의 힘에는 더는 반대로 벌어짐도 다름도 없다. 삶은 거리 없이 자기 자신을 느끼는 일이다. 이 느낌을 이루는 현상성은 촉발성이다.

---

21 *Œuvres*, "Lettre à Plempius du 3 octobre 1637"(1637년 10월 3일 플렘피우스에게 보낸 서한), in Descartes, édit. Adam et Tannery, I, p. 413.

데카르트는 과학의 진리를 전혀 의심하지 않았으며, 또한 과학을 비판하려 하지도 않았다. 그의 의도는 반대로 과학을, 정확하게는 자연에 관한 수리 과학을 정당화하는 데 있었다. 이 아주 새로운 과학을 그는 감탄과 함께 발견했으며, 그 놀라운 발전을 보았다. 하지만 데카르트의 천재성은 그 지식이 그 자체로 충분하지 않고 다른 지식을 가정한다고 예감한 데 있다. 첫 번째 성찰에서, 감각적이든 지적이든 모든 형태의 지식, 대상 관계와 또 그처럼 가능한 모든 세계에 타격을 준 의심은 바로 이 관계를, 다시 말해 그때까지 알려진 모든 형태의 지식을 차단하고 그것이 숨기는 은밀한 지식을 나타내는 데 목적이 있었다. 왜냐하면 데카르트는 이질적인 두 가지 형태의 지식, 그가 한편으론 영혼에 관한 앎 또는 정신의 관념이라 부르는 것과 다른 한편으론 몸에 관한 앎, 다시 말해 대상 관계라 부르는 것이 있다고 오직 주장하지 않았기 때문이다. 두 번째 성찰의 명시적 주제는 다음을 보여주는 데 있다. 첫째, 영혼에 관한 앎이 몸에 관한 앎보다 더 기본적이고 확실하다. 성찰의 제목은 「인간 정신의 본성과 그것이 몸보다 알기에 더 쉽다는 것에 관해」다. 둘째, 삶의 이 절대 확실한 지식에 몸에 관한 앎, 즉 세계에 관한 앎, 또 그처럼 의식과 과학 일반은 근거를 둔다.

첫 번째 증명은 실재적이든 관념적이든 대상 관념인 다른 모든 관념과 정신의 관념(영혼에 관한 앎)을 근본에서 구별하는 것으로 이뤄진다. 정신의 관념이 정확히 'cogitatum'을, 곧 대상을 지니지 않았다는 점에서 두 관념은 다르다. 정신의 관념은 드러냄의 본디 힘이다. 그것에 따라서 'cogitatio(영혼, 삶)'는 그 자신을 드러내는 일이며, 어떤 객관성, 'cogitatum'을 드러내지 않는다. 그처럼 공포는 자체를 드러내며, 자체 안에, 그 촉발성 속에 그것 외에 다른 아무것도 드러내지 않는다. 삶의 지식(영혼에 관한 앎)이 이제 몸에 관한 앎, 모든 대상 앎에 기반을 준다는 것이 다음의 결과로 나온다. 정신의 관념이 다른 모든 생각에 대립할 뿐 아니라 또한 다른 모든 생각의 공통된 본질을 이룬다. 이처럼 'cogitatum'을 그 안에 지니는 모든 관념(인간, 삼각형, 신에 관한 관념)은 정신의 관념일 때에만, 그리고 정신의 관념으로서 먼저 순전히 자기 느낌일 때에만 존재에 이를 수 있다. 어떤 인간도, 어떤 삼각형도, 어떤 신도 없을지라도 이 자기 느낌은 있는 그대로 'cogitatio'로서, 삶과 영혼의 방식으로서 그 자체에 이 정신의 관념을 드러낸다.

대상 봄이 봄 자체의 지식을 전제함에 따라서, 그리고 봄의 지식이 그 자신의 파토스, 절대 주관성의 초월론적[22] 촉발성 안에서 그 자기 촉발임에 따라서 결국 대상 봄은 결코 단순한 봄이 아니라 끊임없이 스스로 자기를 촉발하며, 오직 이 자신에 관한 자기 촉발 속에서만 보므로 하나의 감성sensibilité이다. 이가 왜 세계가 비인격적이고 공허한 시선에 주어진 순수 광경이 아니라 감각적인 세계인가, 의식의 세계가 아닌 '삶의 세계monde-de-la-vie'인가 하는 것에 관한 이유다. 이 세계는 삶에만 주어지며, 삶을 위해, 삶 안에, 삶을 통해 존재한다. 왜냐하면 모든 가능한 '세계'가 이뤄지는 곳, 바깥의 열림ouverture d'un Dehors, 어떤 외재성, 예를 들어 수數의 본디 외재화Extériorisation가 발생하려면 그 발생이 자신을 촉발하는 한에서만, 결국 그 발생의 촉발성Affectivité 속에서 이것으로만 가능하기

---

22 여기서 '초월론적'은 그것을 주관성으로서, 삶으로서 가능하게 한다는 의미다.

때문이다. 이처럼 모든 것은 이후에 감각적이지 않으며 어떤 느낌 tonatlités을 띠지 않는다. 그 느낌과 함께 그것은 우리의 욕망, 우리 고유한 관심의 끝없는 작용, 이런 것과 그것이 맺는 관계에 따라서 위협적이거나 평화로운 것으로, 우울하거나 무관심한 것으로 우리 앞에 나타난다. 오히려 모든 것은 날 때부터 촉발적이기 때문에만, 삶의 취기와 받아냄souffrance 속에서 존재가 자기 자신에게 오는 일로서 모든 것이 존재에 오는 일, 그것에 관한 파토스가 있기 때문에만 그 모든 걸 하고 또 그렇게 할 수 있다.

과학이 행하는 추상abstraction은 결국 이중적이다. 먼저 그 자체로서 과학 세계, 곧 관념적 결정을 줄 수 있는 형태만을 그 세계에서 붙들고자 자연의 존재에서 그 세계의 아프리오리a priori에 속하는 감각 성질과 감정 술어를 작용 밖에 두는 것으로서 추상은 과학 세계를 정의한다. 가능한 모든 세계의 주관적 성격을 고려하지 않는 건 달리 다가갈 수 없는 앎, 예를 들어 양의 측정을 얻게 해주는 과정에 관한 규정을 그것이 허용함에 따라 방법론의 관점에서 피할 수 없기 때문이다. 하지만 이 관념적 지식의 발전, 게다가 무한한 그 발전은 그 탐구 영역의 한계, 그것이 만든 그 한계를 뚜렷이 의식하는 한에서만 정당하게 이어진다. 세계의 감각적이고 감정적인 속성을 배제한다는 것은 삶 그 자체, 곧 인간의 인간다움을 만드는 것을 배제함을 전제한다는 사실을 피할 수 없다. 거기 오늘날 우리가 이 단어[23]에 주는 의미에서 과학이 행하는 두 번째 추상

---

23 'Faire abstraction de'는 '~을 추상하다.' 오늘날 의미에서 생각으로 떼어놓고 헤아리지 않는 걸 의미한다. 보통 철학적 의미에서 '추상'은 한 요소에 특별히 주의를 두고자 다른 것을 무시하고 그 요소를 따로 헤아리는 사실을 뜻한다._옮긴이 주

이 있다. 바로 삶에 관한 추상이다. 이 추상은 유일하게 참으로 중요한 것에 관한 추상이다.

그러나 여기서 추상이라는 말은 매우 약하다. 게다가 더는 아주 적합하지도 않다. 왜냐하면 만일 과학이 자연의 감각 술어를 그 방법론과 계산에서 헤아리지 않는다는 의미에서 그것을 추상한다면, 그런데도 과학은 자연에서부터 자신을 전개하기 때문이다. 과학은 자연에서 그것에 중요한 특징만을 보존할 따름이다. 그가 선택한 길을 따라서 그가 겨냥하는 것은 결국 자연에 관한 앎이다. **반대로 삶인 것에 관해서 과학은 아무 생각도 없으며, 그것에 조금도 관심을 두지 않는다. 삶과는 어떤 관계도 맺고 있지 않으며, 어떤 관계도 맺지 않게 될 것이다.** 왜냐하면 만일 삶만이 그 자기 촉발의 촉발성 속에서 자기와 관계한다면 오직 삶의 안에서만, 그리고 삶을 통해서만 삶에 다가가기 때문이다. 하지만 삶의 이 '자기와의 관계'에는 어떤 '~와 관계'도, 어떤 탈자태도, 어떤 '의식'도 없다. 하지만 과학은 완벽하게 배타적으로 세계와 관계 안에서 움직이며 세계만을, 대상만을 알 뿐이다. 과학이 원칙에서 객관적인 것은 그 때문이다. 곧 그 궁극적 존재론적 기반 때문이다. 또한 그 때문에 과학은 자기 자신을 느끼고 그 촉발성의 근본적 내재성 속에서, 그리고 오로지 그 안에서만 스스로 자기를 촉발하는 것, 삶으로 자신을 현재화actualisation하고 자기 안에서 본질화하는 것을 계속 모를 것이다.

세계는 순수 외재성의 세계다. 그 안에서 자신의 존재 조건을 구하는 모든 것은 외재적 존재로서만 제시될 뿐이다. 외재성의 한 면, 한 표면, 한 구역이 눈길에 주어진다. 그 위에서 눈길은 무한정 미끄러지며 새로운 모습, 새로운 면, 새로운 막 뒤, 그것에 감춰지는 것

안으로 절대 파고들지 못한다. 왜냐하면 외재성일 뿐인 그 존재는 내적인 아무것도 지니지 않으며, 그 법칙은 새로운 모습, 새로운 면의 그치지 않는 솟아남, 생성이며, 앎은 이 모든 속임수의 연속을 쫓기 때문이다. 모든 속임수는 그것이 지니지 않은 존재를 곧 감추고 다른 존재를 가리키기 위해서만 앎에 나타난다. 그 존재는 같은 방식으로 앎을 속인다. 외재적 존재가 내적인 아무것도 지니지 않는다 함은 살아있는 아무것도 지니지 않음을 말한다. **그 자신의 이름으로, 그가 느끼는 것의 이름으로, 그인 것의 이름으로 말할 수 있는 아무것도.** 오직 '사물'의 이름으로, 죽음의 이름으로 그러할 뿐이다. 세계의 나아감과 그 탈자태적 나타남 속에서 늘 앞에 있는 것, 늘 밖에 있는 것, 곧 대상은 자신을 드러내고 자신을 밖에 놓을 뿐이다.

이처럼 삶의 세계뿐 아니라 더 심각하게는 삶 그 자체, 곧 우리인 것을 작용 밖에 두는 지식의 작용이 처음부터 나타난다. 그리고 이는 중대한 결과를 낳게 된다. 만일 문화가 삶의 일이라면, 곧 삶의 자기 변화와 증대라면 우리가 어렴풋이 보게만 했던 것은 이제 위협적인 명백함으로 나타난다. 과학은 문화와 아무 관계도 없기에 과학의 발전은 문화의 발전과 아무 관련이 없다. 우리는 극단적인 때에 과학 지식의 과도한 발전을 생각해볼 수 있다. 과학 지식의 과도한 발전은 문화의 위축과 함께 간다. 그리고 어떤 영역에서 또는 모든 영역에서 동시에 문화의 퇴행과 함께 가다가 그 과정의 마지막에는 문화의 절멸과 함께 간다. 그런데 그 모습은 관념적이지도 추상적이지도 않다. 우리가 사는 세계의 모습이다. 앞서는 다른 어떤 야만보다 더 심각한 새로운 유형의 야만이 그 세계에 이제 막 생겨났으며, 그로써 인간은 실제로 오늘날 죽을 위험에 처해 있다.

나는 삶의 지식을 실천이라 부른다. 그 지식에서 삶은 아는 힘을 이룬다. 그리고 그와 함께 그 힘에 그 '내용'을 배타적인 방식으로 줌으로써 그 힘을 통해 알려지는 것을 이룬다. 그와 같은 지식을 특징짓는 건 우리가 이미 보았듯 어떤 탈자태도 없기에 그 지식 안에는 그 어떤 가능한 '세계'와 조금의 관계도 없다는 것이다. 반대로 그런 관계가 정의하는 지식을 나는 이론이라 부른다. 그 이론은 원칙에서 대상에 관한 이론이다. 모든 것에서 우리는 마치 당연한 뭔가에 관해 말하듯 실천적 관점과 이론적 관점, 그리고 그 둘의 다름에 관해 늘 말한다. 하지만 그 둘의 다름은 그 원칙에서 투명하지 않다. 이는 그 둘의 다름이 존재Être의 궁극적 구조에, 그리고 종국에는 그 존재의 보이지 않는 바탕Fond에 뿌리를 두기 때문이다. 그 다름은 오직 거기에서만 밝혀질 수 있다.

문화는 삶의 문화고 삶의 고유한 지식에 근거를 둔다는 점에서 본질적으로 실천적이다. 문화는 삶을 구성하는 주관적 가능성의 자기 발전으로 이뤄져 있다. 삶의 최초 지식이 지닌 본성을 우리에게 이해하게 해주는 예로서 봄을 우리 분석에서 썼는데, 만일 그 봄이 관계한다면 우리는 모두 마르크스가 「습작 44」에서 말하는 야만스러운 눈과 문명화된 눈을 쉽게 구별할 것이다. 야만스러운 눈은 그가 바라보는 것에 관해 뚜렷하게 갈라 보는 지각도 없고 그에 관해 예술적 비평도 할 수 없지만, 문명화된 눈의 섬세한 쓰임은 그 자체로서, 자신의 파토스 안에서 미학적 즐거움이다. 움직이는 주체의 가능성이 관계한다면 우리는 모두 비슷한 방식으로 그 힘을 제어하고, 그 힘을 크게 할 수 있는 무용수의 몸과 경험 없고 서툰 개인의 몸 사이에서 다름을 만들 것이다. 배우의 발성과 가수의 호

흡 따위에서도 상황은 마찬가지다. 삶의 지식에 관해 좀 더 많은 걸 말하고, 왜 문화가 한 번 정의된 힘의 단순한 사용이 아니라 그 '전개'인지를 이해할 기회가 있을 것이다.

실천으로서 문화는 여러 모습을 지닌다. 그것은 먼저 기본적인 모습을 지니는데, 그 모습은 당장의 삶을 성취하는 구체적 방식이다. 그처럼 모든 문화는 음식, 의복, 주거 등의 삶에 쓸모 있는 재물의 적극적인 생산과 그 소비, 삶 그 자체의 자발적인 놀이, 그 운명의 축하, 에로티시즘, 죽음과의 관계, 이런 것과 관련하는 특수한 활동으로 특징짓게 된다. 그와 같은 '활동un faire'은 모든 사회에 그 고유한 특징을 주는 여러 의식儀式으로 표현된다. 사회적 조직화는 겉으로 보기에 객관적인 그 구조화와 함께 그 자체로 실천적이고 절대 주관성의 삶에서, 그리고 오직 그곳에서, 자기 발전 원리와 자신을 지배하는 '법칙'의 원리 또 그 실재성의 장소를 찾는 것의 이론적 보기voir에서 외재적인 표상일 뿐이다. **그 법칙은 의식의 법칙이 아니다. 우리가 사물을 우리에게 나타나게 하고 그것을 생각하는 방식과 연관된 이론적인 법칙이 아니다. 그것은 실천적인 법칙, 곧 삶의 법칙이다.** 그런 것으로서 그 법칙은 자신의 기원을 주관성에서 얻어옴과 함께 욕구의 모습으로 이 단어에 우리가 주는 의미에서 삶의 본질에서부터 그 본질이 지시하고 원하는 것으로서, 그 욕구를 이해하는 한에서 제시되고 행해진다. 그처럼 욕구와 노동은 하나가 다른 하나의 연장 속에 자리한 실천의 두 기본 방식이다. 노동 아니 차라리 그 자발적인 모습 아래에서 활동은 욕구의 증가 이외에 다른 것이 아니며, 그 성취 이외에 다른 것이 아니다.

하지만 주관성은 전적으로 욕구다. 욕구 그 자체의 결과로 나오는 상위의 욕구가 예술, 윤리, 종교와 같은 문화의 발전된 모습을 일으킨다. 우리에게 알려진 모든 문명에서 이 '상위'의 모습은 그 존재를 확인하는 데 그쳐야 할 단순한 경험적 자료가 아니다. 예술, 윤리, 종교는 삶의 본질에 그 뿌리를 둔다. 그 본질 속에서 읽을 줄 아는 자는 그런 것이 나타난 이유를 이해하게 된다.

마찬가지로 야만은, 곧 삶의 성취 방식의 퇴행이자 증대의 끝인 이것은 번영의 절정에 있는 문화를 밖에서 강타하러 온 이해할 수 없고 불길한 어떤 사건이 아니다. 사회 활동의 모든 영역을 그것이 잇달아 감염시키는 방식이라든가 인간 '세계'의 유기적 총체에서 미, 윤리, 종교 차원의 점차적 사라짐은 그 또한 모든 문화와 그 구체적 실현 방식, 특히 가장 고도의 실현 방식을 나오게 한 원리처럼 이해되는 존재, 그런 존재의 본질에 영향을 미친 과정에서부터 이해된다. 바로 삶 자체의 병이다.

문화에서 출발하는 그 역사적 기원에서 야만에 관한 물음과 모든 발달의 전제처럼 파악된 그 문화 자체에 관한 물음은 다음과 같이 체계화된다.

1. 어떻게 문화의 가능성 자체, 다시 말해 결국에는 삶의 본질을 이해하는가? 문화의 발달은 아프리오리ª priori를 가능하게 하고, 또 그처럼 반드시 있어야 할 것으로 만들려면 그 삶은 무엇이어야 하는가?

2. '상위'처럼 주어지는 모습에 이르려면 그런 발달은 어떻게 수행되는가? 어째서 그런 모습은 예술, 윤리, 종교와 같이 결정된 구체적 방식의 모습을 띠는가?

3. 어떻게, 만일 삶이 자기 증대를 목표로 하는 자기 변화의 운동으로서 문화를 반드시 만들어낸다면, 반대로 퇴화와 빈곤화의 과정으로 뒤집어지는 일이 일어날 수 있는가?

그것을 확인하는 데 그치는 동안 기묘한 것은 야만 그 자체가 아니라 그 가능성 자체다. 자기에 관한 증대처럼 내적으로 이뤄지고 정확히 문화를 함축하는 본질에서 출발하는 그것의 기원이다. 살아있는 유기체를 교란시키는 분해 현상 전체가 사회 구조로 옮겨지려면, 그 구조의 쇠락과 붕괴가 매우 '자연스러운 것으로' 나타나려면 현상학적인 절대적 삶과 생물학적 삶을 혼동해야 하며, 생물학적인 삶에서부터 현상학적인 절대적 삶을 순진하게 이해해야 한다. 개인처럼 문명은 죽는다. 그게 전부다. 생물학적인 개인처럼! 왜냐하면 문명이나 야만의 영역에서 문제가 될 수 있는 개인은 객관적 과정 끝에 해체를 주목할 수 있는 분자 전체와 정확히 아무 관계가 없기 때문이다. 절대적인 삶의 방식이며 삶의 본질, 곧 자기 증대의 본질을 그 안에 지니기에 개인은 자신의 사라짐과 노쇠에 관한 생각을 단지 떠들썩하게만 겪는 게 아니다. 개인을 살아있는 어떤 것으로 만드는 본질을 꿰뚫어볼 수 있는 철학자의 눈에 그런 생각은 아프리오리 차원의 불가능성처럼 발견된다. 이런 난점(아포리아)을 간파하고 그것을 해결하고자 평범함을 넘어선 분석을 해낸 것이 니체의 천재성이다.

여기 아래에서 모든 것은 성장하고 쇠락한다. 외부 존재 전체에 관해 위에서 던진 눈길은 사물에서 배운 걸 내면화하고 그것에 익숙해지고자 최대한 노력한다. 역사학자, 사회학자, 민족학자, 생물학자, 자신이 보는 걸 믿는 모든 이의 지혜, 바로 지혜라 부르는 것이다. 다만 우리가 그런 방식으로 '철학을 할' 때 우리는 삶에 관해 아직 아무것도 알지 못한다. 우리는 삶을 그 자체로, 자기 것이 아닌 지식에 관심이 없고 그것인 것을 아는 한 실증 과학의 논고에서 가르치고자 하는 법과 다른 법에 복종하는 어떤 야생의 원리처럼 그것을 발견한다. 삶은 실증 과학의 논고에 반대해 의지나 꿈을 내세우지 않는다. 그것은 순수하고 단순한 현실을 내세운다. 그 현실은 연인과 사회를 만들고, 연인과 사회를 그들 자체의 문화 쪽으로, 앞으로 내던짐으로써 그들을 만들기를 멈추지 않는다. 그들 자체의 문화, 바로 욕망Désir의 문화다. 삶의 욕망Désir de la Vie이자 또 그처럼 자기에 관한 욕망Désir de Soi이기에, 그 욕망은 사물에 조금의 본보기도 갖지 않는다.

이 책에서 우리가 던지는 물음은 지금 얘기한 물음들을 피할 수 없다. 우리 시대 고유한 쇠퇴를 이해하는 일은 어떻게 삶Vie의 쇠퇴 일반이 가능한지를 아는 일을 함축한다. 하지만 우리 시대의 쇠퇴가 더 뚜렷하다. 우리에게 닥친 야만의 특수한 성격을 명백하게 하는 게 중요하다. 야만의 그늘에서 우리는 벌써 눈먼 이처럼 비틀거린다. 현대의 혼란이 과학 지식과 그것이 낳은 기술의 과도한 발전의 결과로 생기며, 또 그와 함께 과학 지식이 삶의 지식을 거부한 데서 생긴다는 주장은 너무 일반적이고 극단적으로 보이게 될 것이다. 결국 자세한 보기를 통해 이를 증명해야 한다. 먼저 예술을 거론하겠다. 이는 우연이 아니다. 과학의 야만이라고 우리가 잠정적으로 부르게 될 것을 밝혀주는 것이 바로 예술이다.

2

예술의 기준에서
판단한 과학

문화의 영역 바깥에서 전개되기에 과학은 그 자체로서 문화와 아무 관계없다. 앞에서 우리가 설정하고자 했던 이런 상황 자체로는 과학의 지위를 떨어트리는 걸 겨냥한 어떤 경멸적인 평가도, 어떤 비난도 정당화되지 않는다. 철학자가 끼어들 의무를 갖는 건 과학의 영역이 참으로 존재하는 하나뿐인 영역으로 이해되고, 삶과 그 문화가 있는 영역이 존재하지 않는 것으로, 또는 환영인 것으로 거부당했을 때뿐이다. 다시 한 번 말하지만 과학 지식이 문제가 아니다. 오늘날 그 지식에 결부되는 이데올로기가 문제다. 그 이데올로기에 따르면 과학 지식은 가능한 유일한 지식이며 다른 모든 것은 제거해야 하는 것이다. 왜냐하면 모든 믿음이 붕괴되는 그 속에 적어도 근대 세계에 살아남은 하나뿐인 믿음이 있기 때문이다. 곧 지식이 과학을 의미한다는, 이미 존재하고 보편적으로 퍼진 확신이다.

과학과 문화의 관계를 평가하고자 예술을 기준으로 삼았을 때 우리는 현기증을 느끼게 된다. 왜냐하면 참으로 무無와 대면하게 되기 때문이다. **예술은 감성의 활동이자 감성이 지닌 힘의 수행이다. 하지만 현대 과학은 자연이 지닌 감각 성질을 제거함으로써 자신의 고유한 영역을 규정하고, 감성의 배제를 통해 자기 자신을 규정한다.** 이처럼 과학과 예술의 영역은 매우 근본적인 이질성의 결과로 각자 밖으로 떨어지게 된다. 그 결과 둘 사이 가능한 관계를 생각하는 일조차 적어도 얼마간은 불가능한 것으로 드러난다.

과학의 작업과 그것이 만들어낸 것 안에서 많은 '아름다움'을 발견할 수 있을 거라는 피상적인 반론에 우리는 동요하지 않을 것이다. 여러 성능을 지닌 현미경의 도움으로 얻은 사진은 정당한 이유에서, 그것이 보여주는 세계의 낯섦 때문만이 아니라 여기서 우리에게 더 흥미로운 것으로 또한 그것이 우리에게 주는 표상의 조화 때문에 유명하다. 표상이 지닌 매혹의 힘과 함께 그런 조화는 그 표상에 부인할 수 없는 미적인 성격을 준다. 그런 사진이 예술 관련 책자에 실리는 걸 보는 데에 놀라지 말아야 한다. 그 사진은 예컨대 아방가르드로 말해지는 회화 작품과 함께 저울대에 올라 비교된다. 그때 그 사진은 과학의 작업을 정당화하는 데 사용된다. 게다가 많은 예술가가, 특히 뛰어난 이들이 자신의 연구에 인지적인 의미를 준다고 주장했다. 그들은 사물 한가운데로 가서 사물에 관한 새로운 발견을 이루려 했다. 레오나르도Leonardo da Vinci와 뒤러Albrecht Dürer 같은 이름을 인용하는 것으로 충분하리라.

조형의 탐구와 여러 과학적 발견 사이에서, 예를 들면 현미경 현상에 관한 과학적 발견 사이에서 가장 최근 설정할 수 있었던 놀라운 상관성은 지식의 통일성과 그 보편성에 관한 증거까지는 아닐지라도 표식이라 할 만하다. 그래픽이나 회화의 창작 영역에서 참으로 독창적이고 심지어 별난 모든 작품은 기초 연구가 밝힌 몇몇 자료와 뜻밖이지만 부인할 수 없는 유사성을 내세울 수 있으며, 그 연구로부터 일종의 승인을 받을 수 있다. 칸딘스키Wassily Kandinsky는 원자에 관한 보어Niels Bohr의 이론을 접하면서 동요했다. 그 이론에서 객관적 실재성의 분해, 또는 적어도 이제껏 사물의 본성이라 여겼던 것의 해체를 보면서 그는 그것으로부터 그의 생각을 전적으로 발전시킬 강한 동기를 이끌어낸다. 그 발전은 '추상 미술'이라 우리가 부르게 될 것에 이르게 된다.

미적인 작품과 과학적인 작품 사이에 놓인 비교는 우리가 그런 비교에 줄 수 있으리라 생각하는 것과 반대의 의미를 지닌다는 것을 지금으로선 지켜보는 데 그치자. 잎맥이나 결정체의 구조가 점, 선 따위의 순수 그래픽 요소에 행해진 작용의 결과와 비슷하다는 점, 또는 식물이나 광물 형태의 현미경 사진을 회화 작품과, 특히 가장 혁신적인 회화 작품과 비교할 수 있다는 점, 이는 과학의 영역이 예술의 영역과, 다시 말해 감성과 삶의 영역과 부분적이라도 일치한다는 걸 보여주지 않는다. 반대로 결정체나 식물이나 다른 것의 구조에 관한 복제가 미적인 가치를 지니는 것은 '과학적'이라든가 과학 진리를 밝혀주는 것으로서도, 이론의 승인이나 삭제를 위한 자료기 때문도 아니다. 인간의 감성에 주어지는 것으로서 그 복제는 미적 가치를 지닌다. 그런 이유에서 그리고 그런 이유에서만 요소들의 어떤 구조나 배치는 조형적인 의미를 갖고, 또 가질 수 있다. **이 과학적인 자료를 아름답게 하는 법칙은 감성의 미적 법칙이다.** 과

학자가 해독하고자 하는 수학적 또는 물리적 법칙이 아니다.

만일 이제 그런 표상이 과학자에게 지니는 의미 너머, 예술가나 예술 애호가에게 다른 것을 제시한다면 이는 정확히 과학 세계가 추상적인 탓이다. 자연과 자연의 모든 사물의 아프리오리에 속하는 감각 요소를 생각하지 않는 데서 그 세계가 나오기 때문이다. 색깔과 감각적인 모습이 사진 건판에 남아 그런 것이 나타내는 조화로 우리를 놀라게 할 수 있다는 것은 그것을 자연에서 제거할 수 없음을 보여준다. 갈릴레이의 추상은 그런 것에 더는 주의를 기울이지 않는다는 데, 그런 것을 산술에 더는 끼어들게 하지 않는다는 데 있을 뿐이지 결코 그런 것을 없애는 데 있지 않다. 왜냐하면 이 색깔과 모습이 자연 존재를 이루기 때문이다. 실제 자연은 감각적인 자연이지 과학이 그 구성과 이론으로 대체한 관념적인 세계가 아니다. 이처럼 과학적인 자료와 과학 그 자체는 추상 너머, 그리고 실은 그 추상을 통해 존재하는 유일한 세계이자 삶의 세계인 그 세계와 최종에는 관계하는 한에서만 '아름다울' 수 있다.

어째서 예술이 모든 문화의 기본 모습처럼 인간 경험 안에서 반드시 나타나는지에 대한 이유가 바로 여기 우리 물음 가운데 있다. 이에 우리는 이제부터 벌써 확실한 답을 줄 수 있다. 자연은 본질에서 감각적인 자연이다. 왜냐하면 대상 관계, 즉 궁극에는 모든 자연과 관계 자체의 바탕이 주어지는 곳으로서 존재의 탈자태는 그 초월성 속에서 스스로 자신을 촉발하기 때문이다. 그 결과 보기voir는 예컨대 감각적인 보기다. 이것이 바로 왜 칸트가 가능한 모든 경험의 조건, 다시 말해 그에게는 가능한 모든 세계의 조건을 찾고자 '초월론적 미학' 곧 감성의 분석으로 그의 탐구를 시작했는지에 대한 이유가 된다. 여전히 사실성facticité의 차원에서 전개한다 할지라도 그 분석은 세계의 발생에서 감성을 **만난다**. 그러나 그것은 그 발생의 감각적인 성격의 이유를 참으로 이해하지는 못했다. 그 이유가 우리에게는 여기 있다. 순수 의식의 세계가 아닌 삶의 세계로서, 그 탈자태적 전개의 가장 내적인 가능성에 따라서 촉발적이기에 그 세계는 감각적인 세계다.

다만 감성은 가능한 모든 세계, 그 아프리오리의 본질만을 이루지 않는다. 그것은 또한 예술의 본질을 규정한다. "감성을 통해서만 우리는 예술에서 참인 것에 이른다."라고 칸딘스키는 선언했다. 또 "감성에 작용하는 예술은 또한 감성을 통해서만 작용할 수 있다."라고 했다. 이처럼 아름다움에 관한 유명한 법칙은 감성의 법칙인데, 수학적, 이상적, 객관적 법칙의 겉모습만을 지녔을 뿐이다. 구성의 여러 조형 요소가 그들 사이를 유지하는 관계와 모습에 엄격한 수학적 서식을 주는 데 이를 때조차도 그 서식은 감성 내부에서 작용하는 비율과 균형의 관념적 근사치일 뿐이다. 그 비율과 균형은 감성 안에서, 그리고 감성의 고유한 법칙 안에서 그 가능성을, 그런 것이 부응하게 될 요구를, 그 궁극적인 이유를 발견한다. 이것은 또한 칸딘스키가 "균형과 조화는 예술가 밖에 있지 않고 그 안에 있다."고 말한 이유다.

감성이 지닌 힘의 적용임에 따라서 예술은 별개의 영역을 구성하지 않는다. 그것은 세계와 가능한 모든 세계 일반과 공명에 들어간다. 세계가 감각 세계인 것이 사실이라면, 그것이 감성 안에서 태어나고 감성이 세계를 떠받치고 있는 게 사실이라면 말이다. 이처럼 삶의 세계, 곧 인간이 사는 실제 세계는 완벽하게 미학 범주의 지배 아래 있으며 오직 그 범주로만 이해될 수 있다. 세계는 반드시 아름답거나 추하다. 이렇지도 저렇지도 않다면 이는 일종의 평균적 중립 속에 있다. 그런 중립은 여러 미적인 결정의 하나일 뿐이다. 곧 감성의 어떤 상태다. 세계는 원칙에서 그 감성에 바쳐진다. 이것이 왜 모든 문화가 그 안에 그 본질적 규모의 하나처럼 예술을 포함하는지에 관한 이유다. 예술은 그 본성에서 삶의 세계에 속한다. 그 세계에서 사람들은 산다. 이 세계의 거주자로서 모든 사람은 잠재적으로 예술가이기 때문이다. 또는 어쨌거나 이 세계와 그 나타남의 초월론적 조건처럼 작동하는 감성을 지닌 자이기 때문이다.

감성은 세계의 기본적인 가능성을 이룬다. 이제 과학이 그런 감성을 작용 밖에 두는 일, 세계에서 감성을 배제하는 일이 의미하는 것이 무엇인지 이해해야 한다. 엄밀한 의미에서 그런 배제는 불가능하다. 왜냐하면 우리가 상기한 대로, 감성은 '세계'의 모습을 받을 수 있는 모든 것의 초월론적 조건이기 때문이다. 감성이 제거된 것은 오직 과학 세계에서만이다. 이런 이유로 이 세계는 추상적이고, 이것이 의미하는 바는 다음이다. 세계 안에서 우리는 더는 감성을 헤아리지 않는다. 그러나 감성은 세계의 보이지 않는 조건처럼 살아남았다. 여러 물질에 관한 현미경 사진 복제의 검토가 그것을 보여줬다. 그런 물질이 지닌 과학적 성격은 그것이 '미적인' 성질과 함께 나타나는 것을, 이 나타남이 세계의 나타남인 한 어쩌지 못한다.

사실 우리는 결국 다음과 같은 상황에 있다. 존재하는 유일한 세계이자 삶의 세계인 그 세계에서, 그것이 지닌 감각 성질을 작용 밖에 두고, 더는 그것을 어떤 방식으로도 돌보지 않으면서, 그 세계 안에 어떤 변화를 들이는 방식으로 우리는 그 세계에 관해 행동

할 수 있다. 그 변화는 그 전제를 과학의 관념적인 결정 속에서, 그리고 오직 그 안에서만 발견한다. 그랬을 때 우리는 **더는 감성 자체를 헤아리지 않을 때 반드시 감성의 세계인 세계 안에서 생기는 결과** 앞에 있게 된다. 감성은 사라지지 않는다. 감각 요소는 이 삶의 세계 monde-de-la-vie의 어쩔 수 없는 지지물처럼 살아남는다. 오직 이런 감각적 결정이 감성의 내적 법칙에 따라서 더는 결정되고 배치되지 않는 일이 생길 뿐이다. **본질에서 미적인 세계는 미적인 명령에 복종하기를 멈추게 된다.** 이것이 과학의 야만이다. 여기 그 사례가 있다.

그리스 엘레우시스에 6세기 때 아티카를 수비하던 한 성벽의 잔해가 남아있었다. 햇빛에 반짝이는 거대한 돌로 된, 감탄을 자아내는 성벽이었다. 그 벽 위로 불행히도 고압선이 지나갔다. 전류를 한 장소에서 다른 장소로 옮기고, 이를 위해 가장 나은 조건을 계산하는 게 중요했다면 그리스 기술자가 채택한 해결책은 아마도 좋은 선택이었으리라. 우리 세계에서 맹위를 떨치는 야만의 수많은 사례 가운데 하나처럼 그것이 우리에게 제시되는 건 계산에서 감성을 추상했기 때문이다. 그리고 계산이 가능하려면 감성을 추상했어야 했다. 우리는 감성인 것을, 과학이 감성을 헤아리지 않는다는 것이 무엇을 의미하는지를 좀 더 잘 이해하기 시작한다. 왜냐하면 감성은 인간 경험이 지니는 어느 특정 영역의 범위를 정하지 않기 때문이다. 존재가 지닌 어떤 영역 연구에 좀 더 몰두하고자 우리가 무시할 수도 있을 어느 영역의 범위를 정하지 않는다. 경험의 기반으로서 감성은 경험의 전체이자 또 그처럼 세계의 전체다. 그러므로 세계는 반드시 전체처럼 주어진다. 객관적 총체처럼 뭔가가 있으며, 세계가 정확히 그 총체라고, 모든 것을 담는 커다란 가방이라고, 그 가방 안에 존재와 사물이 곧 돌과 땅과 하늘과 전류와 인간이 나란히 자리한다고 믿는 건 대단한 착각이다. 순수 세계로서 가능한 세계는 없다. 그 자체로 환원되는 근본적인 외재성은 없다. 근본적인 외재성의 세계에서 모든 요소는 다른 모든 것에 매우 낯설어서 다른 모든 것과 어떤 관계도, 심지어 외재적인 관계조차도 유지할 수 없다. 그래서 그런 세계를 우리는 생각할 수 없다. 순수 외재성의 세계처럼 우리가 세계에 관해 말할 때 사실 우리는 다른 것을 전제한다. 우리는 이 세계의 통일성을 전제한다. 다시 말해 그 자체로서 이 '세계' 자체를. 이 경우엔 외재성의 탈자태, 이것의 자기 촉발이다. 탈자태는 외재성을 외재성으로 가능하게 한다. 결국 탈자태는 그 자기 촉발 속에서, 또 그 자기 촉발을 통해 그렇게 한다.

우리가 이제 막 명명한 것은 감각 세계다. 그 세계의 통일성, 다시 말해 가능성은 감성이다. 감성 속에서 모든 것은 하나로 있다. 마치 하나의 통일성 안에 붙들린 듯 그것은 있는 것의 나머지와 관계한다. 이것이 바로 다른 모든 걸 무시하고 오직 하나의 사물만을 헤아리는 것이 감성의 눈으로 봤을 때는 가능하지 않은 이유다. 그리스 기술자처럼 우리는 전류와 그 이동 방식에만 관심을 가질 수 있다. 그 이동과 관계하는, 그리고 그 이동이 전제하는 것, 높이, 탑, 전선의 저항도, 전류의 주파수 따위와 관계하는 계산에만 관심을 가질 수 있다. 그런데도 이 모든 '요소'는 하나의 세계에 속한다. 성벽이 놓이는 그 세계다. 외재성의 단순한 관계, 이 경우엔 이것-옆에-다른-것, 이것-아래-다른-것의 모습을 한 이것-밖에-다른-것이라는 공간적 관계에 근거해서 성벽은 전선 아래에 자리하지 않는다. 왜냐하면 성벽 그 자체는 전선이 그 '위로' 지나가지 않는 것만큼이나 고압선 '아래에' 또한 있지 않기 때문이다. 외재성의 관계에서 순수하게 공간적인 관계, 다시 말해 공간의 외재성만으로 구성됐을 관계에서 성벽과 전선은 서로 아무 관계도 없다. 서로 가깝지도 멀지도 않다. 어떤 대이변, 지진에 이어 전선줄에서 끊어진 선이 돌 벽 위로 내려앉고, 돌 위에 놓이게 되었을 때 그 선은 돌을 '건드리지' 못할 것이다. 선과 돌을 아주 분리하는 무한히 무한한 거리라는 생각을 주기에 십억 광년이라는 시간은 매우 약한 표현이거나 아주 부적절한 표현이다.

이것 옆에 다른 것, 이것 아래 다른 것, 성벽과 전선은 어떤 통일성 안에서만 이런 방식으로 배치된다. 그 통일성은 감성의 통일성이다. 외재성의 탈자태, 그 자기 촉발로서 감성은 본질에서 개별적이다. 왜냐하면 자기 촉발은 그 자체로서 가능한 모든 자기성ipséité의 본질을 이루기 때문이다. 이처럼 개인은 존재 전체다. 이런 점에서 그리고 이를 통해 있는 것은 항상 전체로 이해되며, 또 그처럼 주어진다. 성벽과 전선이 같은 세계에 함께 있는 건 공간 속에 있는 경험적 개인이 아닌, 모든 복수성과 모든 탈자태적 구분의 자기성으로서 개인이 그 앞에 있기 때문이다. 성벽과 전선이 갖는 통일적 관계의 법칙은 감성의 법칙이다. 다시 말해 개인인 이 분할되지 않는 것의 법칙이자 미의 법칙이다. 과학이 감성을 헤아리지 않는다 함이 의미하는 건 매우 뚜렷해졌다. 가능한 '함께 모든 걸 놓는 일tout mettre ensemble'에 바탕을 주는 법칙을 헤아리는 일 없이 이 경우엔 전선과 성벽을 함께 놓는 것이 중요하다. 그렇지만 이 법칙은 이것이 구성하는 미적인 세계만큼이나 없어지지 않는다. 다만 본성에서 미적인 세계는 현시대의 형상을 받게 된다. 바로 추한 것과 추함의 형상이다.

지식의 한 학과처럼 이해된 미학 내부에 과학이 그 개입을 주장할 때 그 구실은 명확해진다. '미학'이란 말은 여러 용도를 지니며 그럴 수밖에 없다. 존재의 기본 구조와 그 구조의 본디 구분에 알맞게 그 말은 실천과 이론이라는 이중적 의미로 이해된다. 실천으로서 미학은 감성적인 삶의 한 방식을 가리킨다. 그리고 상관적으로 그 삶에 속하는 세계의 한 방식이다. 곧 감각적인 세계로서 삶의 세계monde-de-la-vie가 지닌 한 방식이다. 예술가나 예술 애호가의 특수한 활동은 감성적인 삶의 현실화일 뿐이다. 그 자체를 위한, 그 자체를 통한 자체의 적용이자 자체의 자기 발전이며, 자체의 자기 성취이자 이처럼 자체의 증대다. 엄밀한 의미에서 감성적인 삶과 엄밀한 의미에서 미적인 삶의 관계는 삶과 문화의 일반적 관계에 관한 독보적인 사례를 우리에게 보여주며, 어떻게 문화가 사실은 삶의 실현일 뿐인지를 우리에게 이해하게 해준다.

'미학'을 통해 우리는 또한 하나의 이론적 학과를 가리킨다. 그 학과는 우리가 이제 막 얘기했던 미적인 실재를 대상으로 한다. 이 대상은 이중적이다. 한편으로 그 대상은 감성에 속하는 세계와 더불어 감성 일반이다. 칸트는 이처럼 이해한 감성 연구에 "초월론적 미학Esthétique transcendantale"이라는 이름을 줬다. 다른 한편으로 그 대상은 문화의 차원이다. 이 차원에서 감성적 삶은 그것의 매우 높은 실현의 모습에 이른다. 우리는 보통 예술 창작과 이것이 이른 천재적 작품 전체가 지닌 뛰어난 형상에 관한 연구를 해나가는 이론적 학과를 '미학'이라 부른다.

만일 모든 문화가 본질에서 실천적이라면 이론적인 문화의 가능성은 그 자체로 문제가 있는 듯보이며, 먼저 하나의 난점(아포리)처럼 나타난다. 형체도, 얼굴도, 안도, 밖도, 앞도, 뒤도, 모서리도, 옆면도, 면적도, 어떤 외적인 면도, 밖으로 향하고 눈에 주어진 존재의 어떤 면도 없는 보이지 않는 삶이 어떻게 언젠가 눈에 이르러, 만나지고, 검토되고, 알려질 수 있겠는가?

만일 실천으로서, 감성의 모습으로서, 또 그처럼 삶의 모습으로서 미적인 활동이 알려지지 않은 채 있다면, 모든 창작 특히 예술 창작을 둘러싼 신비의 심연에 잠긴 채로 있다면 사람들은, 하지만 미학이라 불리는 이론적 학과는 그 인식의 재료로써 어떤 대상을 자체에 줄 수 있다고 말할 것이다. 그 대상이란 작품 그 자체를, 세계에 속하고 객관성을 지닌 예술 작품을 말한다. 하지만 전혀 그렇지 않다는 걸 우리는 보여줄 것이다. 이른바 예술 작품이 지닌 객관성은 작품 그 자체가 실제 있는 장소에 이르려면 분석이 반드시 가로질러야 할 겉모습에 지나지 않는다. 이처럼 이론적인 문화의 문제, 다시 말해 실천의 이론화 문제는 문화에 관한 모든 성찰의 중심에서 그 피할 수 없는 하나의 주제가 된다. 여기서 이 문제를 다루지는 않겠다. 우리의 문제는 얼마간 제한적이다. 이론적인 미학의 가능성을 확립했다고 가정했을 때 그 안에 과학이 얼마나 개입했는지를 가늠해보는 게 중요하다. 왜냐하면 만일 사람들 사이에서 미학이 오늘날 여전히 정당한 권리를 지닌다면, 그 또한 주관적인 인상과 개인의 우연한 의견을 벗어난다는 조건에서가 아니겠는가? 곧 과학적이라는 조건에서?

아테나와 엘레우시스 사이 중간 즈음, 고대 신성한 길 위에 다프니 수도원이 서 있다. 바실리카 유형의 교회가 오르페우스 숭배의 마지막 축제에 가는 순례자를 기독교로 끌어들이고자 5세기에 건축한 곳은 아폴론의 고대 성전이 있던 자리였다. 전해오길 아티카의 '암흑 시대'에 버려지고 폐허가 된 그 성전을 한 저명한 기독교인이 1100년에 재건했다고 한다. 그는 '빛이 가득한 모자이크와 울긋불긋한 대리석'으로 새 교회를 장식했다. 표현력이 풍부한 모든 표면 처리에서도 가장 숭고하고 풍요로운 모자이크는 그러나 깨지기 쉬웠다. 모자이크가 있던 수도원은 격변 때 그리스 조국인의 은신처로, 병사兵舍로, 또 정신병원으로 사용되었다. 이 같은 소란스런 역사 끝에 그것이 지닌 모자이크가 우리에게까지 이르고, 세기 말 대대적인 복원 뒤 예전의 장엄함 속에서 오늘날 사람들에게까지 수도원이 주어질 수 있는 건 기적이다.

복원하는 일은 예술 작품의 질료 전체를 재건하는 일이다. 아니그보다는 차라리 그 유형적 소재의 질료 전체를 그 소재가 손상된한에서 재건하는 일이다. 예술 작품은 그 자체로 조금도 질료적이지 않다. 모자이크의 쪽맞춤돌(테셀레이션), 조판의 나무나 구리, 화폭, 화폭을 덮는 색깔은 우리를 둘러싼 세계에 속하는 '사물'이다. 하지만 미적인 경험에서 그 경험이 창작자의 것이든 관객의 것이든이런 질료적 요소는 다른 성질의 실재성을 형상화하는 데만 사용될 뿐이다. 그 실재성이란 그림이나 조판이나 모자이크가 나타내는것이다. 곧 작품 자체의 실재성이다. 우리는 화폭을 지각할 수 있고, 그 입자나 균열을 검사할 수 있다. 이는 우리가 그것이 제작된 시기를 정확하게 알고자 할 때 하는 일이다. 나무로 된 그림일 때 재질이참나무라면 우리는 그것이 플랑드르의 것이라고 말할 것이고, 전나무라면 이탈리아의 것이라고 말할 것이다. 하지만 미적인 봄vision이 시작되자마자 '천'이나 '나무'가 '그림'이 되어서, 예술 작품의 고유한 차원 속으로 들어가자마자 그런 것(천, 나무)은 '중성화'되고, 더는 세계의 대상으로서가 아닌, 그림 속에 표상된 실재성을 형상화하는 일 이외에 다른 기능을 지니지 않는 어떤 개인처럼 지각되고 놓이게 된다. 그림 속에 표상된 그 실재성은 또한 중성화된다. 그것을 표상하는 요소만큼이나 그것은 실제 세계에 속하지 않으며, 그 요소와 함께 존재의 유일무이한 새로운 차원을 이루게 된다. 이 차원 안에서 실제 세계와 표상된 실재성은 유사성의 관계로 결합된다. 바로 예술의 존재론적 차원이다. 후설의 유명한 보기를 다시 인용하면, 뒤러의 조판 〈기사, 죽음, 악마〉에 관한 미적인 관망 속에서 우리의 눈길은 조각된 판이나 그 위에 검은 선으로 나타나는 형상으로 향하지 않고, '묘사된' 또는 '그려진' '표현된 실재성'으로 향한다. 이 실재성은 세계의 대상으로서 조판이 아닌 예술 작품으로서 조판-대상을 구성하며 그 미적인 실재성을 구성한다.

그 질료적인 소재가 더는 존재하지 않거나 심각한 훼손을 입어서 그 소재의 지각에서부터 미적인 대상 그 자체의 반복이 더는 일어나지 않을 때, 상상적이고 정신적인 작품의 반복이 더는 일어나지 않을 때 예술 작품은 파괴되었다고 우리는 말한다. 복원하는 일은 결국 예전의 구성 요소를 원래대로 회복함으로써, 또는 그 구성 요소가 사라졌을 때 똑같은 구실을 하게 될 요소를 만들어 놓음으로써 그 기층을 재구성하는 일이다. 똑같은 구실을 하게 될 요소, 다시 말해 그 요소의 지각은 상상적인 것의 미적인 차원에서 그 요소를 통해 표현된 같은 '작품'이 그 요소에서부터 펼쳐지는 걸 허용할 것이다.

예술 작품의 복원은 문명의 영속적인 일처럼 부과된다. 왜냐하면 그 질료적 소재는 화재, 지진, 전쟁, 의도적 파손 따위의 자연재해나 인간 소행의 결과가 아닐 때 시간의 결과로 손상되기 때문이다. 모든 미적인 작품은 하나의 총체처럼 주어지고 이처럼만 이해될 수 있다는 걸 상기해야 한다. 그림에서 모든 색깔은 다른 모든 색깔과 관련해서만 그 가치를 지닌다. 다른 모든 색깔이 그 색깔에 인접해 있든, 화폭의 한 지점, 거리가 멀거나 대립된 한 지점에서 그 색깔과 좀 더 섬세한 관계를 맺든 말이다. 마찬가지로 모든 형상과 크기에서도 그렇다. 이런 이유에서 우리가 구성이라 부르는 것의 모든 요소는 구성이 나타나려면 반드시 있어야 하며, 또 그처럼 매우 정확한 의미에서 구성에 '속한다'. 그 구성은 미적인 구성이다. 구성을 이루는 관계, 이 관계를 확립시키는 요소 그 자체는 미적인 본성에 속한다. 그 요소는 원리적인 비실재성의 차원에 자리한다. 이는 작품의 비실재성이다. 화가가 어떤 색깔을 화폭에 놓을 때 그가 검토하는 것은 색깔이 아니다. 그는 구성을 본다. 구성에서 선이나 점에 일치하는 것을 본다. 요컨대 그 미적인 결과를 본다. 이 결과는 결과 전체에 통합된다. 다시 말해 작품의 총체에 통합된다. 이처럼 프란스 할스[24] 앞에서 몇 발자국 뒤로 물러서야 한다. 거칠게 칠해진 색이 갑자기 한쪽 뺨의 피로 바뀌는 장소까지. 또는 우리를 향해 천천히 돌아서는 성 아드리안 친위대 장교의 얼굴에서, 시간을 가로질러 우리를 쳐다보는 삶의 눈으로 바뀌는 장소까지.

---

24 Frans Hals는 네덜란드 화가. 초상화에 뛰어난 할 줄 앎을 보였으며 대담한 즉흥성과 경쾌한 붓 터치로 순간의 표정을 화폭에 담아 살아있는 듯 생생한 인물을 묘사했다. 마네를 비롯한 19세기 인상파 화가들에게 지대한 영향을 미쳤다._옮긴이 주

미적인 구성은 예술가의 붓질이나 칼질의 결과로 화폭이 된 일종의 팔레트가 물론 아니다. 미적인 구성은 이것으로만 가능하다. 구성의 모든 조형적인 요소는 질료적인 요소로 표현되므로 질료적인 요소의 존재를 가정한다. 작품 그 자체인 구성의 조형적인 총체에 기층의 유기적인 통일성이 반드시 일치한다. 화폭의 이러저러한 부학과 그 미적인 등가물 사이 매번 성립하는 특별한 유사성에 작품과 그 소재의 총체적 유사성이 일치한다. 그 소재는 어떤 연속체처럼 주어지고, 그것은 일종의 통일성을 지닌다. 이는 내적인 통일성은 아니다. 내적인 통일성은 오직 작품의 통일성에만 해당한다. 왜냐하면 색깔의 질료적 배치가 만드는 미적인 결과가 그 배치를 결정하기 때문이다. 이런 이유에서 그 배치는 그것이 있는 상태에서 필연적이다. 작품의 질료적인 기층을 작품의 유사체로 만드는 것은 그 기층이 나타내는 연속체다. 이로부터 작품은 자체의 존재, 그 존재 차원에서 솟아나고 펼쳐질 수 있게 된다. 이것이 이 연속체가 손상되거나 파괴됐을 때 무슨 일이 있더라도 보존하고 재건하고 재구성해야 하는 이유다.

둥근 천장과 중앙 홀을 장식하는 모든 그림의 미적인 통일성에 다프니 수도원일 때는, 모를 수 없는 상위의 통일성이 덧붙여진다. 쪽매맞춤, 유리로 된 작은 정육면체와 재단된 돌은 미적인 구성 내용을 표현하고 표상하는 데 사용된다. 모자이크가 사실 이 미적인 구성이다. 그래서 그것은 무엇을 표상하는가? 그 내용은 어떤 것인가? 그 비실재성을 말할 때 우리는 그것을 충분히 규정하지 못한다. 다프니에서, 또한 현대적이거나 유사한 많은 건물에서 종교적인 장면 전체가 거기 관계한다. 그 장면에 관해 우리는 그것이 그리스도의 삶과 그 삶에 어떤 방식으로든 참여한 인물들의 모험을 '표상한다'고 말한다. 이처럼 우리가 말한 상위의 통일성이 발견된다. 교회 내부와 회랑 벽면에 배치된 모든 표상은 같은 걸 표상한다. 말하자면 모든 문화를 만들어낸 삶의 본디 본질이다. 문화의 여러 모습, 특히 예술은 그 삶의 전개일 뿐이다. 삶의 표상은 이 경우 전능의 지배자인 그리스도의 표상이다. 그의 거대한 모습이 커다랗고 둥근 천장 꼭대기에 당당하게 자리 잡았다. 왜냐하면 삶은 여기서 그 궁극적인 바탕에서 살아있는 모든 것이 나오는 원천이자 생성하는 원리로 이해되기 때문이다. 다프니 벽면에 표현된 것은 매우 정확히 삶, 스스로 자신을 낳지는 못하지만 삶을 낳고 그러하기를 멈추지 않는 바탕에 관해, 삶이 지닌 근본적인 수동성 안에서 그 자체를 깨닫는 삶의 생성된 모습의 행렬이다. 이처럼 중앙의 으뜸-성상Archi-Icône 주변으로, 그리고 그것으로부터 마치 그것이 지닌 힘이 나타나거나 그 힘에서 나오는 것처럼, 또 그 힘에 은밀한 기반을 두면서 어머니, 대천사장, 예언자, 순례자, 성자, 고행자와 같은 성스런 역사의 인물들은 정돈된다. 하지만 모두의 삶에 연결되고 그 수만큼이나 많은 순환 주기를 생기게 하는 사건들은 수위와 관계되며 매번 그 중요성에 따라, 다시 말해 원리에서 가깝거나 먼 정도에 따라 결정되는 규모를 따른다.

비잔틴 양식의 수도원은 이처럼 아주 눈여겨볼 만한 미적인 구성에 관한 놀라운 사례를 제공한다. 일체Un에 그 존재론적인 참여 정도에 따라 모든 것에 자리를 정해주는 일종의 형이상학적인 구성의 반영처럼, 그 미적인 구성의 조성 법칙, 다시 말해 요소들의 조형적인 배치가 있다. 비잔틴 예술에 그 엄청난 힘을 주는 건 미적인 구성에 관한 이 형이상학적인 또는 신비적인 원리다. 이 원리는 또한 다른 양식의 구성과 마주했을 때, 예를 들어 깊이나 원근법 따위의 방식에 따라서 사물 존재나 사물이 환기시키는 것에 관한 공간적 조성의 법칙을 찾았던 고딕 양식과 마주했을 때 그 주장을 지역적인 배치로 축소하면서 비잔틴 예술은 오직 그것을 압도할 따름이다. 비잔틴 예술의 역사를 따라 이어졌던 여러 '르네상스'가 그중 마지막에 온 르네상스, 곧 이탈리아 르네상스가 누린 번영을 알지 못했다면 이는 기술이나 충분한 이론적 앎이 없어서가 아니다. 우리는 그런 앎을 소포카니의 화가에게서 볼 수 있다. 이 화가가 그린 인물들은 피에로Piero della Francesca나 미켈란젤로Michelangelo Buonarroti와 같은 인물들의 웅장한 규모를 지닌다. 이 규모에 화가의 어떤 정신적 힘이 보태진다. 그러고 나서 이 힘은 없어진다. 존재의 내적인 구성이 지닌 행렬 구조가 그것의 직관적이고 공간적인 단순한 표상보다 항상 우세하기 때문이다. 종교적인 건물을 형이상학적인 실재성의 소우주로 만들고, 이 실재성에 말 그대로 정신적인 통일성을 주는 이 행렬 구조의 개념은 그 미적인 증가를 벽면 표상 전체 안에서 발견한다. 이 표상은 또한 그 고유한 미적인 통일성과 별도로 단일하고 웅장한 구성의 여러 부분처럼 보이기도 한다. 믿음이 있든 없든, 성전에 들어가는 이의 감동은 뭔지는 알지 못하나 그인 것에 관해 신비한 인상을 그에게 주는 이 조형적인 연속체의 불명료한 지각과 뒤섞인다.

　하지만 성전의 침묵 속에서 문을 들어서자마자 얼어붙은 다프니의 방문객을 사로잡는 건 이 축복받은 감동이 아닌, 소스라치는 놀라움이다. 그 앞에서 존재의 순수 무결한 생성이 그 비밀스러운 원천에서부터 예고되는 곳인, 빛나는 표면 처리를 한 이 내부 공간의 연속체는 빛의 점차적인 엷어짐으로, 그리고 끝없는 조화로, 이 빛이 연출하는 빛깔의 점차적인 엷어짐으로 더는 예전과 같이 펼쳐지지 않는다. 몇몇 드문 관광객에게 복원 현장에 있다고 믿게 하는 비계로 가려진, 회반죽과 시멘트의 희끄무레한 거대한 자국이 그 무시무시한 촉수를 드리운 채, 재단한 유리와 색깔 있는 돌의 반짝이는 색조가 어제만 해도 빛나던 거기에 비탄과 혐오의 씨를 뿌린다. 성스러운 장면은 말 그대로 갈기갈기 찢기고 영원히 의미와 삶을 빼앗겼다. 전능의 지배자 주변으로 천상의 고리를 나타내는 원은 단절되고, 커다란 둥근 천장을 장식한 금으로 된 쪽매맞춤(테셀레이션)은 일부 뜯긴 채 빈 공간으로 대체됐다. 이 빈 공간은 어디에서나 둥근 천장 아래, 펌프 속, 아치를 따라 나르텍스narthex 벽면 위, 죽음의 군도를 그린다. 착각하지 말자. 사방으로 튀는 시멘트의 분출, 마치 탈구된 몸의 일부처럼 강하降下와 수태고지와 세례의 조각들은 한시적이지 않다. 명백히 드러난 이 의미와 함께 누더기로 된, 산산조각 난 이 조형적인 통일성이라는 한심한 모습으로 우리에게 제시된 것이 그곳의 최종 상태다.

무슨 일이 일어났는가? 그 무한한 이론적 진보를 이유로 과학은 여러 대조 방법 덕분에 엄밀해진 방식으로 질료의 연대를 추정하고, 그 결과 복원된 작품에서 진품인 것과 그렇지 않은 것을 구별할 가능성을 오늘날 제공한다. 이 쪽매맞춤이 처음 제작된 모자이크에 속하지 않는다는 사실, 그것이 나중에 예컨대 1890년에 사라진 것을 대신했다는 사실, 이런 사실이 바로 부인할 수 없는 객관적이고 과학적인 진리다. '객관적'이라 함은 두 가지 의미다. 정확히 반박할 수 없다는 의미에서, 모든 사람이 인정해야 한다는 의미에서 그 진리는 객관적이다. 왜냐하면 거기, 우리 앞에 놓이고 자리해서 우리 눈앞에 있을 수 있는 것으로서, 모든 사람이 볼 수 있고 또다시 볼 수 있는 것으로서, 검토할 수 있고 또 원하는 만큼 자주 확인할 수 있는 것으로서, 실험실 서식의 번호로서, 더 근본적인 존재론적인 의미에서 그 진리가 객관적이기 때문이다.

하지만 우리가 실재에 관해 지니는 이 영향력, 이 실재를 강제하는 방식, 우리 앞에 그것이 발가벗고 있는 그대로, 그 자체로서 전시되게끔 하는 방식, 그것이 11세기, 또는 17세기, 또는 19세기에 나타났는지를 그것이 말하게끔 하는 방식은 오직 우리의 지식일 뿐 아니라 절대적인 지식이다. 그 지식이 완성돼서가 아니라 그 밖에 다른 어떤 지식도 존재하지 않아서, 과학과 다른 어떤 지식도 존재하지 않아서 그렇다. 이런 이유에서 또한 그 지식이 우리의 행위를 이끌어야 한다. 삶과 우리가 맺는 유일한 관계가 지향적인 관계고 객관성과 관계임에 따라서 이 행위와 그 지식은 서로 다르지 않다. 따라서 이 객관성 속에서 존재에 관한 우리의 유일한 태도는 그 존재를 그것의 조건이자 그것의 조건이어야 하는 것 속으로 가져오는 데 있다. 그 조건이란 거기 앞에 있음이다. 거기서 그 고유한 존재로서 자기를 나타내도록 그 앞에서 자신을 내보이는 일이다. 물리 수학적인 접근은 우리가 존재에 관해 참으로 지각하고 그에 관해 원하는 것, 우리가 그에 관해 기대할 수 있는 것, 그것으로 정당하게 만들 것을 결정한다. 우리 앞에 있는 비잔틴 수도원에서 중요한 것은 그 안에서 이런 방식으로 객관화할 수 있는 것이다. 그리고 그 목적에서 과학적으로 확립할 수 있는 것이다. 말하자면 특히 처음 작품에 가져온 첨가, 보수, 덧칠의 구별이다. 그리고 이런 추가를 체계적으로 걷어내는 파괴자의 망치질은 과학이 다프니 수도원에 관해 말할 바를 매우 정확히 표현한다. 그 망치질은 과학 지식과 의지의 엄밀한 귀결이다.

여기 결국 예술의 역사에서 처음으로 매우 특별한 복원이 있다. 그 복원은 망가진 것을 복구하지 않는다. 떨어진 쪽매맞춤을 이것이 있던 시노피아sinopia 바탕에 다시 붙이지 않는다. 사라진 색깔을 되살리지 않는다. 소재가 지닌 질료적 연속체를 재구성해서 구성이 갖는 생생한 조형적 통일성을 가능한 반복에 주려 하지 않는다. 그렇지만 우리는 그 정반대의 것을 한다고 말할 수 있다. 인내심을 지닌 찬미자, 장인, 예술가 세대가 주요한 작품에 그 아름다움과 의미의 완벽함을 주고자 했던 걸 맹목적으로 허물어뜨리고 제거한다고. 여기 야만의 새로운 모습이 있다. 그것은 더는 무지와 빈곤에 근거하지 않는다. 귀중한 물건의 약탈과 탐욕에 근거하지 않는다. 그것은 과학과 과학 기구와 믿음에 근거한다.

사람들은 반박할 것이다. 과학은 우리 행위에 어떤 목적도 규정해주지 않으며, 존재에 관한 그 고유한 행보가 무엇이든 간에 과학이 점점 정교해지는 지식을 표현해주는 미분화된 방법을 우리가 사용하는 것에 대해 책임져야 하는 건 아니라고 말이다. 화학적인 분석은 우리에게 12세기로 추정되지 않는 모든 것을 땅에 내려놓으라고 말할 것인가? **하지만 누가 그것을 말하는가?** 자연학과는 다른 학과를 여기 개입시키는 것이 적절하지 않을까? 수도원의 미적인 면을 헤아릴 줄 알고, 정확히 우리가 '미학'이라고 부르는 학과를 말이다.

다만 이 미학은 과학적인 것이 될까? 모든 주관적인 인상과 예술 작품에 관한 논의와 그를 둘러싼 논의를 거기 내버려둔 채, 그것은 엄밀한 앎, 실증적인 앎의 체계를 명백하게 할 방법을 지닐 것인가? 그 미학의 기획은 명시적이고 객관적인 제시 속에서, 그런 제시 방법 안에서만, 그리고 그것을 통해서만 아주 확실한 방식으로 인정되고 설정될 수 있는 걸 내보이는 데 있을 것인가? 그래서 정해진 방식으로 가능해진 모습, 그 모습에 오는 것에 속하고, 그 방식의 요구에 응답하게 될 모든 것이 그 대상을, 곧 문제가 되는 과학 영역의 한 요소를, 그리고 그 효율과 실재성의 증거를 이룰 것이다. 다른 과학이 자연에 관해 하듯 미학이 예술 작품에 관해 행동해야 할 필요성, 곧 보편적이고 합리적이고 확실한 결정으로 자체에 관해 확신하는 조사 방식에 예술 작품을 따르게 할 필요성을 이해하는 순간 그 미학은 과학적이 된다. 그리고 다프니에서 보는 것처럼, 수도원이 그 비밀을 드러내고 참으로 그것인 것을 분석표 위에 털어놓도록 한다.

　삶의 세계 밖으로, 다시 말해 감성 세계 밖으로 감성을 배제하는 일이 의미하는 걸 가늠하고자 우리는 예술의 기준을 선택했다. 이는 미학의 대상에 관한 간략한 분석으로 우리를 이끌었다. 그 최초의 분석은 하나의 난점 앞에 우리를 놓았다. 한편으로 그 질료적 소재에서부터 구성되지만 그 너머 작품은 상상적이라고 우리는 말한다. 그것은 실제 세계 밖에서 결국 원리적인 비실재성의 차원에서 전개된다. 작품과 그 소재를 혼동하도록 과학적 '미학'을 이끈 것, 작품의 진정성이 엄밀하게 그 소재의 진정성과 겹치며, 만일 소재가 다시 만들어졌다면 원래의 작품은 더는 존재하지 않는다고 생각하도록 이끈 것은 예술 작품의 존재론적 지위에 관한 과학 지식과 과학 지식이 갖는 객관적 목적을 연장하는 과학적 미학의 몰이해다. 우리가 말한 흉측한 파괴가 개입하는 건 이때다. 다프니는 불행히도 그 한 사례만을 줄 뿐이다.

다른 한편으로 삶의 실제 세계인 감성의 세계는 감성 안에서 그 내용과 법칙을 구하는 감성의 세계로서, 그 자체로 미적인 세계라고 우리는 주장한다. 과학적인 세계는 그런 세계의 추상일 뿐이다. 미적인 세계는 역으로 감각적이다. 이 세계의 요소, 특히 색깔이나 형태는 그 존재론적 실체성을 감성에서 빌려온다. 과학적인 세계는 감각적인 세계와 그 실제 결정과 궁극에 관계하는 한 이 결정 고유한 배열의 결과 때문에 그 또한 미적인 세계일 수 있다. 우리가 부딪히게 되는 난점은 결국 다음과 같이 얘기된다. 어떻게 예술 작품이 감성으로 정의된 실제 세계에 속하면서 또한 그와 함께 그 너머, 그 소재 너머 순수 상상적인 것 속에 자리할 수 있는가?

예술 작품의 비실재성은 오직 그리고 먼저 지각 세계와 예술 작품의 관계에서, 지각 세계와 예술 작품의 대립 속에서, 여전히 직접적이고 순진한 그 대립 속에서 이해될 수만은 없다. 오히려 삶의 본질과 예술 작품의 초기 결합 속에서 그 본질의 근본적인 결과처럼 그것을 이해해야 한다. 예술 작품이 결코 이 세계에 없다면 그 소재가 배치되는 거기, 정확히 거기, 우리 앞에, 이 벽 위에, 이 액자 속에 자리하지 않는다면 **감성에 낯설어서가 아니다. 반대로 감성 안에서 그 본질을 발견하기 때문이다. 감성이 그 존재를 펼치는 거기에서 예술 작품은 그 존재를 펼친다. 삶 속에서, 절대 주관성의 근본적 내재성 속에서, 세계 밖에서, 결국 거기 있는 모든 것에서 멀리 참된 모든 작품**

이 느끼게 해주는 '다른 곳'에서. 이 '다른 곳'에 예술 작품은 있으며 또한 그곳에 우리 자신이 있다. 우리인 것이 있다.

예술은 삶의 표상이다. 삶은 그 본질과 가장 내적인 존재의 의지에 따라서 현상성의 탈자태적인 차원 속에, 곧 세계의 모습 속에 결코 자신을 내보이거나 내놓지 않기에 자신의 고유한 실재성을 세계 안에 드러내보일 수 없고, 오직 비실재적인 표상의 모습으로, '단순한 표상'의 모습으로 자신을 표상할 뿐이다. 여기 왜 예술이 상상에 도움을 청하는가에 대한 이유가 있다. 상상은 사물의 부재 속에서 사물을 나타내는 능력이다. 왜냐하면 삶의 표상으로서 예술은 삶을 부재로서만, 상상된 것ens imaginarium으로만 줄 수 있기 때문이다. 그 상상된 것 안에서 삶은 자신을 투사한다. 그 상상된 것은 삶에 해당하며, **마치** 삶에 관해서**인 듯** 나타난다. 이 나타남으로 그것은 우리에게 주어진다. 하지만 이 나타남 속에서, 또 그 나타남의 명백한 내용 속에서 그것은 절대로 삶 그 자체의 나타남, 곧 절대 주관성의 근본적인 내재성의 영역 속에서 삶의 자기 드러냄 auto-révélation은 아니다.

예술의 비실재성은 결국 원칙에 속한다. 예술의 비실재성은 무한히 자신을 긍정하는 삶이 세계의 어떤 것도 아니기에 세계 안에서는 자신을 긍정할 수 없고, 오직 세계 너머, 세계를 부정하고 세계를 넘어서는 것으로서만 자신을 긍정할 수 있다는 것과 관련이 있다. 이것이 왜 미적인 대상이 그 질료적 소재와 혼동되지 않는가에 대한 이유다. 왜냐하면 미적인 대상은 이중적인 의미에서 상상적 형태이기 때문이다. 그 이중적 의미를 우리는 이제 막 객관성 속에서 객관성 자체의 부정으로서, 삶의 표상으로서 인정했다. 바로 여기 왜 마침내는 모든 예술 작품이 수수께끼처럼, 의미로 가득한 신비처럼 우리에게 주어지는가에 대한 이유가 제시된다. 모든 예술 작품은 그 존재의 뿌리를 통해 거기 있는 것을 가로질러 본질적인 부재를 가리킨다. **그러나 우리는 그 부재에 관해 우리 자신이 그 부재인 것으로서, 또한 세계의 어떤 것도 아닌 것으로서, 살아있는 것으로서 그것이 무엇인지 안다.**

우리가 다프니 벽에서 본 것은 실제로 삶의 표상이다. 삶이 지닌 본질적인 존재론적 속성의 표상이다. 이 속성에 관해, 그 가장 내밀한 존재 속에서 **그 자기 촉발 속에서** 삶인 것에 관해 여기서 좀 더 말하는 게 좋겠다. 스스로 자기 자신을 촉발하고, 자기 자신을 느끼고, 깨닫는 것으로서 삶은 자신의 고유한 존재에 관해 근본적으로 수동적이다. 삶은 자신이 원하지도 놓지도 않았으나 자신이 원하지도 놓지도 않은 것으로 그에게 일어나고, 또 그렇기를 멈추지 않는 것으로서 자신의 고유한 존재를, 하지만 삶인 그것으로서, 삶이 끊임없이 자기 자신으로 깨닫는 것으로서 그 존재를 받아내고 견딘다. 삶이 본질에서 자신의 자유보다 더 강한 받음pâtir 속에서 자기 자신을 받아내고 견디는 것으로 있는 한 삶은 오직 파토스pathos만은 아니다. 오직 자기 자신에 관한 정념passion만은 아니다. 이 정념은 최초로 자기를 받아내는 일le se souffrir primitif이기에 또한 받아냄souffrance으로 결정되어 있다. 그 근본적인 가능성에서 삶 자체로, 우리인 현상학적 절대적 삶으로 파악한 모든 주관성은 이 자기를 받아내는 일le se souffir로 되어 있다. 자기 자신을 받아내고 자기 자신을 견디는 일은 자기 자신을 깨닫고 또 그처럼 자기에 이르는 일이요, 자기를 차지하는 일이요, 자기 자신으로 자신을 증대하고 자기를 즐기는 일이다. 자기 자신을 받아내고 자기 자신을 견디는 일로서 주관성의 받아내는 일, 그 받아냄 속에는 또한 결국 다음과 같은 것이 생긴다. 주관성의 자기 느끼기auto-sentir와 그 자기 치르기auto-subir 속에서 주관성의 받아냄은 마찬가지로 주관성의 즐거움이자 자신의 고유한 존재 속으로 잠겨 들어가는 일이자 자신의 촉발성이 지닌 투명함 속에서 그 존재와 합일이고 일치다.

그 자기 촉발 안에서 자기 느끼기와 자기 치르기 속에서 삶은 본질에서 촉발성이다. 하지만 촉발성은 어떤 상태도 아니며, 한정되고 고정된 어떤 총체도 아니다. 촉발성은 절대Absolu의 역사이자 그 절대가 자기에게 오고, 자기를 깨닫고, 자기 껴안음 속에서 자기를 껴안는 무한히 다른 방식이다. 이 자기 껴안음은 삶의 본질이다. 삶은 이 껴안음의 파토스처럼 자신을 이룬다. 받아냄과 기쁨이라는 기본적이고 존재론적인 모습을 아프리오리로, 그리고 반드시 그런 모습을 띠는 일은 이 삶에 속한다. 사건 전개에 따라 이어지는 사실적이고 우연적인 인상이 아니라 삶의 가장 내적인 가능성의 조건처럼, 또 그처럼 삶 그 자체의 조건처럼 불가피한 그 조건처럼 말이다. 바로 여기 왜 받아냄과 기쁨이 결코 분리되지 않는가에 관한 이유가 있다. 하나는 다른 것의 조건이다. 자기 자신을 받아내는 일은 그것이 지닌 현상학적인 질료를 자기를 즐기는 일에 준다. 자기 자신을 받아내는 일은 자신을 살chair로 만들어낸다. 이 살로 기쁨은 이뤄진다. 이 살은 그 받아냄의 현상학적인 현실화, 받아냄이 존재의 파토스 속에서 자신을 이루는 일일 뿐이다. 존재Être가 자기 자신에 관한 확신과 취기 속에서 자기에 관해 이루는 깨달음일 뿐이다. 그 존재가 받아내고 그 받아냄이 기쁨으로 바뀌어 이런 변화 안에서 모든 것이 다른 것의 현상학적인 조건이자 그 자신의 실체처럼 남아있게 되는 방식이다. 절대가 역사화하는 방식, 그리고 그 절대 안에서 그 존재를 이루는 기본적인 존재론적 모든 인상이 역사화하는 방식이다. 모든 인상은 다른 것으로 넘어가고 다른 것으로 뒤집힌다. 고통은 기쁨으로, 절망은 지복으로. 절대의 이 작용, 그 자신과 더불어 하는 이 작용이 우리 모두의 실제 존재이자 참된 존재다. 그 작용은 모든 모나드의 특성이자 이 모나드 가운데 하나처럼 매번 이뤄진다. 그리고 이는 절대의 자기 촉발로서, 삶의 주관성이 매번 개인의 자기성ipséité 속에서 그리고 개인의 모습으로 역사화하고 본질화하는 한에서 그렇다.

우리가 그것이라는 것, 경험적인 개인이 아니라 여러 접속으로 객관적인 세계에 연결되고, 맹목적인 운명에 바쳐지고, 객관적인 세계와 똑같이 이해될 수 있는 객관적 세계의 어떤 부분이 아니라 반대로 자기 자신에 관한 느낌을 지니는 살아있는 것이라는 것, 또 그처럼 모두 자기에 관해 있으며, 전적인 이룸으로 받아내는 욕망의 느린 변화라는 것, 그 이룸 속에서 존재는 자신이 존재한다는 단순한 기쁨 속에서 느끼도록 자신에게 자신을 주는데, 이런 것이 바로 비잔틴 양식의 수도원 벽에 쓰여 있는 것이자 그 벽이 더러워지기 전 모든 사람이 거기서 읽을 수 있었던 것이다.

하지만 사람들은 말할 것이다. 만일 자신의 파토스적인 방식에 따른 자기 안에 옴에 관한 깨달음이 세계의 탈자태를 모르고 결코 세계 안에 일어나지 않는 주관성의 심연을 거주지로 지닌다면, 만일 삶이 얼굴을 지니지 않는다면 어떻게 다프니의 모자이크 위에서 그것을 바라볼 수 있겠는가? 사실 거기서 우리는 무엇을 보는

가? 받아냄이 아니라 강하降下다. 기쁨이 아니라 수태고지다. 기쁨 속에서 받아냄의 내적인 생성이 아니라 구원의 일로 절망의 변화가 아니라 그리스도의 수난과 부활이다. 스스로 자신을 창조하지 않는 삶의 겸손이 아니라 발의 세척이다. 삶의 자기 촉발은 삶의 이 비창조에 관한 파토스다. 우리는 다프니의 모자이크에서 삶을 보지 못한다. 왜냐하면 객관성은 삶에 가장 큰 적이므로. 하지만 우리는 삶의 모습을 본다. 예술은 삶 자체의 본질과 이 본질의 기본적인 속성에 관한 모습 전체다. 삶은 이 본질을 언제 어디서나, 삶이 살아있던 곳 어디서나 그 자신에게 주었다. 과학적인 미학이 전혀 이해하지 못하는 건 다채로운 쪽매맞춤과 그에 관한 엄밀한 연대 추정의 문제 너머, 다프니 벽에 표현된 표상과 모든 시기의 예술품이 지닌 유일하고 궁극적인 의미로서 삶의 이 본질이다.

다만 다프니에서 한 것을 과학은 어디서나 한다. 곧 삶과 삶의 기본적인 속성, 삶의 감성, 삶의 파토스, 삶의 본질을 결국에는 모르는 일이다. 말하자면 삶이 그 자체에게 무엇인지, 삶이 끊임없이 무엇을 깨닫는지, 어디서 삶이 자신이 하는 모든 것에 관한 숨은 동기, 하지만 어쩔 수 없는 그 동기를 얻는지를 모르는 일이다. 삶의 고유한 관심은 세상에 있는 유일한 관심이며 그 기원을 우리는 결코 세계에서, 객관성에서 발견하지 못한다. 삶과 삶의 이 고유한 관심을 모르기에 과학은 적막함 속에 자리한다. 우리는 그 적막함을 거의 생각조차 할 수 없다. 과학의 적막함은 바로 기술이다.

3

과학의 독주: 기술

오늘날 우리가 이해하는 것으로서 과학은 감성을 추상한 자연 수리 과학이다. 하지만 과학은 먼저 삶을 추상했기에 감성을 추상할 수 있었다. 과학은 삶을 그 주제에서 거부하고, 그런 방식으로 하면서 그것을 전혀 알지 못한다. 이 몰이해의 이유를 잘 이해해야 한다. 그리고 왜 자연에 관한 객관적인 앎을 세우려는 계획을 실행할 때마다 과학은 감각 성질을 배제하고 그것에 관해 더는 아무것도 헤아리지 않는지를 또한 잘 이해해야 한다. 이런 배제는 사실 당연하지 않다. 과학은 색깔이 차지하는 면적을 매우 잘 측정할 수 있으며, 나아가 색깔의 강도를 평가할 수 있고, 더 일반적으로는 그 고유한 존재를 겨냥해서 그것을 파악할 수 있다. 다른 모든 자연 요소에 관해서와 마찬가지로 색깔, 소리, 견고함에 관한 물리적인 이해가 있다. 그러면 왜 우리는 과학이 감성을 한쪽으로 놓는다고, 색깔이나 소리가 말 그대로 과학적인 분석의 대상으로 될 때조차도 그것에 조금도 신경 쓰지 않는다고 말하는가? 하지만 그 분석은 색깔에서나 소리에서 무엇을 무시하고, 침묵에 놓고, 잊는가?

감성의 존재 자체, 감성의 고유한 실재성 이외에 아무것도 아니다. 감성의 존재, 과학의 말로 하면 색깔과 소리의 존재는 물질적인 운동이다. 이 운동의 결정과 앎은 물리학이라 불리는 과학의 진보와 밀접한 관련이 있으며, 이 진보와 혼동된다. 그런 운동과 이것에 연결된 '미립자'는 감성의 실제 존재와 정확히 아무 관계가 없다. 감성은 자기 자신을 느끼고 자기 자신을 깨닫는다. 감성의 실재성은 이렇듯 자기 자신을 깨닫는 일로 되어 있으며, 그 일을 하는 데 자신을 다할 정도다. 운동, 미립자, 분자, 다른 물리적 결정은 그런 일을 원칙에서 지니지 않는다.

감성의 실제 존재는 물질적인 운동의 존재와 다를 뿐 아니라 이 다름은 정신이 그것을 생각할 수 있다고 가정할 때 생각할 수 있는 것보다 더 크다. 근대 사고의 기원이며 근대 사고에 바탕을 준 데카르트가 '마음'과 '몸' 사이 인정할 줄 알았던 것이 바로 이 다름이다. 아니 차라리 그 둘 사이의 심연이다. 다시 말해 자기 자신을 깨닫고, 이 자기에 관한 말 없는 깨달음 속에서, 자기 자신에게 자신을 드러냄으로써 살아있는 것, 삶인 것과 이 자기 드러냄auto-révélation의 일을 수행할 수 없고 그것을 영원히 지니지 못한 채 오직 사물일 뿐인 것, 오직 죽음에 속할 뿐인 것 사이다. 이것이 왜 감성의 참된 존재를 이해한다고 주장하는 자연 수리 과학이 그곳에서 옮겨 가는지에 관한 이유다. 아니 그것은 오히려 이 존재론적인 심연을 훑고 지나간다. 자기 자신을 깨닫는 감성을, 아니 그보다 오히려 자기 자신을 깨닫는다는 사실 자체를, 자연에서 그 감성에 '해당하고', 그것을 '일으키고', 그것을 '일어나게' 하지만 이 자기 자신을 깨닫는 주관성, 어찌됐든 삶과는 그 자체로 아무 관계도 없는 것으로 대체하면서 말이다.

과학이 제거하는 건 결국 삶이다. 그리고 삶과 함께 어떤 방식으로든 삶에 속하고 삶을 가리키는 모든 것이다. 물리 이론이 헤아리는 척하는 감각 성질은 대다수 현상학자의 눈에는 세계와 그 대상에 속하는 초월적인 성질qualités transcendants이다. 대상의 속성과 마찬가지로 대상에 연결된 그것이다. 색으로 물든 건 표면이고 위협적인 건 성벽이다. 수상쩍은 것은 인적 없고 그림자로 잠긴 모퉁이다. 착각은 이때 이런 속성을 세계적인 결정으로 여기고 그것을 외재성에 내맡기는 데 있다. 마치 그것이 그 참된 장소와 본질을 외재성에서 찾고, 외재성에서 자라고, 외재성으로 풍부해지는 것처럼, 외재적인 것으로서 결국에는 있을 수 있는 것처럼. 마치 색깔을 느끼거나 위협을 깨닫는 일 없이도 '색깔'이나 '위협'이나 '의심'이 있을 수 있는 것처럼, 표면이나 모퉁이나 성벽이 무엇이든 느끼거나 깨달을 수 있는 것처럼. 이 세계적인 결정이 있는 곳은 결국 그런 것 안이 아니다. 세계 안이 아니다. 뭔가를 깨달을 수 있거나 느낄 수 있는 바로 거기서 일어난다. 무엇이든 느끼고 깨달을 수 있는 방식으로 자기 자신을 느끼고 자기 자신을 깨닫는 것 안에서다. 삶의 세계를 물리 수학적인 관념과 추상의 세계로 되돌리겠다는 과학의 주장은 다음과 같은 착각에 근거한다. 이 착각은 선결적이다. 바로 이 세계의 감각적인 속성이 정확히 과학의 것이고, 과학에 말 그대로 속한다는 착각이다. 색깔이 자연 속에 있고 영혼 안에 있지 않는 이상 그 색깔의 자연적인 존재를 파악할 수 있다는 착각이다. 지각의 분석보다 더 섬세한 분석을 통해, 물리학적인 분석을 통해 결국 그럴 수 있다는 착각이다.

반대로 삶의 세계monde-de-la-vie를 그 특수성 속에서 파악할 수 있는 사고만이 이 삶의 세계를 과학의 세계monde-de-la-science로 되돌리는 걸 막을 수 있다. 다시 말해 매우 이상해보일지라도 삶의 세계가 감각적인 세계고, 감각적인 존재가 궁극에는 세계 밖에, 삶 자체 안에 있는 한 세계에로, 가능한 모든 세계에로, 삶의 비환원성 속에서 파악할 수 있는 사고만이 그걸 막을 수 있다. 왜냐하면 감각적인 성질은 인상의 객관화, 또 그처럼 인상의 표상re-présentation일 뿐이므로. 인상의 인상적인 존재는 자기 인상auto-impression이다. 곧 삶으로서 절대 주관성이다.

여기 이미 고전이 된, 현상학의 행보가 지닌 불충분함이 우리에게 발견된다. 현상학은 갈릴레이 과학에 반대해 과학의 세계에서 삶의 세계로, 그리고 삶의 세계에서 이 세계에 관한 의식으로 역질문을 실행했다. 왜냐하면 '~에 관한 의식'으로서, 지향성으로서, 또는 더 궁극적으로는 지향성이 펼쳐지는 곳인 존재의 탈자태로서 세계에 관한 의식은 아직 그 자체 안에 감성과 존재에 이 감성의 옴을 맞아들이지 못한다. 오히려 감성은 탈자태의 발현 속에서 자기 밖으로 던져지고, '표상적인 감성'으로, 또 삶의 세계인 이 세계의 부식토처럼 여기저기 놓이고dis-posé 여기저기 흩어지게dis-persé 된다. 그렇게 이 표상적인 감성은 실제적인 감성의 비실제적인 표상일 뿐이다. 실제 감성은 자신의 자기 감성autosensation 속에서 세계에 관한 의식이 아닌 삶 속에서 그 실재성을 찾는다.

이는 예술 작품에 관한 우리의 간략한 분석이 이미 보여줬다. 후설의 일반적인 지적에 이어서 예술 작품을 순수 상상적인 것으로 되돌리는 이들은 유일하게 지각의 세계에 속하는 예술 작품의 소재에서 그것을 구별하면서 거기서부터 다음과 같은 결론을 끌어낸다. 곧 실제 세계는 그 자체로 아름답지 않고 또 그럴 수도 없다는, 아름답지도 밉지도 않다는 것이다. 상황이 이렇다면 문제가 되는 기술을 통한 대지의 약탈은 중대하지 않거나 차라리 존재하지 않을 것이다. 왜냐하면 어떻게 본성에서 모든 미적인 범주를 벗어나는 걸 흉측하게 하거나 혐오 속에 잠겨 들어가게 할 수 있겠는가?

예술 작품의 상상적 지위에 관한 주장이 지닌 다른 결과 또한 이론의 여지가 있다. 만일 예술 작품이 순수하게 상상적이고 어떤 심상과도 똑같은 자격에서 상상적인 것으로 끝난다면, 어떤 기반을 예술 작품의 내적인 견실함에 줄지를 사람들은 헛되이 찾게 될 것이다. 이 내적인 견실함을 통해 우리는 예술 작품이 지닌 해독성을 이해한다. 미적인 구성의 요소로서 예술 작품을 이루는 부분의 엄격한 결정을 이해한다. 그 요소에 관해서 우리는 그 요소가 이미 그자체로 미적이라는 걸 보여줬다. 일상적인 심상을 특징짓는 건 다음이다. 그 심상을 놓는 의식의 상상하는 행위가 매 순간 지지하고 그런 행위의 한계점일 뿐이면서 심상은 그 앞에서 시선의 어떤 수동성도 받아내지 않는다. 그리고 그 심상을 만들어내는 의식 행위가 중단되자마자 무너진다. 내가 판테온[25]의 심상을 이룰 때, 나는

---

25 pantheon은 118~128년경 하드리아누스 황제 때 건축됐으며, 다신교였던 로마의 모든 신에게 바치는 신전을 말한다._옮긴이 주

판테온 기둥의 수를 셀 수 없다고 사르트르Jean Paul Sartre는 말했다.

그런데 예술 작품이 지닌 눈여겨볼 만한 특징 가운데 하나는 세부적인 것에 관한 뚜렷함과 정확함이다. 산 마르코 수도원에 있는 프라 안젤리코의 십자가 강하降下에서 나는 전면에 자리한 인물, 성곽 탑의 수, 성벽 너머 어렴풋이 볼 수 있는 집이나 건물의 수 따위를 정확히 셀 수 있다. 그 세부적인 것에 관한 엄격한 위치 결정, 구성의 내적 관계가 지닌 구속적인 명증성과 힘이다. 구성의 이 내적 관계는 말 그대로 구성을 구성이게 하는 것이다.

훨씬 더 의미 있는 것은 그 구성이 우리에게 주어지는 방식이다. 그 방식은 구성이 지닌 존재론적 결여가 아니다. 활동이라는 불안정한 용어처럼 말이다. 이 활동 없이 구성은 곧 무無로 돌아갈 것이다. 우리를 그 구성에 마주해 관객spectateur의 상황 속에, 곧 바라보도록 주어진 것에 대해 근본적으로 수동적인 존재의 상황 속에 놓는 힘을 자신의 고유한 견실함으로 지닌 것의 육중함으로 그것은 주어진다. 상황은 이렇다. 왜냐하면 처음에 우리의 분석이 암시하듯, 작품의 장소는 먼저 소재 너머 구성된 상상적인 노에마가 아니라 주관성 그 자체기 때문이다. 주관성은 모든 감성과 심상이 처음으로 이뤄지는 곳이며, 그런 것이 그 자체로 커가고 또 그처럼 자체의 고유한 존재가 지닌 무게에 압도된 채 그 자체를 견디는 곳이다. 구성의 모든 객관적 요소에, 작품의 특수한 차원에서 서로 중화된 소재와 심상에 결국 어떤 특수한 촉발적 인상impression이 일치한다. 그 인상 안에서 보고 상상하고 느낀 모든 것은 자기를 촉발한다. 그 인상은 그림, 조각, 건물이 일으킨 감동이다. 창작자가 표현하려 했던 게 바로 그 인상이다. 자신의 바탕에서 예술의 본질과 일치하면서 관객이 느끼는 게 바로 그 인상이다.

다만 만일 존재의 탈자태, 그 자기 촉발로서 예술 작품이 감각적인 세계와 같은 지위를 갖는다면 어떤 점에서 예술 작품은 감각적인 세계와 다를까? 다음과 같은 점에서 예술 작품은 정돈된 세계다. 그 요소는 더 강렬하고 결정된 어떤 감정을 만들어내는 방식으로 배치되고 구성됐다. 그 감정은 우리가 이제 막 봤듯 예술가가 표현하고자 하는 바로 그것이다. 또는 자연은 느슨한 작품이라 말할 수 있을 것이다. 그 결과는 다시 말해 그 지각은 우연적이지만 본질적인 방식으로 약한 정도에서만 아름다울 뿐이다. 만일 자연이 감성의 법칙을 따르면서 감각적이고 그 자체로 미적인 게 사실이라면 말이다. 감성의 법칙은 가능한 모든 세계의 구성 법칙이다.

삶의 감각적 세계monde-sensible-de-la-vie를 추상하는 일이 이 세계의 감각적인 성질을 작용 밖에 두는 것만이 아니라 그와 함께 삶 그 자체를 작용 밖에 두는 일이라면, 생각을 놓지 않고 끝까지 갔을 때 우리에게는 과학의 적막함이 발견된다. 그 적막함은 매우 극단적이어서 사실 그것을 정확히 생각할 수 없다. 우리는 과학이 절대 단독으로 존재하지 않는다는 걸 보여주려 한다. 하지만 과학이 그 탐구 영역에서 삶을 배제하자마자, 또한 과학은 과학으로서 반드시 그렇게 하는데, 과학은 마치 단독으로 있는 것처럼 행동한다. 세계에 그 법칙을 규정해주는 것은 이제 과학이다. 과학이 감각적인 모든 것과 살아있는 모든 것을 추상했어도 여전히 남아있는 삶의 감각적인 세계에 과학은 법칙을 규정해준다. 한 이론적인 기관이 삶의 세계와 삶 그 자체를 어떤 방식으로도 헤아림 없이 결정한다. 이런 상황이 세계 역사의 현 단계를 특징짓고 이 단계를 근대성으로 만든다. 이 근대성에 관해 우리는 그것을 참아낸다고 말할 수 있다. 만일 이 근대성 안에서 기원 이래 처음으로, 삶이 그 자신의 법칙을 자기 자신에게 규정하는 일을 멈춘 것이 사실이라면 말이다.

세계에서 단독으로 있다고 믿고 또 그와 같이 행동하는 과학은 기술이 됐다. 곧 조작과 변형의 전체가 됐다. 다른 모든 형태의 지식을 배제한 채, 삶의 세계와 삶 그 자체와 관계하는 모든 걸 배체한 채 기술은 그 가능성을 과학과 과학이 지닌 이론적 지식에서 얻는다. 그렇지만 과학에 관해 긍정적이고 삶에 관해 부정적인 기술이 지닌 이중적인 관계 속에서 기술의 본질은 이해하기 어렵다. 그에 관한 체계적인 해명을 제시하는 게 중요하다.

모든 이가 자신의 고유한 삶에 드리우는 거대한 위협을 어렴풋이 느끼는 것과 함께, 세계에 영향을 주는 깊은 변화를 지각하는 시대에 매우 정당하게 증가하는 기술의 해석은 두 집합으로 나뉜다. 한 집합은 사물 세계에 관한 인간 지배가 점차적으로 긍정되는 걸 기술에서 본다. 왜냐하면 기술은 점점 더 수가 많아지고, 정교하고, 강력해지는 방법 전체 외에는 다른 아무것도 가리키지 않기 때문이다. 그리고 방법을 말하는 이는 목적을 말하듯 상위의 관심과 관계한다. 그 관심은 인류에 관한 관심이며, 과학이 제공하는 모든 새로운 가능성의 활용에서 실현할 기회를 찾게 된다. '진보'가 인류 최상의 목적, 그 점차적인 실현과 다른 걸 가리킬 수 있을까? 과학이 허용해주는 그 실현과 다른 걸 가리킬 수 있을까? 인류와 같으며 인류의 본질을 이루는 그 목적의 점차적인 실현 말이다.

불행히도 '인류' 그 자체에 관한 이 '상위의 관심'에 관해, 곧 삶의 본질에 관해 과학과 거기서 나온 기술은 엄밀히 아무것도 알지 못하며 아무것도 헤아리지 않는다. 이것이 왜 만일 기술에 관해 '방법'을 얘기한다면 매우 특별한 방법이 거기 관계한다는 걸 인정해야 하는가에 관한 이유다. 그 방법은 그것과 다른 어떤 목적에도 더는 이롭지 않으며 그것 자체가 '목적'을 이룬다. 이처럼 우리는 인상적인 일련의 도구적 장치, 제조 방법, 조작, 점점 더 효과적이고 복잡해져가는 방식에 직면해 있다. 그렇지만 그런 것의 발전은 그 자체 외에 다른 자극이나 법칙을 알지 못하며, 자기 발전auto-développement처럼 일어난다. 과정 그물의 이 자기 발전은 과학의 이론적인 지식에 근거를 두지만 그 자체에 내맡겨진다. 그것은 그 자체를 통해 그 자체에 관해 작용한다. 과학의 이론적인 지식에 따라서 반응하고 그 지식으로 결정되게 내버려두는 대신 마침내 그 지식의 참된 원인처럼 그 지식을 일으키고 부추긴다. 이런 것이 근대 기술의 본질이다.

기술의 이 두 개념 가운데 어느 게 좋을까? 어느 것을 그 둘 가운데 선택할까? 그 둘 모두 그 나름의 방식으론 '맞지' 않을까? 만일 그 두 개념을 기술의 본질적인 역사와 이 역사에 나타난 중요한 순간과 관계하게 한다면 말이다. 두 '해석' 모두 그 순간에 관한 다소 알맞은 표상처럼, 한 시대의 이데올로기처럼 일치하게 될 것이다. 하지만 그 역사는 테크네tekhnê[26]의 기원으로 거슬러 올라갈 때에만 본질적인 역사가 될 것이다. 다시 말해 그 참된 본질로, '기술'과 같은 뭔가와 기술이 그 발전 속에서 지니게 될 여러 단계의 원리적인

---

26 'tekhnê'는 그리스어 'τέχνη'에서 오늘날 기술뿐 아니라 예술, 의술을 포함하는 실천적 또는 생산적 개념이다._옮긴이 주

가능성으로 거슬러 올라갈 때에만 말이다. 그때 단계는 우리가 일반적으로 역사라 부르는 것의 변천과 파란처럼 우연적이거나 우발적이지 않고, 반대로 테크네가 지닌 본디 본질 속에 뿌리를 두는 것으로 어떤 방식에선 필연적인 것이다.

여기서 우리는 놀라운 상황에 직면한다. 왜냐하면 기술의 여러 모습을 이해하고자, 그리고 특히 삶을 추상한, 근대 기술의 본질을 이해하고자 우리가 눈앞에 둬야 했던 테크네의 본디 본질은 삶 그 자체기 때문이다. '기술'은 일반적인 방식으로 '할 줄 앎savoir-faire'[27]을 가리킨다. 하지만 기술의 본디 본질은 어떤 특수한 할 줄 앎이 아니라 그 자체로서 할 줄 앎이다. 곧 하기faire로 되어 있는 지식savoir, 다시 말해 그 안에 자체 지식을 지니고 그 지식을 구성하는 하기다. 그런데 하기는 그 존재의 모든 점에서 자기 자신을 느끼고 깨닫는 것으로서 자신의 본질을 주관성에서 얻어오고, 이 주관성을 통해 가능해진 근본에서 주관적인 하기로서 그런 지식을 구성하고, 그 지식과 같아진다. 모든 할 줄 앎은 무엇이 되었든 그리고 그 형태가 무엇이든 그 안에 이 본디 지식을 지닌다. 이 지식은 하기에서 그리고 궁극에는 이 하기의 주관성에서 그 본질을 발견한다. 본디 할 줄 앎은 실천이고 이 실천이 자기를 아는 건 삶 속에서이므로, 실천이 기술의 본디 본질을 이루는 본디 할 줄 앎인 건 삶 안에서이므로 또 그처럼 본디 할 줄 앎은 삶 그 자체다. 그러면 어

---

27 '알다'를 뜻하는 'savoir'와 '하다'를 뜻하는 'faire'가 결합해 한 단어를 이룬 것으로, 문맥에 따라 '능력', '기량', '수완', '기술정보', '전문지식' 따위 여러 뜻으로 사용된다. 말 그 자체의 뜻을 살리면, '할 줄 앎'이 되며 여기서는 말 본디 뜻을 드러내고자 이처럼 옮겼다._옮긴이 주

떻게 삶 그 자체에서부터 다음과 같은 과정의 출현을 이해할까? 그 과정에서 삶은 내쫓긴다. 그리고 그 과정은 객관적인 장치와 방식의 그물이라는 모습으로 삶의 세계로서 삶에 속하는 세계의 황폐화를 우리 눈 아래 시도한다.

테크네의 본디 본질은 우리 앞 어딘가, 지적인 공간 속에서 표류하는 관념적인 본질이 아니다. 그것은 이론의 눈으로만 그렇다. 스스로 자기 자신을 촉발하는 실천으로서 그 본질은 이 자기 촉발 속에서, 그리고 이 자기 촉발을 통해 자신을 결정하고 개별화한다. 왜냐하면 자기 자신을 느끼고 깨닫는 모든 것은 이러저러한 방식으로뿐 아니라 또한 이것이나 저것으로서, 따라서 **유일한**singulier 경험의 모습으로 반드시 자기를 느끼고 깨닫는다. 그 경험은 또한 본성에서 **개별적인**individuelle 경험이다. 자기 촉발의 본질이 자기성ipséité의 본질인 것이 사실이라면 말이다. 이 단일하고 개별적인, 결정된 실천이 바로 우리 몸Corps이다.

스스로 자기 자신을 촉발하고 또 그러기를 멈추지 않는 자체 힘의 내재적인 사용 속에서 몸은 첫 저항에 부딪힌다. 이 저항은 내적인 현상학적 체계의 저항이다. 이것은 자체의 노력에 굴복하고 우리 '기관적인 몸corps organique'을 이룬다. 곧 어떤 객관적인 앎에 나타날 수 있는 것으로서가 아닌 우리 노력의 항처럼, 최초의 '형체configuration'처럼 우리 주관적인 몸의 내부에서 우리가 겪는 것으로서 우리 기관 전체를 이룬다. 그 형체의 모든 존재는 노력에 주어진 존재être-donné-à-l'effort로 되어 있고 그것에서 자신을 다한다.

두 번째로 기관적인 몸을 통해 주어진 상대적인 저항의 영역 한가운데 그 저항에 가해지고 그것을 점차 굴복하게 하는 압박은, 곧 주관적인 몸이 지닌 힘의 사용은 더는 굴복하지 않는 어떤 장애에 부딪힌다. 이 절대적인 저항 계열은 기관적인 몸 한가운데에서 연속성으로 자신을 느끼게 한다. 그리고 기관적인 몸 전개의 넘을 수 없는 한계처럼 자신을 느끼게 한다. 바로 땅Terre이다. 여기서 아직도 우리가 겪는 것으로서, 다시 말해 주관적인 몸의 움직임 안에서 우리가 깨닫는 것으로서 말이다. 주관적인 몸의 움직임은 이 땅을 밀고 이기고자 하는 노력 속에서 그 땅에 맞서 좌절된다.

움직이고 노력하는 내 몸을 통해 이뤄진 체계 전체. 곧 절대적으로 주관적이고 절대적으로 살아있는 내재적인 내 몸을 통해, 자신의 노력 아래 패이고 휘는 기관적인 몸을 통해, 굽히기를 거부하고 노력에 대립하며 이 노력 안에서 이것이 더는 이길 수도 굴복시킬 수도 없는 것처럼 주어지는 땅을 통해, 이런 것을 통해 이뤄진 체계 전체, 이런 것이 테크네의 본디 본질이다. 근본에서 내재적인 주관적인 몸 안에서 나는 기본적인 '나는 할 수 있다Je peux'로서 있다. 그 몸으로선 게다가 자신의 고유한 힘을 사용해 땅을 굴복하게 하고 말하자면 그것을 뒷걸음질 치게 하는 일은 매우 어렵다. 게다가 자신의 고유한 힘을 사용해서 말이다. 그래서 그 몸은 도구를 고안했다. 다시 말해 땅에 속하는 요소를 땅에서 뽑아냈다. 땅을 파고, 땅을 뒤집고, 땅을 여러 방식으로 변경하고, 땅에 새로운 모습을 주는 데 사용하면서 그것을 땅으로 향하게 하고자 함이었다. '도구'는 본디 주관적인 내재적인 몸의 연장 외에 아무것도 아니며, 또 그처럼 기관적인 몸 그 자체의 일부로 있다. 다시 말해 노력에 굴복하고 그런 것으로 주어지는 것으로, 그리고 오직 그런 방식으로만 주어지는 것으로 있다. 움직임의 붙잡기prise에 일어나는ad-vient 것으로 있다. 움직임을 통해 붙잡히고 움직이고 조작되고 다뤄지는 그것은 움직이는 항으로 실천적이고, 안정적이지 않은 불확실한 한계로 있는 데서만 그 실체를 끌어온다. 그 한계를 결정하고 고정하는 일은 움직임이 지닌 힘에 맡겨진다. 이것이 왜 몸의 자발적 행위에 주고 몸의 사용에 놓고자 도구를 자연에서 배제했는가에 관한 이유다.

그렇지만 그런 '배제'는 피상적일 뿐이다. 그것은 자연 전체에 고유한 한 특성을 강조할 뿐이다. 본질에서 자연은 본디 몸Corps originel의 뜻대로 된다. 다시 말해 그것은 움직임의 변동하는 상관항이다. 또는 그 고정된 한계다. 그렇게 그 '고정'은 그런 움직임으로만, 그리고 그것을 통해서만 결정된다. 땅 위에 우리는 발을 디디고, 발을 디딜 수 있다. 우리는 땅에 기대선다. 그런 것이 아니라면 생각할 수 있는 땅Terre은 없다. 우리는 공기를 들이마신다. 그것은 어쩌면 우리를 불사를 수도 있다. 그런 것이 아니라면 생각할 수 있는 '공기'는 없다. 우리가 만질 수 있는 그것이 아니라면 표면도 두께도 단단함도 없다. 우리 눈의 주관성 속에서 빛나는 그것이 아니라면 빛은 없다. 몸과 땅은 매우 본래적인 공–소유화Copropriation originelle를 통해 연결되어 있다. 그래서 마치 우리 없이 거기 있는 무엇처럼, '테오리아theoria'[28]를 위해서, 대상ob-jet의 자격으로, 순수 바깥pur Dehors이 지닌 정면en-face 속에 어떤 것도 절대 일어나지 않는다. 오직 이 본래적인 공소유화의 역사로만, 그리고 그 제한된 방식으로만 뭔가가 일어날 뿐이다. 이 본래적인 공소유화를 우리는

---

28 오늘날 '이론'을 뜻하는 말로, 본디 '봄', '관조'의 뜻을 지닌다._옮긴이 주

몸소유화Corpspropriation라 부른다. 이것은 매우 본래적이어서 우리를 세계의 주인propriétaires으로 만든다. 이는 우리 쪽에서 오는 어떤 결정이나 어느 한 사회가 코스모스에 관해 어떤 태도를 채택했다는 이유에서 나중에 그렇게 된 게 아니다. 아프리오리에서 그렇다. 몸소유화한 것corpsproprié으로서 존재, 그 존재가 지닌 몸이란 조건을 이유로 말이다. 우리는 세계를 변화시킨다. 인류의 역사는 이 변화의 역사일 뿐이다. 어떤 실천의 결과를 그 안에서 보는 일 없이 풍경을 바라보는 것이 불가능할 정도다. 하지만 세계의 변화는 몸소유화의 적용이자 그 현실화일 뿐이다. 그런 것이 우리를 땅의 주인으로서 땅의 거주자로 만든다. 이제 우리는 어떻게 세계가 늘 먼저 삶의 세계인지 좀 더 잘 이해한다. **감각적인 세계이기에 앞서 움직임의 상관항으로서, 몸소유화한 것으로서다.**

본디 몸의 주관적인 긴장 속에서 기관적인 몸의 내적인 펼침을 사는 대신 그 펼침을 표상한다는 걸 알아차리자마자 실천의 이해와 관련한 모든 어려움은 생각에서 온다. 결국 어떻게 주관적인 결정이 자연의 존재자étant naturel를 변화시킬 수 있는지 이해해야 한다. 어떻게 '마음'이 '몸'에 작용할 수 있는지 알아야 한다. 마음의 단순한 사용처럼 행위가 일어나는 존재 차원에서 다른 차원으로 옮겨가면서, 어떤 행위도 절대 일어나지 못하고 절대 일어나지 않을 '객관성'의 영역으로 마음을 옮겨가면서 '마음'은, 곧 주관적인 몸은 생각이 되었다. 다시 말해 정확히 표상이 됐다. 곧 어떤 접근 방식이 되었다. 그 접근 방식에 주관적이고 살아있는 실천은 원칙에서 숨겨진다.

실천의 표상은 인간이 설정한 목적을 위해 인간을 통한 자연의 도구적인 변형처럼 기술을 해석하는 이데올로기를 일으켰다. 한편으로 그런 이데올로기는 삶 한복판에 몸과 땅의 본디 공소유화를 표상한다. 다른 한편으로 공소유화의 표상으로서 이데올로기는 공소유화를 다음과 같은 점에서 심각하게 변질시킨다. 첫째, 그것은 행위에 고유한 존재론적인 세계 밖으로 행위를 끌어냄으로써 행위를 그 자체로 이해할 수 없게 한다. 둘째, 그것은 기관적인 몸의 내재적인 펼침이 갖는 내적인 통일성을 깨트림으로써 표상의 외재성 속에 떨어진 여러 요소처럼 원인, 결과, 방법, 목적을 투사한다. 따라서 이런 것의 '관계' 그 자체는 이해할 수 없게 된다. 말하자면 몸의 범주 대신 이성적인 생각의 범주가 된다. 하지만 만일 그런 기술 개념이 오늘날 근원적으로 부적절하게 드러난다면, 이는 그 개념이 실천을 그 실제 수행의 장소에서 원인과 결과를 놓는 오성entendement을 통해 위조하는 표상의 장소로 옮겼기 때문은 아니다. 그 실제 수행의 장소에서, 삶의 주관성 속에서 존재를 그 기반에서 위협하는 어떤 전복이 일어났기 때문이다.

개인의 자발적인 실천과 겹치는 동안 테크네는 삶의 표현이자 주관적인 몸이 지닌 힘의 적용이자 또 그처럼 문화의 초기 모습 가운데 하나다. 문화를 일으키는 건 삶의 내적인 요구다. 그러고 나서 우리는 그 요구를 삶의 '원인'이나 '목적'처럼 나타낼 수 있을 것이다. 본디 몸의 사용 방식을 결정하는 건, 아니 차라리 그 방식인 건 본디 몸의 현상학적인 구조다. 이 초기 활동이 자연에 자신을 적응해야 한다면 그 적응이 나오는 것은 사실 그 자체에서다. 참된 자연이 몸소유화한 자연인 한에서, 그리고 행위나 기초적인 노동이 이 몸소유화의 현실화일 뿐인 한에서 그렇다. 예술, 윤리, 종교는 또한 테크네의 방법이다. 그와 같은 문화의 상위 모습에서 삶을 통해 실천이 결정된다는 건 훨씬 명백하다. 도덕적인 관습이나 종교적인 관습은 미적인 창작과 마찬가지로 살아있는 주관성의 직접적이고 즉각적인 표현이다. 주관성 안에서 그들은 그들의 원칙, 제어 형태, 존재에 그들 옴의 장소를 찾는다. 다시 말해 그들의 구체적인 실현 방식을 찾는다.

　행위가 삶의 명령에 복종하기를 멈출 때 존재론적인 전복이 일어난다. 행위는 더는 처음의 그것이 아니다. 곧 더는 절대 주관성이 지닌 현상학적인 잠재성의 현실화가 아니다. 더욱이 행위는 이제부터 세계에서 일어나고자, 곧 공장에서, 댐에서, 발전소에서 일어나고자 이제까지 늘 그의 장소였던 곳을 떠난 것 같다. 피스톤, 터빈, 톱니바퀴, 모든 종류의 기계, 요컨대 거대 산업의 어마어마한 도구적 장치가 쉴 새 없이 그리고 사방에서 작동하는 곳 어디에서나 말이다. 그 장치는 제5세대의 컴퓨터 전자기의 방전과 '과학기술'의 다른 거대 기계 속으로 사라지려 한다. 인간적인 것의 지배에서 비인간적인 것의 지배로 이행이라는 근대성의 중요한 사건이 이 과학기술에서 보인다. 곧 **행위는 객관적이 되었다.** 땅의 표면은 물리 수학적인 땅 속을 닮는다. 원자의 소용돌이를, 미립자의 폭발을, 기원 없는, 원인 없고 목적 없는 생명 진화의 이 모든 강렬하고 까마득한 옛날의 소요를 닮는다.

　"그런 것 같다."고 우리는 말했다. 왜냐하면 주관성 속에서만, 그리고 그로써만 실천이 가능한 행위가 있기 때문이다. 몸이 원할 때 자신의 힘을 사용하고자 그것을 손에 쥐고 소유하게 되는 곳은 오직 그것이 지닌 본디 몸성corporéité, 그 근본적인 내재성일 뿐이다.

모든 힘과 모든 하기의 특징인 자기 자신 안에 자리하기를 멈출 때부터, 주관성이 자기 촉발로서 자신의 본질을 나눠주지 않는 때부터 어느 '행위'도 절대 이뤄지지 않는다. 오직 폭포 속에서 물의 하강이나, 여러 산업 기계장치나, 원자 물리학의 전파나 '진로'와 같은 물질적인 이동만이 있을 뿐이다. 사이버네틱스나 우주의 원자 물리학적인 기체基體 속에서와 같이 스스로 작동하는 이런 종류의 객관적인 과정, 결국 더는 살아있지 않고, 더는 삶이 아닌 일련의 장치, 이런 것이 근대 기술의 내용이자 근대 기술이 지속적으로 다루는 것이다. 아니 차라리 근대 기술을 그 존재 속에서 구성하는 것, 피륙tissu이다. 그 피륙으로 근대 기술은 이뤄져 있다. 말 그대로 근대 기술의 '실체'다.

그런데 그런 과정이 일관되고 합목적적인 결과에 이르는 이상 눈먼 것 같지 않을 수 있다. 기술일 때 그런 과정은 어떤 지식의 결과다. **어떤 지식?** 근대를 시작하는 존재론적인 전환이 자리하는 곳이 여기다. 또는 아직 외재적인 방식으로 그 전환을 가리키려면 '인간 역사'에서 일어난 주요한 '혁명'을 시작하는 것이다. 정치적인 혁명은 한쪽으로 두자. 그것은 어떤 결과나 징후일 뿐이다. 마르크스와 함께 18세기와 19세기에 일어난 중요한 목적론의 전복을 인정할 때 우리는 본질적인 것에 다가선다. 모든 사회를 특징짓는 소비재의 생산을 소비재를 통해, 소비재 쪽으로, 곧 '사용 가치' 쪽으로 향하게 하는 걸 그만두고 교환 가치, 다시 말해 화폐의 획득과 증가를 이제부터 겨냥할 때 말이다. 생산이 **경제적으로 되었을 때,** 삶에 유용하고 삶이 가리키는 재물 대신에 화폐를, 즉 경제적인 실재를 생산해야 했을 때 세계의 면모는 정말 달라졌다.

한편으로 세계, 살아있는 몸성이 지닌 주관적인 가능성의 현실화 속에서, 게다가 이 현실화로서 현실화하는 몸소유화로 규정된 본디 자연, 결국 삶의 세계, 다시 말해 직관의 세계monde-de-l'intuition 가 아닌 실천의 세계monde-du-praxis, 실천의 결과로서 세계지만 더 본질에서 그리고 먼저 실천의 사용으로서 세계, 대상Objet이 아닌 행위Acte로서 세계, 이 세계의 행위는 곧 몸Corps이고 그런 세계는 그 자체로 그것인 것, 지금까지 늘 그것인 것과 관계없는 목적의 침입으로 심각하게 교란되었다. 말하자면 추상의 생산, 화폐의 생산이다. 그런 교란은 특히 새로운 존재론적 차원의 출현과 자기에 관한 전개에 있다. 몸적인 자연에도, 몸 그 자체에도 애초 속하지 않던 **경제적인 실재**가 그것이다. 다른 한편으로 생산이 화폐의 생산이고 더는 사용 가치의 생산이 아닐 때부터 생산은 아주 달라진다. 더는 주관성의 가능성으로, 주관성의 '욕구'로 일으켜지지도 규정되지도 한정되지도 않으면서 생산은 더는 욕구에서 그 목적을 찾지 않는다. 이는 생산이 더는 **그 자체로** 가능성의 수행이 아님을 얘기한다. 생산은 그때부터 생산해야 하는 화폐처럼 양으로 되고자, '무한'해지고자 질에서 달라지기를 멈춘다.

그런데 이 '경제적인 혁명', 미리 주어진 경제적인 세계 내부에서 혁명이 아닌 이 세계의 출현과 존재화인 그것은 지상의 인간이 지닌 본디 조건과 또 그처럼 인간의 역사를 규정하는 몸소유화를 전복하러 온 유일하고 결정적인 혁명은 아니다. 그 참된 본질이 아닌 그 원인처럼 작용함으로써 그 혁명을 준비했을 뿐이다. 경제적인 생산으로서 생산의 격렬한 가속화는 경제적인 이유에서, 이익률과 무엇보다 잉여 가치율을 유지할 필요성에서 새로운 생산 방식의 고안과 증식을, 과거 방식의 개선과 또 기술의 놀라운 발전을 일으켰다. 이런 기술의 발전은 과학의 발명을 유리하게 활용하고 또 그것을 유발한다. 생산 수단은 더는 주관적인 몸을 연장하고 그 몸을 통해 미리 규정한 '도구'가 아니다. 도구의 취급은 그 몸이 지닌 힘의 적용이자 그 사용이자 결국에는 문화의 기본 모습에 지나지 않았다. 그렇던 '수단'과 그렇던 '도구'는 기기器機 속에서, 산업과 사이버네틱스의 기기器機 속에서, 그리고 어쩌면 근대인의 눈에 나타난 것으로서, 자연 그 자체 속에서 스스로 작동하는 기계적, 객관적 장치가 되었다. 그런 변화 속에서 무엇이 일어날까?

행위와 규칙을 가능하게 하는 지식이 더는 삶의 지식이 아닌 과학의 지식이라는 게 일어난다. 이런 것이 인간의 인간다움을 전복하러 온 근본적인 혁명이다. 이는 태초부터 인간의 본질이 받은 가장 심각한 위협을 그 위에 드리우게 한다. 행위를 지배하는 지식이 삶의 지식일 때 그 지식은 행위의 자기 촉발 외에 다른 아무것도 아니었으며 행위와 일치했다. 하기 속에 포함되고, 이것과 일치하는 그와 같은 지식을 우리는 모든 할 줄 앎savoir-faire의 본질로 특징지었다. 여기 왜 그런 지식이 모든 형태의 활동에 머무르는가에 대한 이유가 있다. 특히 '본능적'이라 말하는 활동에, 곧 처음에 인간이 땅과 자주 교우하는 일에, 땅 위에 서고 걷고 일할 가능성에, 애정 행위에, 감각과 움직임 일반의 사용에, 주관성의 여러 힘에, 상상의 힘에, 기억의 힘 따위에 말이다. 이 모든 활동에서 다른 아무것도 성취되지 않으며 오직 삶의 성취만이 성취된다. 삶의 자기 실현과 자기 증대만이, 삶의 문화만이 성취될 뿐이다.

행위를 조절하는 지식이 과학의 지식일 때 그로부터 다음의 결과가 생긴다. 첫째, 더는 삶이 아닌 대상 의식으로, 그리고 기껏해야 객관적인 지식의 모습으로 됨으로써 지식의 본성은 아주 달라졌다. 그 지식의 모습 안에서 사람들은 지식이 아는 세계에서 감각적인 성질의 존재와 함께 감각을 추상했다. 둘째, 지식은 더는 그 자체로 행위가 아니며 행위와 일치하지 않는다. 셋째, 지식은 또한 더는 행위의 지식이 아니며 행위의 객관적인 앎이 아니다. 왜냐하면 행위는 그 자체로 객관적인 아무것도 아니며 그럴 수도 없기 때문이다. 그런 지식은 정확히 객관성의 지식이 되었다. 다시 말해 과학을 통해 추상적이고 이상적인 계수로 더군다나 되돌려진, 갈릴레이 과학 세계의 물리 수학적인 결정으로 되돌려진 자연 과정의 지식이 되었다. 행위와 지식, 과학의 지식과 동일시된 그 지식은 서로 바깥으로 떨어진다. 행위는 일종의 경험적인 호기심일 뿐이다. 그 '행위'를 통해 과학자는 그의 안구를 움직이거나 책장을 넘긴다. 아니 오히려 그 행위를 헤아리지 않으며 그 행위는 눈길 밖으로 미끄러지고 또 아무것도 아니게 된다. 지식은 반대로 모든 것이다. 그 무한한 이론적 발전 속에서 그것은 과학의 지식이다. 그 지식의 상관항은 객관적인 과정 전체다. 곧 구별 없이 산업, 사이버네틱스, 자연 그 자체, 이런 것의 도구적 장치, 그 과정이다.

만일 테크네가 실천 속에 있다면, 다시 말해 행위의 원리적 가능성, 상상할 수 있는 모든 행위의 원리적 가능성이 실천 속에 있다면, 삶과 자연의 본디 몸소유화 속에서 그 본질을 찾는 실천 속에 있다면 어떻게 근대 기술을 상상할 수 있을까? 다시 말해 과학을 통한 세계에 관한 정보와 변형을 말이다. 어떻게 과학의 지식이, 즉 순수 이론적인 눈길이 산업과 기계 일반의 도구적 장치가 된 자연의 객관적인 과정에 작용할 수 있을까? 사람들은 한편으론 이론적인 눈길로 환원된 마음과 다른 한편으론 자연적인 존재자로, 또 대상으로 이해된 몸의 관계에 관한 문제를 풀 수 없음을 인정했다.[29]

여기서는 과학이 가장 가벼운 물질적인 변화를 자연에 줄 수 있다면 이는 현실적인 행위가 인식하는 주체와 인식된 대상의 단순한 이론적 관계로 한정되지 않는 한에서라고만 말하자. 과학은 사실은 늘 몸소유화라는 눈에 띄지 않는 우회로를 빌린다. 잡고, 보는, 근본에서 내재적인 힘이라는 의미에서 손과 눈을 지닌 자만이, 그 자체로 주관적이고 살아있는 몸으로 본디 이뤄진 존재만이, 그리고 과학자로서가 아닌 그런 존재로서 과학자가 그의 책장을 넘기고 책을 읽을 수 있을 뿐 아니라 과학적인 조작을 그것이 무엇이 됐든 같은 방식으로 수행하고, 기기機器를 다루고, 단추를 누르고, 그래프에서 변이표를 쫓아가고 가장 복잡한 경험의 결과를 파악할 수 있다. 그 결과는 불가피하게 감각적인 자료처럼 제시되고 그런 모습으로만 접근 가능하다. 마찬가지로 엄밀하게 말해진 실험, 조작이나 취급은 본래적인 몸의 행위를 늘 가리키고 그것을 전제한다.

그런데 그런 상황은 과학 실천 속에서만 보존되지 않는다. 그것은 근대 세계에서 노동자의 조건을 결정한다. 근대 세계를 특징짓

---

29 이론적인 방식으로, 곧 '과학적'이고 객관적인 방식으로, 특히 '마음(영혼)의 정념'에서 다룰 때에만 이 문제는 데카르트주의와 만난다. 또한 이것에 부딪쳤다는 건 매우 눈여겨볼 만하다. 우리 분석은 현상학적인 환원 안에 자리한다. 데카르트가 현상학적인 환원에 머무르는 동안 몸의 행위는 어떤 어려움도 나타내지 않으며, 그 가능성은 그 자체로 해결됐다. 이것이 바로 주관적인 몸 개념에 관한 감탄할 만한 예감이 우리가 '다섯 번째 성찰에 관한 답변'에서 보듯 데카르트에게 있었다고 말할 수 있는 이유다. 바로 'ambulandi cogitatio'가 문제가 될 때다. 다시 말해 걸음에 관한 본래적인 주관적인 경험, 걸음과 동일한 그 경험이 문제가 될 때 말이다. Cf. Œuvres, op. cit., VII, p. 352.

는 것이 살아있는 노동의 부분, 다시 말해 주관적 실천이 생산의 실제 과정 내부에서 점차로 줄어든다는 것이다. 하지만 객관적 도구적 장치의 부분은 먼저 고전적인 거대 산업 기계의 모습으로, 그러고 나서 사이버네틱스와 로봇 기계의 모습으로 증가하기를 멈추지 않는다. 자본주의 시대에 이익률의 경향적인 감소 법칙은 근대 생산에 영향을 주러 온 본질적인 현상에 관한 경제적인 차원에서 표현일 뿐이다. 바로 근대 생산 속에서 기술의 범람이다. 그리고 삶의 축출이다.

그러나 생산이 기술 장치와 기술 자체와 같아지려 할 때조차 살아있는 노동의 감소하는 부분을 생산 한가운데로 유지하는 일은 다음의 사실 외에는 아무것도 뜻하지 않는다. 순수 과학의 사례에서처럼 세계의 변화는 자연과 기술의 과정, 객관적인 과정에 처음으로 접근하는 일과 그 과정에 작용하는 원리적인 가능성을 가정한다. 접근과 작용 능력은 사실 하나를 이룰 뿐이다. 그 둘은 모두 몸소유화로 되어 있다. 몸소유화의 사용을, 살아있는 노동을 거의 아무것도 아닌 것으로 되돌렸다는 건 다음을 의미한다. 사람이 만들던 모든 것을 이제 로봇이 만든다. 다만 로봇은 아무것도 '하지' 못한다. 로봇은 기계의 가동이자 현실화일 뿐이다. 남아있는 유일한 실제 행위는 움직인다는 걸 깨닫는 일로 이뤄지고, 그런 일에서 자신을 다하는 행위는 조작 단추를 누르는 행위다. 산업 시기 초부터 자연 에너지를 통한 '노동력'의 점차적인 대체가 지니게 될 단순한 결과처럼, 노동자의 활동을 감독관의 일로 되돌리는 걸 예감할 수 있었다. 감독관의 일은 살아있는 개인이 지닌 주관적인 가능성의 거의 전부가 위축됨을 의미한다. 또 그처럼 어떤 불편함, 그리고 커가는 불만족을 의미한다.

그런데 개별적, 주관적 실천을 변질시킨 변화는 판에 박히고 단조로운 행위로 그 실천을 되돌리는 것만을 함축하지 않는다. 모든 문화의 붕괴를 그 자체로 이미 가리키는 이 축소와 빈곤과 함께 이 비문명화 과정을 끝까지 밀고 가는 다른 현상이 일어났다. 의미 없는 행위의 능동성이 완벽한 수동성으로 뒤집힌다. 노동자에게 조금 남아있는 일의 성격과 방식을 규정해주는 것은 여러 조립과 배열로 되어 있는 객관적인 장치다. 일에서 개인의 능력, 그리고 무엇보다 몸의 능력을 우리는 전부 추상할 수 없다. 이는 다른 시대와 마찬가지로 기술의 시대에서도 몸소유화가 세계 변화의 숨겨진, 하지만 어쩔 수 없는 기반으로 남아있는 한에서 그렇다. 다만 몸의 힘을 기계의 객관적인 장치가 대신하게 되면서 그 몸을 더는 헤아리지 않게 되었다. 오직 개인의 개입을, 매우 사소하다 할지라도 장치가 허용함에 따라서만 그 몸을 헤아린다. 이 개입으로 우리는 삶과 삶의 지식, 다시 말해 문화에서 그나마 아직 인정되는 터무니없는 부분을 가늠한다. 정보의 시대는 백치의 시대가 될 것이다. 하지만 삶의 자리를 차지한 객관적인 장치는 어떠한가?

'행위'의 도구적인 장치처럼, 그리고 움직임으로, 또는 그런 장치 속에서 수행되고 그 장치를 통해 필요해지고 허용된 객관적인 이동으로 되돌려진 행위 그 자체처럼 배치된 것은 과학을 통해 이뤄진다. 장치의 배치dis-position가 지닌 기반은 자연 과학이 지닌 전개와 복잡화의 모든 단계에서 자연 과학이다. 곧 물리 이론 전체다. **장치 작동의 법칙, 곧 그 '행위'의 법칙 자체가 되는 것이 이론에서 끌어온 법칙**이므로 모든 것이 과학을 통해, 과학에 따라서, 과학을 위해서 설립된다. 움직여야 할 명령 손잡이의 모습 아래, 예컨대 심지어 삶의 최소 개입은 더는 필요하지 않으며, 더는 필요하지 않은 쪽으로 나아간다. 장치가 스스로 자체를 조정하고 스스로 자체를 통제할 수 있는 방식으로 배치되는 한에서 말이다. 그것은 엄밀히 말해 하나의 체계, 이론적인 체계의 충실한 반영이 된다. 그 이론적 체계의 '실현'처럼 나타난다.

하지만 말에서 어떤 부적절한 방식이 거기 있다. 우리는 관념적 본보기(모델)의 '실천적인' 적용을 찾지만 절대로 관념적 본보기(모델)에서 출발하지 않는다. 본보기는 실재성에 관한 이론일 뿐이다. 그것은 그 실재성이 따르는 어떤 조정을 명백하게 할 뿐이다. 그 실재성은 물질적인 자연의 실재성이자 장치 그 자체의 실재성이다. 그처럼 기술은 이 자연과 다른 것이 아니다. 이 자연의 조정은 그 자체로서 그 자체를 위해 작용에 놓이고 조정될 수 있는 방식으로 알려져 있다. 그 자체를 위해, 다시 말해 그 조정이 작용에 놓여 일어날 수 있는 모든 것이 마침내 일어나도록 말이다. 기술은 인간 없는 자연이다. 그 자체로 되돌려지고 그 자체에 되돌려준, 스스로 발산하고 표현하는 추상적인 자연이다. 자연의 자기 발전이다. 그렇게 자연에 포함된 모든 잠재성과 가능성은 그 자체를 위해, 그 자체인 것을 위해, 그 자체에 관한 사랑을 위해 될 수 있는 모든 것, 다시 말해 **자연이 될 수 있는 모든 것이** 되도록 현실화해야 한다. 금을 만들어야 하고, 달에 가야 하고, 스스로 조종할 수 있고, 자체를 또 우리를 파괴할 때를 스스로 결정하기에 앞서 스스로 통제할 수 있는 미사일을 구축해야 한다. 기술은 연금술이다. 우리 자신인 삶의 자기 성취 대신, 그것은 자연의 자기 성취다. 문화 대신 그것은 야만이다. 우리 시대의 새로운 야만이다. 삶을 작용 밖에 두는 것으로서, 삶의 명령과 조정을 작용 밖에 두는 것으로서 그것은 인간이 알던 가장 극단적이고 비인간적인 모습을 한 야만일 뿐 아니라 광기다.

우리 세계에서, 다시 말해 인간의 삶에서 삶 자체를 작용 밖에 두는 일이 함축하는 걸 우리는 조금 가늠할 수 있을 뿐이다. 이제부터 눈여겨봐야 할 것이 있다. 그것은 근대성이 지닌 다른 결정적인 특성을 우리에게 보여줄 것이다. 바로 우리 눈 아래에서 벌어진 기술과 경제 관계의 전복이다. 기술 혁명은 삶을 배제하고 객관적인 과정으로 되돌려진 기술이 이제 자체의 목적을 이룬다는 데 있다는 걸 다시 떠올려보자. 기술 혁명 때까지 생산과 노동의 도구적인 장치가 삶을 통해, 그리고 삶을 위해 배치됐다. 삶을 통해, 곧 도구가 존재론적으로 몸소유화에 속하는 동안에는 말이다. 행위 속에서 몸소유화가 현실화하는 한 방식으로서 도구는 몸소유화 안에 포함된다. 삶을 위해, 곧 행위가 사용 가치, 다시 말해 삶의 유지에 필요한 가치의 생산으로 결정된 한에서는 말이다.

삶의 유지와 관계하는 목적론이 교환 가치 생산을 목표로 하는, 말 그대로 경제적인 목적론으로 뒤바뀐 순간에도 교환 가치는 삶과 모든 연결 고리를 잃지 않고 은밀하게 사용 가치에 종속된 채로, 그리고 이를 매개로 살아있는 노동에 종속된 채로 있다. 화폐는 이 노동의 이차적인 표상일 뿐이다. 실제 노동, 또는 살아있는 노동의 표상인 추상적인 노동, 또는 사회적인 노동의 표상으로서 말이다. 생산의 현실적인 과정에서 필요한 화폐의 투입, 일차 질료와 기계의 사용 가치에 대한 화폐의 교환, 그리고 더 본질에서는 유일하게 이 모든 과정을 작용에 놓고 거기서 교환 가치를 생산할 수 있는 살아있는 노동에 대한 화폐의 교환, 이런 것이 다음과 같은 걸 잘 보여준다. 교환 가치는 절대로 그 자체로서 살아남지 못한다는 것을. 그것이 자본주의에서 새로운 경제적인 목적을 규정할 때조차도 그것은 계속 그 반대되는 것으로 바뀌어야 한다. 곧 그 원천으로, 삶으로 되돌아가야 한다. 모든 과정의 끝에 삶은 소비의 모습으로 절실히 요구된다. 어느 생산도 소비 없이 갈 수 없다. 결국 인위적인 소비를 일으키는 일, 교환 가치를 통해 무질서해졌지만 어쨌든 인위적인 욕구와 그를 통해 삶의 주관성에 맞춰진 생산을 흡수하고자 새로운 욕구를 창조하는 일, 이것이 마르크스의 눈에는 여전히 삶을 발전하게 하고 풍요롭게 하는 방법이자 **문화의 한 요소**였다.

우리는 모든 생산은 소비에 종속적이며 그것 없이 갈 수 없다고 말했다. 자본주의에서 생산해야 하는 교환 가치는 사용 가치의 모습으로만 존재하기에 이른다. 사용 가치의 성격과 속성은 주관성으로 결정된다. 주관성은 가치 체계 한가운데, 아주 배제할 수 없으며 이 모든 과정을 삶의 존재론에 뿌리내리게 하는 어떤 목적론을 요구한다. **기술의 세계에서 파괴된 것이 바로 이 뿌리내림이다.** 생산 과정은 더는 그 과정 뒤에 사용 가치와 삶 속에 자신의 최종 이유를 갖지 않는다. 그 과정 앞에 어떤 사태 속에서 그것은 자신의 최종 이유를 갖는다. 이것에서 삶은 빠져 있다. 그곳에서 삶은 원인으로서도, 목적으로서도, 심지어 수단으로서도 전혀 헤아려지지 않는다. 그 사태는 어떤 것인가? 생산이 그것 밖으로 실천을 내몰고 또 끊임없이 그렇게 하려는 경향을 지니는 것과 함께 객관적인 과정으로 귀결되었을 때 기술 세계에서 모든 생산은 그 사태에서 나온다.

바로 도구적인 장치 이전의 상태, 말하자면 한때 존재하던 기술 전체다. 이 기술로부터 새로운 기술을 이룰 수 있다. 이 새로운 기술의 성격은 앞서 있던 기술 전체 속에서 미리 결정된다. 이 기술 전체는 또한 과학 지식의 전체이기도 하다. 그런데 그런 가능성은 가능성 이상이다. 기술 전체와 겹치는 과학 지식으로 규정된 사태가 아니라면, 마치 아무것도 존재하지 않는 듯 '미래'를 결정하는 건, 곧 그 자체의 전개를 결정하는 건 바로 이 사태다. 여기 어떻게 과학적으로 규정되고 알려진 객관적 과정의 다양성에 따라서 새로운 모든 장치, 존재하는 기술 그물 속에 어떤 방식으로든 연관된 모든 기술, 존재하는 기술의 교차와 관계 맺음의 결과로 생기는 모든 기술, 존재하는 기술과 이것이 포함하는 가능성에서부터 생각할 수 있고 실현할 수 있는 모든 기술이 확실하게 어쩔 수 없는 운동을 통해 그런지를 설명하는 것이 있다. 바로 우리가 진보라 부르는 운동이다.

진보의 개념은 이처럼 배타적인 방식으로 기술의 진보를 가리키기에 이르렀다. 개인의 삶에 존재하고 그 삶의 현상학적 여러 가능성의 자기 발전과 자기 증대로, 그 삶의 문화로 되어 있는 미적, 지적, 정신적, 도덕적 진보의 생각은 우리 시대의 암묵적인 존재론 속에 어떤 할당된 장소도 지니지 못함으로써 더는 통용되지 않는다. 그 존재론에 따르면 객관적이고 과학적으로 인식될 수 있는 실재성만이 있을 뿐이다. '천재적인' 파스퇴르 같은 예외적인 한 개인이 이뤄낸 이론적 발견의 결과로 전통적으로 이해된 기술 진보의 성격은 그 또한 아주 달라졌다. 발명가와 그의 고유한 삶의 개별적 활동을 통해 기술 진보는 문화 일반의 진보에 결부되고, 그 분야의 하나처럼 이해되었다. 하지만 아무것도 오늘날 자기 발전처럼 수행되는 기술 발달 속에서 되찾아지지 않는다. 우리는 다음을 말할 수 있을 뿐이다. 기술 a, b, c가 주어졌을 때, 그 조합이 기술 d고, 기술 d는 기술 a, b, c의 확실한 결과처럼 불가피하게 일어난다. 누구를 통해 그리고 어디서는 중요하지 않다. 이처럼 여러 나라에서 발견의 동시대성과 필연성은 설명된다. 그 발견의 '적용'은 선결적인 이론 내용의 개연적이고 우발적인 계속이 아니다. 그 이론 내용은 이미 '적용'이다. 도구적 장치이자 기술이다. 다른 한편으로 이 도구적 장치와 그 속에 구체화된 과학 지식과 다른 어떤 심급도 존재하지 않는다. 그것을 '실현하는' 것이 적합한지 아닌지를 판단하지 않는다. 이처럼 기술 세계는 모든 규범이 부재한 상태에서 자체 생산하고 규범화하면서 암과 같은 방식으로 증식한다. 그 세계가 아닌 모든 것에 관한, 삶의 세계에 관한 완벽한 무관심 속에서 말이다.

사람들은 그들이 특수한 세계를 이룬 뒤로 겉보기엔 자율적으로 보이는 법칙, 추상적인 목적, 이해되지 않는 모순, 예상할 수 없는 결과와 함께 경제적인 발전을 낯선 운명처럼 겪는다. 그것은 그들에게 번영과 가난을, 그리고 더 자주는 가난을 번갈아 준다. 그렇지만 그 운명은 그들 자신의 삶과 노동과 희망과 고통에서 그 실체를 지닌다. 설혹 이해할 수 없는 방식으로 그들을 짓밟고, 그들을 굴복시키고자 그들의 노력을 그들에 반하는 쪽으로 기울게 했음에도 말이다. 기술과 함께 발전의 자율성은 겉으로 그러기를 멈췄다. 그것은 삶과는 아무 관계없고 삶에 아무것도 요구하지 않는, 삶에 아무것도, 어쨌거나 삶과 닮은 아무것도, 삶의 본질과 그 소망에 맞는 아무것도 가져오지 않는 운동이다. 기술의 발전이 삶에 가져오는 것, 삶에 요구하는 것은 정확히 **삶과 다른 것**이다. 자연 한가운데 파묻힌 과정과 기계다. 이 과정과 기계를 과학은 자연 한복판에서, 그 과정과 기계를 둘러싸고 있던 불명료한 목적론Fanalité에서 뽑아낸다. 그 과정과 기계 자체에, 그 추상과 고립에 그 과정과 기계를 내맡기려 한다. 그 과정과 기계가 그들 사이에서 서로 인위적인 결합을 맺고 서로 어깨를 겨누고 서로 첨가되면서 맹위를 떨치는 건 바로 이때다. 더는 자연Nature의 질서도 삶Vie의 질서도 아닌, 더는 질서가 아니라 야생의 과정인 우연한 질서에 따라서 말이다. 이 야생의 과정에서는 뜻밖의 만남에서 태어난 새로운 모든 가능성이 더는 아무 이유도 지니지 않는 발전의 유일한 이유가 된다. 모든 연결에서 자유롭고 일관되고 목적 지향적인, 모든 총체에서 분리된 채 기술은 앞을 향해, 그 앞으로 곧장, 마치 혹성 간의 로켓처럼 돌진한다. 어디서 오고, 어디로 가는지, 왜 가는지 알지 못한 채 말이다. 삶에 근본적인 외재성 속에서, 스스로 자신을 느끼고 깨달으며 자기 안에서 그가 느끼는 것 속에서, 자신의 행위와 발전의 법칙을 얻는 그 삶에 근본적인 외재성 속에서 기술은 절대적인 초월성이 되었다. 원인도 없고 빛도 없는, 얼굴도 없고 눈길도 없는, '검은 초월성'[30]이 됐다.

근대 기술의 무시무시한 발전 한가운데 원자 융합, 유전자 조작 따위의 새로운 과정의 출현은 과학자의 의식에 물음을 제기한다. 하지만 그 물음은 시대착오적인 것으로 일소될 것이다. 왜냐하

---

30 Gilbert Hottois, *le Signe et la technique*, Aubier, Paris, 1984, p. 152.

면 과학에 있는 유일한 실재성 속에는 물음도 의식도 없기 때문이다. 만일 우연히 한 과학자가 양심의 가책으로 멈추게 된다면, 과학자는 과학에 봉사하기에 그런 일은 절대 일어나지 않겠지만, 백 명의 다른 이가 바통을 이어받으려 일어날 것이며 이미 일어났다. 왜냐하면 과학 이외에 다른 아무것도 없기에, 그리고 과학이 아는 실재성, 말하자면 객관적인 실재성 이외에 다른 아무것도 없기에, 기술은 이 객관적인 실재성의 자기 실현인데 과학이 할 수 있는 모든 걸 과학은 과학을 위해 해야 하므로.

4

삶의 병

과학은 정말 삶과 아무 관계도 유지하지 않을까? 없앨 수 없는 유일성singularité과 감각적이고 개별적인 존재의 사라짐에서 사물의 존재를 끌어내서 안정되고 모든 사람이 알아볼 수 있는 존재로 놓고자, 그 자체로 있고 객관적인 존재로 놓고자 수학적 관념성idealité으로 갈릴레이적 접근은 사물의 존재를 되돌린다. 과학의 세계monde-de-la-science에 관한 비판은, 다시 말해 과학의 세계만을 아는 것으로서 과학 그 자체에 관한 비판은 이 수학적 관념성이 결국 주관성을 작용 밖에 두고 주관성에서 우리를 해방시키기는커녕 주관성을 통해 생산되고 그 피할 수 없는 전제이자 그 기반처럼 주관성을 가리킨다는 걸 보여주지 않았는가? 하지만 주관성을 과학의 관념성을 만들어내는 단순한 힘으로, 또 그처럼 의미를 주는 의식으로, '~에 관한 의식'으로, '지향intentio'으로 헤아렸다 할지라도 그것은 또한 늘 다른 것이며 아무 구별 없이 다른 것이다. 말하자면 삶 자체다. 곧 우리의 사례에서는 수리 물리학의 관념성이 지닌 창조적 의미를 주는 본디 자기 촉발이다.

살아있는 주관성으로서 주관성에 관한 근본적인 현상학을 구축하고자 애쓰는 우리 현상학자, 다시 말해 겉모습 너머 실제로 우리인 것의 존재를 보존하고자 애쓰는 현상학자가 환원 속에서 과학을 향해 던진 시선은 그때부터 상당히 바뀌어야 하지 않을까? 왜냐하면 과학은 삶의 세계monde-de-la-vie와 이어서 삶 자체를 추상할 뿐이므로. 이 추상은 감각 성질을 관여하지 못하게 하며 또 그처럼 근대 과학 시초의 행보에서, 근대 과학의 기반을 닦는 행보에서 근대 과학을 이룬다. 그런 추상은 우리가 말했듯 절대 주관성이 하는 것이며 그런 방식으로 삶의 한 방식이다. 과학이 삶을 그 주제에서 배제하려는 동안에 삶을 알지 못한다 할지라도 과학은 그 시작에서나 끝에서 이 절대적 삶의 한 방식으로 남고 이 삶에 속한다.

우리가 과학을 향한 시선과 함께 바뀌어야 할 것은 결국 문화 영역과 관계 속에서 과학의 상황이다. 우리가 근대 과학의 지향만을 헤아리고 어떤 의미에선 그 지향과 일치하는 동안에는 수학적이고 추상적인 결정으로 되돌려진 자연, 모든 주관적 속성이 제거된 자연만을 실제로 돌보게 된다. 과학적으로 결정된 존재를 본질적인 것으로 여기고, 더 나아가 실제로 존재하고 엄밀한 방식으로 알려진 보편 타당하고 유일한 존재로 여기면서 우리는 그 존재가 아닌 모든 것, 특히 절대적이고 현상학적인 삶을 아무것도 아닌 것으로 여긴다. 문화가 삶의 문화고 삶과 배타적으로 관계함에 따라서 삶과 삶의 특수한 발전, 문화 자체인 삶의 이 특수한 발전을 그 주제에서 배제하는 과학은 문화에 아주 낯선 것으로 남는다. 과학과 문화의 관계는 상호 배제 관계다. 예술의 범례는 이 상호 배제를 명백하게 하는 것과 함께 그 극단적인 지점으로 이끌었다. 왜냐하면 예술은 감성에 말을 주기 때문이다. 예술은 감성의 매우 의미 있는 실현을 추구한다. 하지만 감성을 배제함으로써, 다시 말해 삶의 세계와 삶 그 자체를 또한 배제함으로써 과학은 역설적으로 삶과 삶의 전개 밖에, 따라서 가능한 모든 문화의 밖에 자리한다.

그러나 이 상호 배제는 과학의 눈에서만, 그리고 감성을 전혀 헤아리지 않으려는 과학 의도의 눈에서만 그러하다. 그런데 이 관념성이 궁극에는 감각 자료와 불가피하게 관계하는 한 과학은 이 지향, 곧 갈릴레이적 기획의 급진성을 보존할 수 없을 뿐 아니라 나아가 과학 활동이 수리 물리학적인 관념성의 구성처럼 무한히 이어질 때조차도 과학 활동은 우리가 보았듯 주관적 활동이다. 이 주관적 활동은 과학의 목표에 절대로 주어지지 않으며, 과학은 절대로 그것을 자신의 연구 주제로 삼지 않는다. 이런 일은 주관적 활동이 수행되는 걸 어쩌지 못한다. 주관적 활동의 수행은 이미 그 자체로 그 작용의 현실성 속에서 다음과 같은 것을 보여준다. 과학이 실제로 있는 것을 전혀 지배하지 않으며 또한 그 대상과 이론의 영역에서도 그것을 전부 드러내지 않는다는 것을 말이다. 과학은 본질적인 무언가를 놓치는데, 그것은 과학 자신의 기반 이외에 아무것도 아니다.

과학이 전혀 헤아리지 않는 것, 과학의 기반을 더 주의해서 살펴보면 그리고 그것을 매우 명시적으로 그 존재론적 차원, 곧 절대 주관성과 관계하려면 결국 우리는 과학과 문화의 관계를 뒤집어야 한다. 그 관계는 상호 배제의 모습이 아닌 상호 내재의 모습으로 우리에게 발견된다. 과학에, 그 활동과 구체적 생산에 그 가능성의 초월론적 조건을 대립시키는 일, 바로 그곳에 고전 철학이 맡은 일이 있다. 과학은 자신의 일에 매여 그 조건을 검토할 시간이 없다. 결국 우리는 가장 정교하고 추상적인 앎이 세계에 최초로 접근하는 일 내부에서 일어났다는 것을 보여줄 것이다. 그 앎은 세계가 미리 열려 있다고 가정한다. 그 열려 있음은 직관의 아프리오리 형식과 오성의 범주로 이뤄져 있으며, 궁극에는 그런 것에 기반을 주는 존재의 탈자태로 이뤄져 있다. 경험 일반의 가능성에 관한 초월론적 조건이 과학 그 자체의 조건이다. 요컨대 철학자와 과학자 사이 일의 분업이 관계한다. 구체적이고 늘 생성 중인 일의 매우 일반적인 조건을 살피는 건 철학자다. 그리고 구체적이고 늘 생성 중인 일에 과학자는 골몰하고 몰두한다.

다만 고전적 사유와 그 현대적 재등장과 마찬가지로 주관성이 대상의 가능 조건으로, 또 그처럼 그 자체로 헤아린 객관성 자체로, 최초의 바깥Dehors primitif으로 되돌려졌을 때 이 최초의 바깥 없이 아무것도 있지 않을 거라고 사람들은 말하는데, 문화에서 거부된 건 과학과 함께 철학이다. 철학과 과학이 이제 막 체결한 깨지기 쉬운 동맹은 그 둘을 같은 수렁에 빠트리는 데 이용될 뿐이다. 이는 문화가 삶의 문화이고 삶에서부터만 이해할 수 있는 한에서 그렇다. 하지만 주관성이 외재성과 그 펼침 이외에 더는 다른 아무것도 아닐 때, 더는 살아있는 어떤 것도 아닐 때, 삶을 삶이게 해주는 것을 눈앞에서 잃어버리거나 부정하거나 은폐했을 때, 더욱이 철학과 과학을 통해 그렇게 했을 때 결국 철학은 과학에 상기해줄 어떤 교훈도 갖지 못한다. 그 둘은 같은 망각 속에서, 그 둘의 눈에 유일하게 존재의 자격을 지닌 거기 앞에 있는 것과 마주해 같은 놀라움 속에서 서로 겪는다. 과학에 관한 철학적 비판은 포착할 수 있는 모든 내용을 잃어버렸다. 우리는 기술과 존재자에 관한 조작과 산술로 되돌려진 근대 이론을 힐책할 수 있다. 그 이론 안에는 "근대의 의미에서 '이론'을 가로질러 최초로 '관조$^{\Theta\epsilon\omega\rho\iota\alpha}$'[31]의 그림자가 지나간다.[32]"라는 것을, 또 그처럼 이론과 '관조'가 일어나는 존재론적 세계는 같다^{Même}는 것을, 곧 살아있는 그 어떤 것도 없는 바깥의 탈자태$^{Ek\text{-}stase\ du\ Dehors}$라는 것을 인정해야 한다.

과학과 문화의 관계를 생각하려면 그 자체로서 과학 활동의 주관적 성격을, 특히 그 갈릴레이적 기원이 갖는 주관적 성격을 강조하는 것으로는 충분치 않다. 주관적 성격이란 다음과 같은 원초 행위를 말한다. 이 행위를 통해 의식은 경험적 자료를 그 기하학적 관념화로 대체하고 또 이를 위해 그 자체로서 관념화를, 과학적 발명과 제작의 상관물로서 관념화를 구성했다. 또한 이 주관성을 삶으로 이해해야 한다. 그 결과 과학을 만드는 초월론적 활약, 아니 오히려 과학인 초월론적 활약은 예컨대 예술 창작과 같은 자격에서 절대 삶의 방식으로, 또 그처럼 예술 현상과 같은 자격에서 문화 현상으로 인정된다.

---

31 라틴어 'speculatio', 불어 'speculation'에 해당하는 그리스어로 '본다'를 의미하는 동사 '$\Theta\epsilon\omega\rho\epsilon\omega$'에서 유래한다. 근대 용어 '이론^{théorie}'은 라틴어 'theoria'에 해당하는 말이다. 이 말은 '주시하다'를 뜻하는 동사 'theôrein'에서 유래한 말로 '봄', '관조'의 뜻을 지닌다. 근대의 이론^{theoria}는 고대의 관조$^{\Theta\epsilon\omega\rho\iota\alpha}$와 다르지 않다.

32 Martin Heidegger, Science et Méditation, in *Essais et Conférences*, Gallimard, Paris, 1958, p. 59.

과학적 주관성의 작용이 삶의 어떤 방식처럼 삶에 속한다는 건 주관적인 모든 것과 주관성 자체, 그 일반과 함께 갈릴레이적 환원을 통해 작용 밖에 놓였음에도 그 작용이 그 속성과 함께 그것이 있는 곳에 살아남았다는 걸 의미한다. 이것이 정확히 삶의 의미에서 경험이다. 이는 오직 관념성, 그 조정과 함축을 향한 지향만이 아니다. 과학적 지향성은 스스로 자신을 촉발하며 그처럼만 가능하다. 지향성 안에서 살고 인식하는 보기voir는 보는 자기를 느끼는 보기다. 봄으로써 자기를 깨닫고 그 조건에서만, 그 모습으로만 보는 봄이다. 결국 과학적 삶에 관해, 과학자로서 과학자의 삶에 관해 말한다는 건 은유가 아니다. 과학 그 자체의 단순한 경험적 수반에 지나지 않는 것에 관한 암시가 아니다. 과학의 고유한 존재에 첨가된 것이 아니다. 어쨌거나 사람이 과학을 만들었다는 이 우발적인 사실과 관련 있는 첨가물이 아니다. 과학은 모든 지식과 모든 보기와 마찬가지로 삶으로서만 정확히 가능하다. 과학은 조금도 그 대상과 이론이 속한 객관의 제국 속으로 사라지지 않는다. 과학의 모든 생산은 그 객관성과 보편성에도 단어가 지닌 엄밀한 의미에서 생산이며 초월론적 삶을 가리킨다. 이 초월론적 삶 없이 과학은 있을 수 없다.

과학적 활약이 살아있으며 또 그처럼 본디 의미에서 경험이기에 그것은 반드시 결정된 방식의 모습으로 현실화한다. 과학적 활약은 모두 자체 고유한 인상과 함께 다른 모든 것과 구별 속에서 그것인 것이다. 관념적 직관, 추론, 가설, 전제, 결과 따위만이 아니다. 이 모든 것은 자체 고유한 양식을 술어적 삶에 주는 본질적 유형학을 따른다. 그 유형 중 하나와 일치하는 현실화는 모두 단일한 현실화다. 그것은 자체의 개별성을 지니고 똑같은 적법성을 따르는 모든 현실화와 닮으면서도 구별된다. 과학자가 매번 특수한 이 경험에 주의하지 않는다는 사실이 그 경험의 실재성을 달라지게 하진 않는다. 오히려 이 몰이해는 그런 경험의 지위에 관해, 그리고 그 경험이 과학 체계 전부를 지탱할 때조차도 그것을 전혀 헤아리지 않는 이유에 관해 성찰하도록 이끌어야 할 것이다. 실제로 상황은 이렇게 전개된다. 왜냐하면 과학과 의식 일반이 그 대상을 발견하는 빛의 전경에 전혀 있지 않으면서 그 경험은 과학과 의식의 대상 가운데 하나처럼 절대로 자신을 제시하지 않기 때문이다. 바로 삶과 삶에 속하는 모든 것의 근본적 내재성, 특히 과학 활동의 살아 있는 방식의 근본적 내재성이다. 이 방식은 그 어떤 초월성의 지평에도 전혀 나타나지 않으며 그 어떤 객관성도 절대 구성하지 않는다. 객관성은 그 방식을 철학 자체의 성찰이 아니라면 과학의 성찰에서 벗어나게 한다.

절대 주관성의 살아있는 방식으로서 과학적 활약은 단순히 그 주관성의 어떤 결정처럼 이론의 여지가 없는 현실화의 자격으로 그 주관성에 속하지 않는다. 이 현실화는 그럴 방법이 있기만 하다면 인정해야 할 상위 단계, 일종의 초월론적 사실성 속에 있는 그것이 아니다. 그 현실화가 현재화하는 '본질' 또한 일종의 자료, 삶의 불투명한 속성이 아니다. 그것은 삶의 가능성이다. 삶은 이 가능성 안에 살고, 이것을 그 자신의 힘으로 지닌다. 곧 **삶이 할 수 있는 것으로** 말이다. 삶은 **이 할 수 있음**pouvour-faire **그 자체 외에 다른 아무것도 아니다.**

삶의 현상학적 가능성을 이루는 한 본질은 먼저 본질적 직관의 상관항처럼 제시되지 않는다. 부당하게 우리는 본질적 직관에 본질을 드러내고 이것을 존재 안에 놓는 능력을 준다. 본디 본질은 관념적인 어떤 것도 초월적인 어떤 것도 아니다. 그것은 삶의 실천적인 결정, 그 최초의 결정이자 이 자격에서 자료, 보기의 대상Objet, 테오리아의 상관항이 아닌 가능성이다. 그것의 존재는 실천 속에서 본질화하며 오직 그 모습으로만, 실천의 한 결정으로서만 본질화한다.

본디의 본질, 생각, 관념, 특히 추상의 본질이 실천의 방식이기에, 또 그처럼 삶 그 자체의 방식이기에 삶은 그 방식을 펼칠 수 있으며 그것을 계속해서 그의 소유로, 삶 자신의 가능성이자 그가 원할 때마다 그만큼 자주 행위로 이끄는 것으로 지닌다. 왜냐하면 대상에 관해 우리는 관점을 얻고 분석을 이어나갈 수 있을 뿐이며, 그 대상을 주제화하고 그로부터 시선을 돌릴 수 있기 때문이다. 생각하고 관념화하고 추상하는 일뿐 아니라 바라보고 분석하고 주제화하는 일 따위 삶이 이런 일을 할 수 있는 건, 과학 지식을 이루는 이런 작용을 실행할 수 있는 건 오직 삶이 그 작용과 같아지고 본질이 삶 자신의 본질을 이루는 이유에서만 그렇다. 작용은 본질의 현재화다. 삶은 본질과 같아지고 삶은 본질의 실제 존재를 규정한다. 바로 **자기 촉발**auto-affection이다. 지성의 기본 능력과 일치하고 이 능력을 작용에 놓는 방식으로 삶은 그것을 규정한다.

과학을 구성하는 작용은 방금 말한 의미에서 절대 삶의 방식이다. 곧 삶이 지닌 가능성의 실행이라는 의미에서, 그 가능성의 적용과 깨닫기라는 의미에서 이 적용과 깨닫기에서 작용은 삶이 지닌 가능성의 실천적 존재être-pratique다. 이 존재는 실천 속에서 또 실천을 통해 그 가장 높은 실현 단계, 그 완성과 증가에 이른다. 과학을 구성하는 작용은 이런 의미에서 절대 삶의 방식임에 따라서 오직 제한적인 방식으로, 과학의 관념적 객관성 영역으로 헤아렸을 뿐 아니라 그 객관성을 만들어내고 절대 주관성의 본래적 현상학적 가능성의 어떤 현재화일 뿐인 초월론적 활약으로 헤아린 과학, 그 전적인 구체화 속에서 이해한 과학은 문화의 한 모습 외에 다른 아무것도 아니다.

　문화에서 과학은 그 존재론적 장소, 곧 실천의 장소와 그와 함께 실천을 통해 그리고 실천으로서 규정된 모든 '실재성'에 속하는 특성을 빌려온다. 말하자면 첫째, 실체나 사물의 방식으로 있지 않고 오직 가능성의 현실화로만 있는 특성이다. 그 가능성은 그 최상의 본질을 모든 가능성의 가능성 속에서, 자기 촉발 속에서 찾는다. 둘째, 다음과 관련 있는 생성의 특성이다. 곧 모든 현실화는 어느 정도 완벽하며 그 무한한 반복 속에서 현실화는 나중의 현실화를 위한 지식과 토대로 쓰이게 될 어떤 습성habitus을 결정한다. 감각적인 눈만이 거칠거나 섬세한 눈이 아니다. 관념성을 파악하는 능력, 감각 자료를 설명하는 능력, 감각 자료가 지닌 속성을 보고하고 또 그처럼 더 명쾌한 소개 방식 속에서 감각 자료를 조명하는 유類와 예컨대 관계할 수 있는 관념적 관계 아래 포섭시키는 능력, 이 능력 또한 진보의 역사 속에서 파악된다. 이 능력이 수행되는 방식은 어떤 실행의 방식, 곧 실천적 방식이다. 이에 관해 정신은 이 말로써 우리가 절대 주관성의 인식 가능성 전체를 더 특수하게 이해하길 데카르트가 원했던 것처럼 '기지ingenium'다. 말하자면 점점 더 엄격하고 그 자체로 확실한 방식 속에서 이론적 보기를 이루는 가능성의 계속된 실행이다. 과학은 그 기반이 되는 가능성 속에서 이 기지와 혼동된다. 과학은 인식하는 삶으로서 절대 주관성의 삶, 그 구체적 방식의 하나이자 또 그처럼 문화의 기본 모습 중 하나다.

삶의 방식으로서, 따라서 삶인 방식으로서 과학은 다소 문화의 다른 모습과 유사하며, 노동과 욕구의 일상적인 실천 속에서 문화의 즉각적인 모습과 유사하며, 마찬가지로 예술, 윤리, 종교의 상위 발생과 유사하다. 이 모든 때에 삶의 실현 방식이 관계한다. 삶은 그 방식의 실현을 원한다. 궁극에서 삶은 자기 증대다. 그렇지만 삶이 문화의 이 모든 특성을 띨 때조차도, 나아가 과학적 문화로서 근대 세계에서 주도적인 구실을 하려 할 때조차도 과학은 과학을 다른 정신의 발현과 구별하게 하고 어떤 방식에선 그런 발현 사이에서 선택하게 하는 독특한 특성을 보인다. 이미 문제 제기를 통해 엿본 바 있는 이 독특한 특성으로 되돌아와야 한다.

과학, 곧 자연에 관한 수리 과학은 자연의 감각 성질을, 다시 말해 삶의 세계와 삶 자체를 작용 밖에 두었다. 우리는 과학이 삶의 한 방식으로, 또 이어서 문화의 한 모습으로 이뤄진다고 말했다. 과학은 이에 관해 조금도 걱정하지 않는다. 삶을 작용 밖에 두는 일은 그때부터 두 개의 다른 의미를 띤다. 하나는 약한 의미다. 그 의미는 과학이 그 관념적 결정으로 되돌려진 자연을 주제화하면서 더는 감각적인 삶과 삶 일반을 주제로 하지 않는다는 사실을 인정하는 데서 생긴다. 그렇지만 감각적인 삶을 헤아리지 않는 일은 맹목적이시도 근거 없지도 않다. 감성, 더 정확하게 감각적 성질의 주관성은 제외됐다. 왜냐하면 진리가 감각적 성질에도, 감각적 성질의 본질을 이루는 주관성에도 있지 않기 때문이다. **진리는 보편적이고**

그 자체로 객관적 진리인 까닭이다.

여기 두 번째 의미, 삶의 제거라는 강한 의미가 나타난다. 이 배제의 원인이 되는 건, 그것을 지지하는 건 다음과 같은 함축적임에도 기본적인 전제, 다음과 같은 믿음 외에 아무것도 아니다. 그 믿음에 따르면 진리는 살아있는 주관성의 존재론적 영역에 낯설고 반대로 원초적인 방식에서, 또 이어서 배타적인 방식에서 객관성의 영역에 속한다. 그리고 진리와 함께 존재 그 자체가 그렇다. 존재는 세계의 가시계 속에서 우리에게 발견된다. 존재는 거기 앞devant-là에 있는 것으로 거기 있는 것이다. 이론적인 눈길이 그 과정과 그 고유한 힘을 펼치면서 착각을 일으키고 변화하는 그 주관적인 겉모습 너머 **그 앞에 참으로 거기 있는 것**으로 인정하게 될 것이다.

그런데 과학의 이 기본 전제는 고전적 사유의 기본 전제와 참으로 다르지 않다. 그것과 오히려 같으며 그것을 단순히 연장한다. 그와 같은 전제는 긍정적이고 부정적인 이중의 측면을 지닌다. 긍정적으로 그것은 현실적인 존재, 거기-앞에 있는 존재, 자연의 존재, 또는 그렇다고 믿는 것을 가리킨다. 또 진리를, 그 존재의 진리를 가리킨다. 곧 바로 거기 앞에 있다는, **그것이 모습을 보인**다는 사실이다. 왜냐하면 고전 철학이 그랬듯 과학이 겉모습에 관해 매우 비판적이라 하더라도 과학은 그 겉모습에 기반을 두기 때문이다. 다만 그 겉모습은 더는 감각적인 겉모습이 아니라 그것을 대체한 기하학적이거나 수학적인 존재의 겉모습이다. 그 겉모습은 그런데도 세계 속 겉모습처럼, 그리고 마침내는 이 세계의 겉모습처럼 존재한다. 기껏해야 우리는 과학이 **그 자체로서 겉모습**을 뻔하고 저속한 것으로 여김으로써 그것을 무시한다고 말할 수 있을 뿐이다. 하지만 철학은 그것을 문제 삼는다.

부정적으로 과학의 전제는 그리고 주관성을 세계에 관한 지향 의식으로, 또 그런 방식으로 현상성을 세계성으로 된 세계로 되돌리는 철학의 전제는 다음과 같다. 외재적인 존재 외에는 다른 아무 것도 없으며 진리는 그 자체로서 이 외재성이다. 곧 과학자의 관점과 언어에서는 '객관성'이다. 만일 결국 삶이 탈자태Ek-stase를 모르는 본디 자기 촉발이라면, 만일 삶이 근본적인 내재성으로 자신을 본질화한다면, 이 내재성 안에서 삶은 그 존재의 모든 점과 관련해서 거리 없이 그 어떤 벌어짐이나 그 어떤 앞Devant이나 그 어떤 세계의 매개 없이 스스로 자신을 느끼고 깨닫는다면, 결국 객관성만을 아는 과학의 말을 따르면 이 절대 내재성, 곧 삶 그 자체는 존재하지 않는다. 아마도 과학은 삶의 내적인 본질에 관해서 이 명시적인 부정을 표명하지 않을지도 모른다. 왜냐하면 과학은 그에 관해 아무 생각이 없으며 과학의 눈길이 향하는 곳에서 사실 삶은 절대로 나타나지 않기 때문이다. 그런데도 과학의 평범한 작업은 주관성의 실질적인 부정을 함축한다. 열리는 세계 속에서, 또 그처럼 과학 그 자체의 초월론적 가능성으로서 주관성일 뿐 아니라 먼저 그리고 더 본질적인 방식으로는 근본적인 내재성으로서 주관성 말이다. 이 내재성은 본디 개인Individu originel을 규정한다. 그 본디 개인은 살아있는 개인Individu vivant으로서 우리다.

근대 문화 속에서 과학의 상황, 또는 더 낫게 말하면 과학적 문화로서 근대 문화 그 자체는 역설적인 모습으로 결국 우리에게 발견된다. 한편으로 과학은 절대 주관성, 그 삶의 방식이고 말 그대로 그것에 속한다. 다른 한편으로 과학적 주관성의 모든 작용은 그런 주관성을 관여 밖에 두는 것으로 이뤄진다. 그 결과 거기-앞에 있는 존재에 집중하고 그것을 유일한 '실재'이자 '참된' 존재로 여기면서 그런 존재가 아닌 모든 것을 제외하고 무^無 속으로 내던지면서 과학은 자신의 삶인 삶의 본질을 알지 못할 뿐 아니라 그것을 말 그대로 부정한다. 여기 결국 삶에 모든 가치를 거부하고 그 존재까지 부인하는 삶을 등지고 돌아선 삶의 한 모습이 있다. **자기 자신을 부정하는 삶, 삶의 자기 부정, 이런 것이 과학적인 문화로서 근대 문화를 결정하는 중대한 사건이다.**

그런데 삶의 자기 부정은 과학적 '문화'에 기반만을 주지 않는다. 그것은 또한 과학적 '문화'를 문화의 유일한 모습으로 놓는다. 그와 함께 절대 삶의 발달로 되어 있고 절대 삶의 발달을 명시적 목적으로 자신에게 주던 전통적인 모습에 불신을 던진다. '근대 문화'의 결정적인 특징을 이루는 건 결국 과학적 문화만이 아니라 그것이 요구하고 규정한 다른 모든 정신적 원형의 제거다. 이 엄청난 결과를 낳았기에, 또 더 높은 데서 인간 사유에 가져왔던 모든 것을 거부하면서 인간 사유를 자신의 과거에 등 돌리게 한 운동을 인간 사유의 역사에서 결정했기에 삶의 자기 부정은 중대한 사건처럼 보인다. 확고하고 체계적인 이론적 기획이라는 모습 아래 여전히 알려지지 않은 그 사건은 근대성을 절망의 상황 속에 빠트렸다. 그 절망은 근대성의 것이다. 나아가 탐색해야 할 것은 삶의 이 자기 부정이다.

삶의 자기 부정은 추상적인 명제로, 분석의 어떤 일반적인 원리로, 자체의 특수성과 고유한 목적을 지닌 어떤 현상 무리를 밝힐 수 있는 작업 가설로 귀착되지 않는다는 것을 먼저 눈여겨보자. 오히려 그곳에는 과학 활동의 모든 단계에 내재적인 구체적 과정이 관계한다. 그 자체로서 감각 성질을 헤아리지 않는 일은 감각 성질이 중요하지 않다는 것을, 그것이 존재 가치도, 진리의 가치도 그 자체의 힘을 갖지 않는다는 것을 암시한다. 왜냐하면 그 고유한 성질, 느껴진다는 사실, 또 그처럼 그 자체로서 주관성을 구성하는 것이 중요하지 않기 때문이다. 과학의 모든 작용 속에, 과학의 모든 활약 속에 이 주장은 있고 작용한다. 과학을 움직이고 과학의 과학성을 결정하는 것은 그 주장이다. 우리는 결국 우리가 이제까지 그렇게 했듯 단순히 다음과 같이 말할 수 있다. 수학적 관념화를 이용해 자연의 존재를 주제화하면서 갈릴레이 과학은 더는 감각적인 존재도, 따라서 삶도 주제화하지 않는다고. 이런 배제는 과학자의 삶 밖에 자리하는 단순한 결과가 아니다. 그것은 과학자의 삶을 산다. 과학자의 삶을 움직이고 그 삶을 그것인 것으로, 그 삶이 원하는 것으로 만드는 건 그것이다. **삶의 부정이 정확히 삶의 한 방식이라는 것**, 여기 우리가 더 잘 이해하기 시작한 것이 있다. 이는 그 부정이 그 자체로 겪어진다는 걸 의미한다. 그것은 순수 망각이 아닌 확고한 의도다. 그 자체로서 과학적 지향이다.

삶에, 다시 말해 자기 자신에 등 돌리는 삶인 한 방식, 이는 모순이다. 근대 과학, 갈릴레이 과학은 그 모순이다. 우리가 습관적으로 그렇듯 과학만을 헤아리기를 멈추고, 다시 말해 과학을 그 주제의 객관적인 내용으로 되돌리기를 멈추고 과학에 몸을 바치는 이에게로, 더 낮게 말하면 과학을 만드는 이에게로, 곧 과학자에게로 우리의 눈길을 던지자마자 우리는 그 모순을 뚜렷하게 한다. 과학자는 과학의 지향 안에서 산다. 그 관념적 객관성과 조정과 법칙에 배타적인 방식으로 몸을 바친다. 그런데도 그는 사람으로서 그가 그의 이론에서 추상하는 이 삶의 세계 내부에 존재한다. **거기서** 그는 살고 그의 일에 종사한다. 식사를 하고 휴식을 취하며, 가족과 관계를 갖는다. **살아있는 것으로서** 기쁨과 아픔을, 근심과 야망을 느낀다. 이 야망이 과학적이라 할지라도 말이다.

'거기서', 곧 직관을 통해서만, 다시 말해 초월론적 주관성의 기본 방식을 통해서만 그는 그가 몰두하는 모든 것에 접근한다. '살아 있는 것으로서', 곧 이 직관과 일반적인 방식으로 그의 모든 경험이 그가 그런 것을 겪는 한에서만, 삶의 자기 촉발로서 삶의 본디 본질 그 바탕에서, 자신 안에 있는 그 바탕에서 그런 것을 겪는 한에서만 '있음'에 따라서 그렇다. 과학자는 결국 이중적인 인간이다. 한편으로 그는 삶, 주관적이고 개별적인 삶, 결국 그 자신의 삶이 아무것도 아니라고, 어쨌거나 겉모습 외에 아무것도 아니라고, 진리도 없고 가치도 없는 겉모습 외에 아무것도 아니라고 주장한다. 그런데도 그는 아무것도 아닌 그 삶으로 살기를 계속한다. 먹고 마시고 웃고 노래하고 여인의 침대에서 잠들기를 계속한다. 타르튀프[33]와 같이 그는 어떤 것을 말하고 그 반대의 것을 한다.

과학의 모순은 그것이 과학과 과학자의 대립적인 모습을 지니는 동안에는 우리가 그렇게 생각할 수 있는 것처럼 외재적인 모순이 아니다. 물리 수학적인 관념의 세계에 한 발을 딛고, 그 관념의 겉모습에 지나지 않는 이 삶, 분자와 원자로 구성된 실재성을 지닌 것의 일종의 부대 현상에 지나지 않는 이 삶에 다른 한 발을 딛

---

[33] 프랑스 극작가 몰리에르의 운문희극韻文喜劇. 당시 교회의 고위 교직자들의 부패와 타락한 생활을 폭로한 대담한 희극으로, 여기서 타르튀프라는 인물은 사기꾼으로 등장한다._옮긴이 주

는 건 과학자만이 아니다. 만일 초월론적인 삶의 한 방식처럼 이뤄짐에도 과학에 이것이 주제로 하는 관념을 줄 뿐 아니라 먼저 그런 이유에서 과학의 존재 자체를 구성하는 이 삶을 알지 못하는 것이 사실이라면 과학은 같은 이중성 안에 있게 된다. 결국 과학자인 이 인간을 과학에 대립시킬 때 우리는 이 결정적 상황을 은폐하게 된다. 왜냐하면 '인간'과 함께 우리에게 나타나는 것은 경험적인 개인이기 때문이다. 그 개인은 자연의 일부에 지나지 않는다. 자연 법칙과 같은 설명에 들어간다. 하지만 만일 경험적인 개인과 과학의 관계가 외부적이고 우발적인 것 같은 관계에 지나지 않는다면, 정확히 그런 경험적 개인으로서가 아닌 초월론적 주관성으로서 과학자는 과학을 구성한다. 이 '초월론적 주관성'이 '인간'이라는, '과학자'라는 명칭 아래 감취진다. 오직 이런 이유에서만 그들을 '과학을 만드는 이'로, 그 주제 영역을 이루는 객관성을 생산하는 이로 생각할 수 있다. 왜냐하면 말 그대로 객관성을 생산하는 것은 사실 초월론적 주관성, 이 절대 주관성의 활약이기 때문이다.

하지만 과학과 과학 그 자체의 모순으로서 과학의 내적 모순은 과학의 객관적인 내용과 이 내용을 생산하기를 멈추지 않는 주관적 현실화의 대립에 한정되지 않는다. 과학의 노에마적 상관항이라 부르는 것과 과학의 노에시스적 실재 사이의 대립에 한정되지 않는다. 모순은 먼저 이 노에시스적 실재와 관계한다. 그것을 가늠해보고 평가해야 할 곳은 거기다. 그때 우리한테 밝혀지는 건 과학적 지향 그 자체, 말하자면 다른 모든 실재와 다른 모든 유효성을 배제한 채, 특히 주관성의 그것을 배제한 채 실제로 존재하고 '사실'인 유일한 존재로서 과학적으로 결정된 자연적 존재를 겨냥하

는 일과 다른 한편으로 과학적 지향의 실재를 구성하는 동일한 주
관성 사이의 양립 불가능성이다. 우리는 삶의 한 방식과 그 본질 사
이, 주관적 방식과 그것을 이루는 피류 자체 사이 악화하는 갈등을
여기서 매우 엄밀한 방식으로 다시 만난다. 어떻게 그런 모순이 가
능한가? 그것은 과학자의 단순한 방심에서 나오는가? 그 자신을
돌보지 않으면서 그가 그 고유한 존재를 부정하기에 앞서 그것을
어떤 방식에선 잊는 건 과학적 눈길이 대상과 그 자체로 대상인 대
상의 범주적 결정으로 향하기 때문인가?

　하지만 살아있는 주관성의 부정, 갈릴레이 과학의 원초적 기본
행위를 결정한 그 부정은 함축적인 의미를 훨씬 뛰어넘는다는 것을
우리는 보았다. 방법론적 가설처럼 작동하기에 감각 성질과 감성
과 삶의 제거는 확고했다. 근대성의 여명에, 그리고 그 역사 내내 근
대성의 얼굴을 만드는 게 중요했을 때 무의식에서는 아무것도 일어
나지 않았다. 그 얼굴은 근본적 객관성을 지닌 얼굴, 인간 운명에 결
정적으로 무관심한 '북극의 무감각성'을 지닌 얼굴이다. **삶 자체에서
결국 선택의 순간과 원리를 바라봐야 한다. 그 선택을 통해 삶은 그
자신에게 형을 선고했다. 인간의 죽음을 선고했다.** 그런데 삶의 한
방식으로서, 그 존재의 모든 지점에서 자기 자신을 깨달으면서 더
는 자신에 관해 아무것도 모르는 것으로서 과학을 이해하자마자 우
리는 그렇게 할 수 있다. 이 앎이 명시적 생각의 모습도, 심지어 생
각 일반의 모습도 띠지 않는 것은 정확히 그것이 삶의 한 지식이라
는 것과 관계있다. 하지만 만일 과학이 삶을 작용 밖에 두면서 **무엇
을 하는지를 안다면** 그 삶의 한 모습이자 발현인 **그것은 또한 그것이 무
엇인지를 알 것이다. 과학을 규정하는 내적 모순은 현상학적 모순이다.** 현

상성의 차원에서 삶의 본디 현상성으로서 우리는 과학의 진정한 의미와 우리가 찾는 것, 곧 과학 자체의 가능성을 구별할 수 있다.

현상학적인 것으로서, 삶에 등을 돌린 삶의 방식으로서 과학의 내적 모순은 결국 다음과 같이 파악된다. 삶의 한 방식, 다른 어떤 것과도 같은 자격에서 과학적 삶의 방식은 결국 삶의 의미에서 하나의 경험이자 자기 자신을 느끼고 깨닫는 한 방식이다. 삶의 그런 방식이 삶에 등을 돌렸다는 건 자기 자신을 느끼고 깨닫는 한 방식이 자기 자신을 느끼고 깨닫는 사실 자체에 등을 돌렸다는 걸 의미한다. 이제 '등을 돌렸다'는 건 먼저 어떤 목적, 보기^{voir}의 탈자태 속에 있는 어떤 의도, 어떤 헤아림, 우리가 살펴보고 생각하기 시작한 뭔가, 긍정적이거나 부정적인, 우리 관심사인 이 경우엔 부정적인 판단을 하게 될 뭔가에 관한 헤아림을 가리키지 않는다. 삶의 어떤 방식으로서, 특히 갈릴레이적 삶의 방식인 그 방식으로서 삶에 등을 돌린다는 건 우리인 것, 말하자면 **자기 자신을 깨닫는 그것**이라는 걸 받아내는^{souffrir} 방식으로 자기 자신을 깨닫는 일이다. 더 정확히 자기 자신을 깨닫는다는 사실, 살아있는 것이라는 사실, 삶이라는 사실이다. 삶의 본질인 삶의 최초 받아내기 속에서, 그리고 이 받아내기의 한 방식화로서, 이 받아내기가 자체 원리적 가능성의 하나처럼 그 안에 지니는 받아냄^{souffrance}[34] 속에서 어떤 의지가 생긴다. 더는 자신이 아니고자 하고 이를 위해 더는 삶이 아니고자 하는 받아냄의 의지다. 신비스러운 방식으로 자기 부정의 움직임이 삶에

---

34 이 받아냄이 오래 가면 그것은 고^품로 된다. 그래서 'souffrance'는 흔히 고통, 괴로움을 가리키는 데 사용된다. 이는 또한 굳이 뜻을 새겨보자면 고^품가 갓 생긴 풀⁺⁺이 아닌 오래된^古 풀인 것과 같은 이치가 아닐까?_옮긴이 주

일어나는 것이 아니다. 오히려 이 움직임은 자체의 움직임처럼 수행된다. 받아냄 속에서 최초의 받아내기에서부터 인도된 삶이 이 받아냄과 이것의 느린 변화에 자신을 내맡기기보다 오히려 갑작스레 이 받아냄에 대립하는 것이, 이 받아냄을 거부하는 것이, 또 그와 함께 모든 받아냄이 펼쳐지는 곳, 주관성과 삶의 자기 자신 느끼기를 거부하는 것이 더 간편하다고 믿는 한에 말이다.

그처럼 결국 삶의 공포는 늘 삶에서 나오지 객관적이거나 낯설거나 기형이거나 서툰 그 겉모습에 던진 외부의 눈길에서 나오지 않는다. 바로 삶 그 자신 안에서, 삶이 지나칠 수밖에 없고 그 본질의 변화처럼 있는 인상tonalités 가운데 하나 속에서 더는 자신이 느끼는 걸 느끼지 않으려는, 삶이게 하는 자신의 조건을 몰아내려는 미친 생각이 뿌리를 내린다. 그 생각은 갈릴레이 과학에 내재적이다. 그런 생각 없이 살아있는 감성을 거부하려는 계획은 빛을 볼 수 없을 것이다. 그런 생각이 어떤 인상tonalité 속에 뿌리를 내리고 그 생성의 한 방식처럼, 그 자신에 간힌 받아냄이 더는 받아냄으로써 자신을 원하지 않는 그 순간처럼 그 인상을 연장하기에 결국 우리는 다음과 같이 말해야 한다. 그런 생각에 근거하는 과학은 파토스에 근거한다고, 과학은 그 자체 파토스pathos고, 그처럼 과학을 이해할 수 있고 이해해야 한다고.

과학의 파토스적 존재는 복잡하다. 그 분석은 철저히 하고자 한다면 여러 차원에서 이어질 수밖에 없다. 첫 번째로 과학의 관념성을 만드는 초월론적 활약 그 자체는 절대 주관성의 현실화로서 촉발적 결정이다. 그 지향적 상관항에 열리고 이것에 접근을 주는 지향성만이 아니다. 지향성 그 자체가 스스로 자기를 촉발한다는 사실로서, 어떤 보기도 보는 자신을 느끼지 않고 가능하지 않다는 사실로서 매번 특수한 지향, 관념화와 결합과 분리와 모든 형태의 범주적 사고의 지향성은 어떤 외재적 관계, 곧 과학자의 독특한 정신 현상과 어떤 방식에선 개인적인 그의 역사에 종속된 연상 관계를 통해서뿐 아니라 어떤 내적 필연성에 따라서 매번 결정된 어떤 파토스에 연결된다. 이 내적 필연성은 그런 파토스가 과학을 구성하는 모든 지향성의 존재 자체 외에는 다른 아무것도 아니라는 데 있다.

그처럼 예를 들자면 과학적 발견의 특별한 기쁨이 있다. 그 자체로서 보기에 속하고, 어떤 방식에선 마음(영혼)의 생득적 관념인 마음의 본래적 현상학적 가능성처럼 마음 깊숙이 자리하는 일련의 지적 즐거움을 가로지르며, 이 보기의 방식이 달라지고 섬세해지고 완전해짐에 따라서 그 자체 달라지는 기쁨이 있다. 마찬가지로 말브랑슈[35]의 권유를 따라서 원 안에서 모든 빛을 같지 않게 하고자 했으나 그의 시도에서 어떤 원리적 불가능성에 부딪힌 자는 이해할 수 있는 필연성 앞에서 그가 구속하는 명증성에 관한 파토스를 깨닫는다. 결국 구속하는 명증성에 관한 파토스가 있다. 이 파토스는 은밀한 방식으로 수학자가 그의 삶에 관해 했던 선택의 동기가 될 뿐 아니라 그것은 수학적 활동 자체와 일치한다. 달리 있을 수 없는 그런 방식으로 주어지는 것 앞에서 깨달은 감정이자 어떤 방식에선 절대 보편으로 옳은 것apodicticité에 관한 감정이다.

지나가면서 다음과 같은 것을 눈여겨보게 하자. 감정이 확실한

---

35 Nicolas Malebranche는 프랑스의 철학자. 오라토리오 수도회 수사. 자신의 수도회의 지도정신인 아우구스티누스의 사상과 자기가 강하게 영향받은 데카르트의 철학을 융합해 신앙 진리와 이성 진리의 조정을 시도했다._옮긴이 주

것으로 나타나야 한다면, 달리 있을 수 없는 것의 명증성 속에, 절대 보편으로 옳은 명증성 속에 그것 또한 주어진다는 조건에서라고 상상한다면 이는 어처구니없는 잘못이 될 것이다. 이 잘못이 후설이 그것을 나눠 갖기에 앞서 고전 철학의 것이었다 할지라도 말이다. 정확히 감정을 감정으로 만드는 것은 명증성 속에, 보기의 탈자태 속에 결코 자신을 드러내지 않으면서 그것이 그런 방식으로 주어지지 않고는 주어질 수 없다는 것이다. 이 이유에서 감정은 또한 결코 보기의 안정적이고 항구적인 자료일 수 없으며 달리 있을 수 없다. 우리가 다시 눈길을 둘 때마다 자기 동일성 속에서 다시 찾을 수 있게 될 것이 아니다. 변화와 죽음에 맞서서, 자기 동일성 속에서 시간을 가로지르게 될 것이 아니다. 그런데 안정적이고 항구적이며 그 자체로 '실재하고' '참인' 이 존재, 유일하게 실재하고 참인 이 존재는 바로 수학적 존재다. 곧 고전적 사유가 영원한 진리로 여겼고 갈릴레이가 자연의 참된 존재로 여겼던 전^全시간성이라는 특성과 함께 하나의 관념이다.

다만 안정적이고 참된 이 존재, 그 자신과 항상 같고 그 자체로서 실재하는 이 존재는 정확히 실재하는 그 무엇이 아닌 하나의 관념이다. 그 존재는 그 자체로 있지 않고 하나의 산물처럼, 거기 보기의 탈자태 속에 있다고 하는 조건을 결코 띠지 않고 오직 이 탈자태의 자기 촉발로서, 감정과 삶의 모습을 띠는 것의 산물처럼 있다. 이 모습 속에서 그 존재는 한 개인에서 다른 개인에게로 다르게 모습을 보인다. 그 존재는 모든 사람이 동의하는 것의 진리를, 그것의 보편성을, 또 그처럼 그것의 객관성을 어길 뿐 아니라 사유, 특히 과학적 사유가 찾아내는 모든 것을 찾고 찾아내는 곳인 바깥

Dehors 속에서 절대 자신을 전개하지 않으면서 그 발생 장소와 그 성장 유형 때문에 원리적으로 이 객관성에 감춰진다. 거기 앞에 절대 있지 않으면서 그 존재는 또한 거기 있는 것의 방식으로, 안정적이고 항구적인 것의 방식으로, 지향적 목적의 무한한 반복에 주어지는 것의 방식으로 있지 않다.

삶의 본디 존재 그리고 삶의 방식으로서, 파토스로서 과학 자체의 본디 존재는 있지 않다. 그 존재는 **삶이 자기 안에 쉼 없이 오는 것처럼, 자기 자신을 느끼고 깨닫기를 멈추지 않으면서 그런 방식으로 자신을 깨닫고 또 그처럼 받아냄과 기쁨의 끊임없는 변동 속에서 모든 깨닫기의 가능성을 이루는 최초의 받아내기가 달라지는 방식으로 달라지기를 멈추지 않는 것처럼 일어난다.** 다만 이 변동 또는 이 항구적인 변화는 삶의 변화이자 삶 자신의 본질, 절대의 본질이 요구하고 규정한 것인데 사소한 존재가 아니다. 그것은 이 절대의 존재이자 이 절대에게 '존재하는' 유일한 방식이다. 다시 말해 파토스적 방식 속에서 삶은 자신을 깨닫고 느끼기를 멈추지 않는데 그런 파토스적 방식에 따라서 삶이 자기 안에 이르는 일로서 일어나는 유일한 방식이다.

결국 두 가지 '진리'가 있다. 앞에 놓인 존재être-posé-devant, 그리고 그 자체로 모습을 보이는 존재에 '회귀'할 때마다 그 자체와 같은 것으로 그것을 다시 찾고자 무한히 되돌아오는 것이 가능하다. 그런 존재에, 감각 자료를 대체한 수학적 관념에 더 오래된 진리가 세계 내부에서가 아니라 근본적으로 세계 밖에서, 그리고 이 세계가 있는 곳인 초월론적 외재성 밖에서 대립한다. 그 진리의 현상학적 실체성은 촉발성이며, 그 진리는 주관성에 자리하고 이것과 같다. 이 두 진리 가운데 첫 번째 것, 거기 있음être-là으로서 거기 있음의 진리는 그 진리에 놓이는 눈길의 유일성에서, 어둠^{Nuit} 속에 빠져 있는 그 파토스에서 벗어나 있다. 객관적이고 과학적인 진리는 개인의 개별적 주관성과 무관하며 이 무관함으로 규정되지만 우리가 말하는 더 본래적이고 절대 주관성과 같아지는 그 진리는 삶과 함께 달라진다. 그 진리는 하나의 **역사**를 지닌다. 그 역사는 절대의 역사다. 곧 받아내기의 기본 방식에 따른 자기 껴안음이다. 그 파토스의 본질이 자기성^{ipséité}의 본질이고 개인 안에서만, 그리고 그 고유한 존재로서만 역사화하는 한에서 그 진리는 하나의 **개별성**을 지닌다. 모든 파토스적 결정이 불가항력적으로 이것이고, 다른 것이 아닌 한에서 그 진리는 하나의 **유일성**을 지닌다.

이 진리가 개인의 진리라는 건 다음과 같은 것을 의미한다. 개인만이 그 진리를 찾아내고 찾아낼 수 있다는 것을. 그 밖에서 그리고 그와 독립된 것으로가 아니라 그에 앞서 또는 그 없이 거기 있었던 것으로가 아니라 그 자신이 그 진리가 될 때에만 일어난다는 것이다. 그리고 그 진리가 그 안에서 그의 존재를 구성하는 현상학적 가능성의 하나로, 그의 삶이 갖는 자기 변화라는 조건 아래 그리고 그 자신의 변화로서 정확히 그가 될 수 있는 것으로 자리 잡는 한에서만 그는 그 진리가 된다. '참된 것'은 결국 맨 처음에 그것을 있는 그대로 있게 하고자 그것 앞에서 자신을 지워야 하는 그런 것이 아니다. 도움을 줘야 하는 그런 것이다. **자기 자신의 살을 줘야** 하는 그런 것이다. 모든 본질적 진리는 개인의 살로서만 그리고 자기 자신의 삶으로서만 일어나기 때문이다.

진리는 우리가 알 듯 자체에게 자체의 기준이다. 이 기준은 현상성이다. 이 현상성으로 진리는 이뤄지며 그것으로 진리는 되어 있다. 그것은 절대 주관성의 파토스적 현상성이다. 곧 이 본디 현상성과 같고 이것을 구성하는 것으로서 삶 자체다. 그 자체로 이 진리는 그 자기 촉발 속에서, 그리고 이것을 통해 불가항력적인 방식으로 그리고 조금도 이론의 여지없이 그것인 것이면서 그 자체를 증명한다. 자체에게 자체의 기준인 그 진리는 개인을 유일무이한 기준으로 갖는다. 곧 그 자기 촉발 속에서 그리고 이것을 통해, 다시 말해 자기성의 바탕, 자기 안에 이 바탕에서 모나드Monade로서, 그리고 개인으로서 본질화하는 그것 자체를 말이다.

중요한 본래적이고 유일한 진리는 자체에게 자체의 기준이고 스스로 그것인 것을 말하면서, 모든 '해석'과 하물며 모든 의논을 필요로 하지 않는 그것은 오로지 그처럼 마음속에서, 그리고 몸속에서 그리고 개인 자신의 살로 역사화할 뿐이기에 니체가 "거대한 사냥"이라고 부른 것이 이때 시작된다. 곧 인간의 모든 내적 경험의 사냥, 증명할 수 있는 모든 진리의 사냥, 다시 말해 삶 속에서 이 삶의 한 방식으로 경험할 수 있는 모든 진리의 사냥, 삶이 그 자신을 증거로 내세우기에 그 증거를 가져오는 그런 것으로 경험할 수 있는 모든 진리의 사냥이다. 왜냐하면 삶 속에서 실험을, 우리가 흔히 이 이름을 주는 것, 곧 인식이나 과학의 실험에서 구별하게 해주는 것이 거기 있기 때문이다. 하지만 과학은 대상의 조작일 뿐이며 단독으로 기능하기 시작한 어떤 과정의 소환일 뿐이다. 그 과정에 단순한 관람자인 과학자는 낯선 진리를, 곧 자연의 진리를 보여줄 것을 요구한다. 자연에 개입하지 않으려 조심하면서, 또는 만일 이것이 불가능하다면 개입 그 자체를 객관적 과정으로 다루면서, 그것을 중성화하면서 그는 자연의 타자성을, 곧 객관성을 유지한다.

삶 속에서 실험은 그 자신 밖에 다른 아무것도 주지 않고, 그 자신을 걸며, 진리를 자기 자신의 운명으로, 정확히 자기 자신의 삶으로 하는 주는 자에게 호소하듯 개인에게 호소하는 것 외에 다른 도움도, 아마 다른 목적도 지니지 않을 것이다.

거대한 사냥 안에서 삶은 그 옴의 장소이자 그 유일한 나타남이자 그 유일하고 가능한 실현이기에 진리에 그 자신을 제공한다. 그 거대한 사냥은 바로 문화다. 곧 모든 실험의 의미에서 모든 경험의 총체다. 그 실험을 통해 삶은 그 본디 본성을 나타내는 '욕망'과 '욕구'를 그 부인할 수 없는 현상학적 현실화 속에서 그 안에 '있음 présence'의 실재성으로 이끈다. 문화는 결코 어떤 결정의 결과로 생기지 않는다. 그 결과를 나중에 평가하려고 자기에게 어떤 변화를, 어떤 '경험'을 실행하고자 하는 삶의 결정 그 결과로 생기지 않는다. 이런 종류의 모든 결정은 어떤 보기의 탈자태를, 한 발자국 뒤로 물러나는 한 방식을, 실재성이 규정하고 그것을 '변화시키기에' 적합한 개입 방식을 선택하고자 그것에서 떨어져나와 그것을 아는 한 방식을 가정한다. 다시 기술의 의미에서 실험해야 하며, 세상에 작용하듯 자기에게 작용해야 한다.

하지만 감정에 관한 어떤 작용도, 따라서 삶에 관한 어떤 작용도 가능하지 않다. 만일 문화를 삶의 자기 변화로, 또 그처럼 그 자신에 관한 삶의 작용으로 아직 생각할 수 있다면 그것은 결국 아주 다른 의미에서다. 가장 먼저 작용하는 건 삶이지 삶과 다른 어떤 과정, 객관적 과정이 아니다. 그 작용은 외재적 작용이 아니다. 그것은 세계를 향하지도, 세계에 그 결과를 지니지도 않는다. **세계 밖에서 작용**이며 또 그런 방식으로 삶에 '관한' 작용이다. 곧 그 안에서 정확히 그 가능성의 현실화로서, 자기 자신의 현실화로서 삶의 자기 변화다. 어떤 순간에도 그런 작용, 곧 개인의 느린 내적 변화는 자기 자신을 목적으로 삼지 않으며 어떤 '원인'의 결과로 생기듯 자기의 결과로 생기지 않는다. 무엇이 그것의 목적인가? 무엇이 그것의 원인인가? 삶의 힘이 그 고유한 의지에 따라 자신을 성취하게, 곧 자신을 증대하게 허용하는 일이다. 왜냐하면 모든 힘과 모든 힘의 힘으로서 삶 자체의 존재, 곧 모든 힘을 그것인 것으로 만든 것이 자기 증대이기 때문이다.

그처럼 문화의 모든 사실에서 자기 자신과 자신의 바탕을 경험하는 일 외에, 자신이 가진 모든 힘이 그 가장 높은 지점에서 지니는 강력한 힘에 자신을 내맡기는 일 외에 삶에 다른 아무것도 중요하지 않다. 모든 참된 작용의 이 근본적 수동성을, 그 여러 힘의 증대로서 삶이 자기 안에 이르도록 내버려두는 이 일을 우리는 문화의 진정한 모든 단계에서 깨닫는다. 예컨대 예술에서, 작품 창작자와 마찬가지로 자신의 삶에서 그가 지닌 파토스의 증가를 통해 그 장엄함을 깨닫도록 그 작품이 주어진 이에게서도 우리는 깨닫는다.

파토스로서 과학은 문화의 법칙을 따른다. 삶의 인지적 가능성의 현실화로서 과학은 매번 더 예리해지는 하나의 보기일 뿐 아니라 하나의 즐거움이다. 과학이 결코 이 즐거움을 목적으로 삼지 않는다는 점, 그 주제에서 삶의 본질 자체와 또 그처럼 삶의 증대를 거부한다는 점, 나아가 이런 것을 아무것도 아닌 것으로 여긴다는 점, 바로 거기 문화의 전통적 발현에 과학을 대립시키는 것이 있다. **문화의 전통적 발현은 삶일 수 있는 모든 것에서 삶인 것을 느끼도록 자신을 주는 삶** 외에 다른 아무것도 아니다.

주관적 삶에 관한 이 부정과 함께 이 삶의 한 특수한 방식에서 그 본질을 찾는 그것, 과학은 스스로 몹시 모순되는 말을 한다. 파토스의 차원에서 갈릴레이적 삶의 이 자기 부정을 더 주의 깊게 검토하면 결국 우리는 다음과 같이 말해야 할 것이다. 이 삶은 즐거움만이 아니라고, 이해하고 아는 즐거움만이 아니라고. 삶을 제거하고자 하는 일은 이 계획이 삶 자체 안에서 생겨났을 때 항상 은밀한 불만에서 나온다. 그 제거를 원한 것이 삶이기에 그 불만은 삶의 사실이다. 삶이 제거하고자 하는 것이 그 자신이기에 그 불만은 자기에 관한 불만이다. 자기에 관한 불만으로서 이 불만의 이론을 우리는 줬다. 그 불만은 받아냄이 자신과 분리되기를 원하는 일이다. 자신과 분리되는 일, 자신을 부인하는 일, 바로 거기 그렇지만 받아냄도, 삶 일반도 어쩔 수 없는 것이 있다. 모든 삶은 그 존재의 모든 지점에서 자기 자신을 깨닫는 일 외에 다른 아무것도 아니다. 또 그처럼 최초의 받아내기에서 자기 촉발의 현상학적 현실화로서, 자기에 관한 그리고 자신의 본질로서 삶의 근본적이고 불가항력적인 수동성으로서 자기 자신을 깨닫는 일 외에 다른 아무것도 아니다. 파토스의 절대적 속박 외에, 풀 수 없는 속박 외에 다른 아무것도 아니다.

　　이 속박을 깨고자 함은 어떤 의미에선 자신의 약함을 크게 하는 일, 그 약함을 더 강하게 느끼는 일이다. **삶의 약함**은 자기 자신에서 도망치려는 그 의지에 있다. 바로 거기 항구적인 유혹이 있다. 하지만 참된 약함, 곧 **약함을 약함으로 만드는 것**은 그 계획을 순조롭게 해나갈 수 없게 하는 불가능성이자 삶 속에서 삶이 자기에서 자기를 해체하려 할 때 부딪히게 되는 어쩔 수 없는 실패다. 삶을 그 자신에 잇는 속박을 끊을 수 없는 불가능성, 다시 말해 또한 자신의 받아냄에서 벗어날 수 없는 불가능성이 받아냄을 배로 한다. 그것에서 벗어나고자 하는 의지를, 또 그와 함께 결국 그 무능력함의 감정을, 자기에게서 벗어날 수 없는 원리적 불가능성으로서 자기에 관한 감정을 격화시킨다. 그 감정은 마침내 정점에 달아서 불안으로 귀착한다.

인류가 그의 불안을 피하고자 한 주요 시도 가운데 하나로서 현대 과학의 과도한 발전을 생각해야 한다. 삶이 본질에서 순수 주관성이 자기 자신을 깨닫고 느끼는 일이라면, 지식을 구성하기로 유명하고 정확히 삶의 본질을 작용 밖에 두는 데 있는 '지향'이 삶에 생겨나는 걸 보는 것이 이상하지 않은가? 과학이 마음속에 그려보는 것이 자연이라고 우리는 말할 것이다. 자연적 존재être-naturel가 그 안에 삶의 자기 자신 깨닫기를 지니지 않고, 이것의 근본적인 낯섦에 따라 갈릴레이적 환원이 자연적 존재 안에서 감각적이고 살아있는 것을 조금도 헤아리지 않는 것이 정당하지 않은가? 하지만 자연Nature의 존재는 이 환원 속에서만, 또 그를 통해서만 그렇다. 곧 삶에 낯설다. 감각적인 것으로서, 나아가 몸소유화한 것으로서 본디 자연 그 자체는 탈자태의 자기 촉발 속에, 또 그처럼 삶의 근본적 내재성 속에 그 장소를 지닌다. 삶에 낯선 '자연적 존재'로만 자연을 헤아리고자 하는 의지는 이미 그 자신을 부인하려는 삶의 욕망을 나타낸다. **만일 객관적 존재를 그것의 조건인 객관성의 조건 속에 두는 주관성 없이 객관적 존재도 없다면,** 이 객관성 자체 속에서 자연적–존재는 감각적인 것으로 주어진다면, 다시 말해 가능한 모든 감성이 형성되고 커져가는 그곳에서, 바로 삶 속에서 그 본질을 찾으면서 반드시 주관적인 존재로 주어진다면, 있는 그대로의 자연,

그 객관적 존재를 인식하는 주관성과 무관하게 알고자 하는 의도는 수상쩍다.

인식하는 기쁨은 결국 그렇게 보이는 것만큼 순수하지 않다. 그 기쁨 안에서 최초의 받아내기를 읽을 줄 알아야 한다. 기쁨은 그 최초의 받아내기에서 자기 자신을 느끼고 또 그처럼 하나의 기쁨이게 해주는 것을, 그러나 또한 이 특정한 받아냄을 빌려온다. 우리 시대의 받아내기는 이미 이 특정한 받아냄souffrance[36]으로 전향했다. 바로 자신을 없애고자 하고 자신의 존재에 관해 불안해 하는 자기를 불만스러워 하는 존재다. 대상에서 삶을 떠올리는 모든 것과 먼저 감각적이고 감정적인 모든 것은 배제하고 제거하고 부인되고 평가절하했다. 배타적인 방식으로 대상을, 기껏해야 순수해진 대상을 헤아리는 일, 우리가 알린 착각에 따라서 아주 객관적인, 다시 말해 주관성에서 아주 독립적인 존재를 아는 일, 바로 여기 모든 걸 헤아렸을 때 자기 자신에게서 도망치는 가장 나은 수단이 있다. 하지만 또한 거기 갈릴레이 과학의 계획이 있다. 그 과학의 파토스, 곧 그 궁극적인 가능 조건은 우리에게 뚜렷해졌다.

그렇지만 갈릴레이의 계획은 과학적 문화로서 그 전체에서 근대 문화의 계획이다. 그것은 그 문화를 사실은 문화가 아닌, 만일 문화가 늘 삶의 문화라면 말 그대로 그 부정으로, 곧 새로운 야만으로. 이에 관해 특수하고 의기양양한 지식은 인간을 통한 그 고유한 존재의 은폐라는 가장 비싼 값을 치른다.

---

36 여기서 'souffrance'는 이제 받아냄의 결과이자 그 구체적 모습으로서 고통, 괴로움의 의미로 쓰인다.

그런데 근대 '문화'는 지식의 모든 모습을 과학의 지식으로, 또 그처럼 모든 문화를 과학적 문화로 되돌릴 뿐 아니라 세계와 사회 전체로 삶의 자기 부정을 확장한다. 그 비상식적 계획은 이 삶의 자기 부정으로 귀착된다. 이처럼 근대 문화는 이 자기 부정과 함께 이것을 지지하는 파토스를 그 안에 비춰야 할 것이다.

결국 삶의 자기 부정은 두 가지 방식으로 이뤄진다. 이론적 차원에서 그것은 과학적 지식 외에 다른 지식은 있지 않다는 주장과 함께 이뤄진다. 실천적 차원에서 그것은 삶의 실천적 부정이 이러저러한 방식으로 실현되는 곳 어디서나 이뤄진다. 과학 그 자체는 삶의 실천적 부정이다. 그 부정은 지식의 가능한 모든 방식을 과학의 방식으로 귀결하게 하는 모든 이데올로기의 모습으로 이론적 부정을 수반한다.

하지만 과학은 삶의 실천적 부정만이 아니다. 그 파토스적 의미에서 과학자를 통한 과학자 자신의 삶, 그 배제로서 과학은 근대 '문화' 전체를 야만에 빠트린 어떤 태도의 원형을 제공한다. 그 태도는 그처럼 그 문화를 이해하기 위한 길잡이 구실을 한다. 우리가 과학을 우리 연구에 채택한 것은 바로 이런 자격에서다. 우리 연구는 결국 이제부터 첫째, 야만의 이데올로기를 해명하는 일과 둘째, 그 실제를 해명하는 일을 목표로 하는 이중 주제에 따라서 그 방향이 정해진다.

야만의 이데올로기

생각이 배타적인 방식으로 객관적 존재, 다시 말해 그 절차를 통해 그 앞에 가져올 수 있고 가져와야 하는 것을 돌보면서 삶을 추상하는 이때, 그렇지만 이 삶은 절대 주관성으로서 우리 자신인 초월론적 개인의 참된 유일한 실제 존재를 이루는데 '야만의 이데올로기'라는 제목 아래 결국 '참된', '실제' 존재에 관한 지식으로 자신을 겪고 깨닫는 모든 생각을 이해해야 한다. 그런 생각은 과학으로 자신을 놓을 뿐 아니라 가능한 유일한 과학으로 자신을 놓음으로써 두 집합으로 나뉜다. 한 집합은 자연을 주제화하고, 다른 한 집합은 인간에 관해 말한다고 주장한다.

첫 번째 집합, 곧 자연 과학에 관해 말하자면 만일 자연 과학이 대상으로 자신에게 주는 것이 이미 되돌려진 자연, 곧 우리 시대 인간의 갈릴레이적 자연인 게 사실이라면 그 권리는 이미 보기보다 덜 명백하다. 어떤 규정을 가능케 하고 인간과 시대를 규정해주는 것은 그것이다. 곧 갈릴레이적 자연이다. 그런 자연은 우리가 그 안에서 녹색 공간을 보존한다고 주장한다 할지라도 푸르지도 파랗지도 않다. 해가 떠오를 때 분홍빛을 띠지도 않고 밤이 가까우면서 비탄에 잠기지도 않는다. 자연에는 시냇물이 자갈돌 위를 내달리지도 않고, 자갈돌이 빛에 반짝이지도 않는다. 하늘은 전혀 위협적이지 않고, 강물은 평화롭지 않다. 왜냐하면 자연에는 빛깔을 위한 자리도, 반짝이는 빛을 위한 자리도, 평온함을 위한 자리도, 위협을 위한 자리도 없기 때문이다. 빛깔과 위협과 기쁨을 자기 안에 간직하고 그 자기 촉발 속에서 그리고 그 자기 촉발을 통해 그런 것을 가능케 하는 것은 자연에서 배제되고 정확히 자연 안에 존재하지 않으며, 우리 자신이자 주관성이라 불리고 더는 우리가 헤아리지 않기로 한 이 환영의 선결적 차원으로서가 아니라면 그 어디에도 존재하지 않기 때문이다. 이 환영으로 되돌려지고 그런 환영 이외에 다른 아무것도 아니라고 받아들인 사람들은 더는 그들 자신의 일부와 관계하듯, 추위와 더위, 딱딱함과 물렁함, 해로운 것과 이로운 것과 관계하듯, 먹을 것과 마실 것과 관계하듯, 삶의 세계나 몸소유화된 자연과 관계하듯 자연과 관계하지 않는다. 그들 자신은 감성이자 몸소유화하는Corpspropriant 이로서 자연의 초월론적 조건을 구성한다. 하지만 그들은 자연을 그처럼 된 것으로 여기지 않는다. 오히려 그들은 자연 안에서 자연의 결과, 수리 물리학의 관념화가 가정하는 물질적 상관항으로 되돌린 자연의 결과로 여긴다.

과학의 두 번째 집합, 곧 인간 그 자신과 원칙에서 인간에 연결된 현상을 헤아리는 그 집합이 우리에게 모습을 나타내는 건 이곳에서다. 과학은 그 현상을 그 고유한 주제에 따라 특수화하고 분화할 것이다. 그리고 우리가 역사적, 경제적, 사법적 따위라 부르는 대상을 생기게 한다. 단순한 자연 현상과 대립해 그 대상을 특징짓는 것은 그 주제적 다름에도 인간다움과 그 본질적 태도와 무관하게 그것을 규정할 수도, 생각할 수도 없다는 것이다. 인간 과학의 개화, 근대 문화를 특징짓는 것이 바로 거기 있지 않은가?

다만 인간은 줄곧 자기 성찰의 주요 주제였으며 또 그처럼 체계적이고 지속적인 연구의 대상이었다. 20세기 인간 과학의 출현과 그 놀라운 발전은 그때부터 다음 외에 다른 것을 가리킬 수 있을까? 곧 인간 삶에 관한 생각, 초월론적 주관성으로, 그리고 궁극에는 그 주관성의 절대 삶으로 다소 혼동되게 해석하고 흘끗 본 주관성에 관한 생각을 인간에서 어떤 과학적 인식, 다시 말해 그 이중적 의미에서 어떤 객관적 인식을 얻으려는 명시적 계획으로 대체했다는 것을 말이다. 그 결과 객관성에 관한 목표는 인간 본질을 규정하는 주관성을 작용 밖에 두는 일을 함축하게 된다. 자연 과학일 때 주관적 삶을 내몬 건 연구된 대상의 요구에 순응하는 것 같았다. 그 대상, 곧 자연Nature을 자연적 존재자étant naturel, 곧 스스로 자기 자신을 느끼지도 깨닫지도 않는 것과 혼동하는 한에서는 말이다. 인간 과학일 때는 반대로 주관성을 작용 밖에 두는 일은 인간 안에서 그 고유한 본질을 이루는 것의 배제 외에 다른 아무것도 의미하지 않는다. 갈릴레이적 지향과 한 번 더 같아진 과학적 지향은 결국 인간 과학과 관련해 그 대상의 사라짐을 직접적인 결과로 갖는다.

그처럼 근대 문화에서 인간 과학이 출현한 뒤로 이것이 나타내는 특징을 아프리오리로 이해하는 게 가능하다. 이 특징 가운데 주요한 것은 주관성을 지우면서 인간 과학에서 그 특수한 내용을 철회하는 데 있다. 이론적으로 모든 탐구는 그 대상으로 규정되며 그 결과와 마찬가지로 그 대상에 의존한다. 그것은 첫째, 대상이 스스로 솟아나는 것을, 현상의 조건 속에 선결적으로 대상이 자리하는 것을 함축한다. 둘째, 과학이 그 대상을 헤아리는 것을 함축한다. 과학은 이 주제화하는 행위 속에서 그리고 이 행위를 통해 그 대상을 정확히 자신의 '대상'으로 한다. 최초의 현상과 과학의 주제-대상 사이에 어떤 다름이 껴든다. 그 다름은 과학을 규정하는 전제와 결정 전체로 이뤄진다. 예를 들어 갈릴레이적 과학은 자연에서 기하학으로 만들 수 있는 형태만을 붙들고자 자신의 탐구에서 자연의 주관적 속성을 배제하는 걸 택했다. 그 형태만이 관념적 결정에, 또 그처럼 '객관적' 결정에 적합하다. 자연의 주관성에 주어진 존재être-donné-à-la-subjectivité를 배제하는 일, 그 몸소유화되고 감각적 존재être-sensible를 배제하는 일, 더 궁극에는 주관성 그 자체를 배제하는 일이 의미하는 것, 우리는 그것을 이해하도록 했다. 하지만 이 주관성 속에서 자연은 그 탈자태의 자기 촉발로서 그 본래적이고 실질적인 존재를 찾는다. 그래도 주관성의 내놂은 자연적 존재자 그 자체의 형태로서 명백한 자율성을 갖는 기하학적 형태를 살아남게 한다. 그 결과 물리학과 이것과 연관된 과학은 그것이 실재 자연으로 여기는 추상적 자연을 주요하게 참조하는 것을 유지한다. 하지만 무엇을 인간 과학일 때 이 주관성의 근본적 제거가 참조나 가능한 주제의 자격으로 살아남게 할 수 있겠는가?

한마디로 아무것도 없다. 왜 우리가 먼저 과학은 대상 없이 있다고 말했는지에 관한 이유가 이것이다. 모든 탐구가 주제의 의미에서 대상을 함축한다면 대상의 부재는 탐구에 매우 특별한 형식을 준다. 그 형식은 정확히 오늘날 인간 과학이 나타내는 것이다. 오늘날 인간 과학은 실제로 더는 어떤 유일한 목적성으로, 곧 유일한 주제의 목적성으로 연결되지 않는, 더는 그 주제가 요구하는 위계질서를 따라 전개되지 않는 자율적인 탐구의 증식으로 세분화한다. 모든 탐구는 오직 획득된 결과만을, 그리고 차용되고 그때부터 시험에 붙인 방법의 사용을 통해 다른 결과를 획득할 가능성만을 그 과정의 길잡이로 지닌다. 이 증식하는 전개의 진리를 이루는 주제의 공백에 그처럼 방법의 차원에서 똑같은 불확실성과 똑같은 무질서가 더해진다.

과학과 같은 자격에서 그리고 결국에는 과학과 같아지기에 모든 방법은 또한 그것이 해명하고자 하는 대상에서 규정된다. 대상이 대상에 적용하기에 적합한 취급 방법을 과학에 규정해주는 방식은 처음에는 오직 대상이 나타나는 방식일 뿐이었다. 탐구가 대상이 주는 방식에 적합하게 일치할 수 없음이 밝혀질 때 대체로 제한적 방법이라고 불러야 할 더 정교하고 더 '명확해진' 방법을 사용한다. 우리가 말했던 결정, 곧 다음과 같은 추상이 끼어드는 곳이 바로 이곳이다. 추상을 통해 대상의, 그리고 먼저 그것이 주는 방식의 완전한 응결에 대적하기를 포기하면서 그런 방식으로 규정되는 과학은 자신의 대상, 곧 '자료'에서 그것이 다루는 방법을 지닌다고 생각하는 것만을 붙잡는 방법론적 공리로서 자신을 제시한다. 갈릴레이적 과학일 때 자연의 관념화된 형태가 그곳에 관계한다. 그런 결정 안에서 움직이는 과학에 적어도 남아있는 것은 우리가 이미 말했듯 형태 그리고 상관적으로 이것을 적합하게 파악하는 방식, 곧 수학 자체. 수학은 정확히 과학의 방법을 구성한다.

하지만 더는 어떤 고유한 대상도 지니지 못하는 인간 과학은 자신을 인도할 만한 어떤 것도, 실재성에 접근하는 방식을 그것에 규정해주는 어떤 것도 더는 지니지 못한다. 그 실재성은 정확히 적어도 그것의 눈에는 더는 존재하지 않는다. 그때부터 인간 과학의 지시 결여에 해당하는, 또는 더 낮게 말하면 그 존재론적 공백에 해당하는 방법론적 비결정성은 인간 과학 안에 자연 과학을 규정하는 방법을 도입하는 결과를 낳게 된다. 그리고 이는 거의 피할 수 없다. 만일 인간 안에 있고 그 인간다움을 규정하는 주관성을 모르면서 삶과 같은 실재성을 위해 적합할 수 있는 다룸의 방식이 어떤 것인지를 인간 과학이 자신에게 묻지 않아도 된다면 말이다.

방법은 그 적용 대상에서부터 규정돼야 하며 방법의 정당성은 다음과 같은 사실에 근거를 둔다. 실재성은 자연의 실재성이 그곳에 관계하든, 인간의 실재성이 그곳에 관계하든 결국에는 그것에 관한 접근 방식과 분리될 수 없다. 실재성은 그 본디 본질에서 이 접근 방식 외에 다른 아무것도 아니다. 그처럼 만일 직관 속에서 그 순수 형태만을 붙잡고자 감성 내용을 추상했다면 그 직관은 반드시 모든 관계를 자연 자체로 이끈다. 그처럼 인간과 관계는 인간이 처음에 현상성 속에 나타나고 우리에게, 다시 말해 그 자신에게 자신을 주는 방식을 통해, 삶으로서 절대 주관성의 본질을 통해 유사한 방식으로 인도돼야 한다. 하지만 삶이 작용 밖에 놓이고 인간에 접근하는 본디 방식이 더는 지시되지도, 어디에도 미리 밑그림으로 그려지지도 않았을 때 존재에 둔 뿌리에서 떨어져 나오고 모든 방법에서 자유로워진 인간 과학은 다른 데서 그 관계를 찾기만 하면 된다. 그것에 자연 과학의 모든 관계가 갑자기 제공된다. 그리고 다른 것은 있지 않다. 왜 인간 과학이 자연 과학의 모습대로 행하고 그것이 하는 방식을 따라하는가에 관한 이유가 바로 여기 있다.

그리고 그와 함께 그 대상을. 왜냐하면 실재성에 관한 접근 방식을 규정하고 그것을 정의하는 게 더는 실재성 그 자체가 아니라면 그 둘의 관계를 뒤집는 일이 남아있기 때문이다. 방법을 통해 대상을 규정하고, 이 모든 빌려온 방법의 잠재적 적용 지점처럼 새로운 대상을 만들어내는 일이 남아 있기 때문이다. 그처럼 '여론'이라는 대상이 여론 조사라는 것을 통해, 곧 수학적이고 통계적 열람표를 이 열람표 안에서만 발견되는 것에 적용하는 것을 통해 만들어졌다. 그 '여론'은 일반적이고 불명확한 모습으로 있지 않고 반대로 생각의 표본처럼 있다. 그 생각에 관한 이해는 질문과 답변의 내용으로 확정되고, 그것의 확장은 엄격한 빼기의 대상이 된다. 그 '생각'은 물론 어떤 정신에도 이제껏 한 번도 존재한 적 없으며, 오직 열람표 안에서만 존재하며, 그 생각에 관한 설명은 매우 상세하다 할지라도 새로운 과학, 곧 정치학의 '대상'을 이룬다는 중요성을 제외하면 그런 이유에서 어떤 중요성도 지니지 못한다.

어디까지 지시의 결여, 곧 오늘날 인간 과학의 존재론적 빈곤은 갈 수 있을까? 수학적 처리를 따르는 대상이 아무리 무의미하고 임의적으로 발견되고 추상적이라 할지라도 그것을 대상으로 하는 과학이 인간과 인간의 인간다움과 어떤 관계를 유지해야 한다면 대상은 그 안에 삶의 흔적이나 그림자라도 지녀야 하는 게 아닐까? 삶에 속하고 삶에서 그 내용의 풍부함을 얻는 초월론적 범주는 모든 현상 중 가장 객관적인 현상 아래 '인간', 인간적 태도, 인간적 의미와 같은 무언가가 숨어있는 곳 어디에나 있고 작용해야 하지 않을까? 결국 더 나아가 '객관적' 또는 '객관성'이라는 용어에 관해 되돌아볼 때가 오지 않았을까? 그 용어는 처음엔 자연적 존재자와 그 조건을 함께 가리켰다면 그 안에 아주 다른 것을, 바로 삶과 삶의 자기 촉발을 포함하게 되고야 만다.

자기 촉발이 탈자태와 독립적으로 또 그에 앞서 수행되고, 탈자태를 통해 결코 이뤄지지 않았다는 것이 세계 속에서 그것을 표상하는 걸 막지 않는다. 그 표상은 단순한 표상일 뿐이지 삶의 실제 살아있는 존재에 관한 접근이 아닌, 단지 그것에 해당하고, 그것을 의미하고, 마치 피에르의 사진이 그가 거기 없을 때 피에르를 표상하는 것처럼 그것을 '표상하는' 뭔가에 관해서만 접근할 뿐이다. 오직 삶만이 자기 자신에 관한 접근으로서, 그리고 자기Soi로서 그런 접근의 범위를 정한다. 삶의 표상은 무엇으로 되어 있는가? 그것은 객관화, 삶의 자기 객관화auto-objectivation다. 그렇지만 마치 객관성 속으로 들어가고, 그처럼 객관성 속에서, 또 그를 통해 자기에게 자신을 주면서 자기 앞에 자신을 가져오는 것이 삶인 듯 실제 객관화의 의미가 아니다. 오히려 앞에 놓이고 가져온 것이 결코 자기 안에서 자신을 촉발할 뿐인 삶, 그 자신이 아니라 삶에 관한 텅 빈 표상, 그것에 관한 의미, 삶이고 삶에 속한다는 의미라는 뜻에서 삶의 자기 객관화는 비실재적이다. 지향적 상관항 속에서 살아있고 자기 안에 삶의 본질을 담는 것의 현상학적 현전화는 관념적 본질의 파악, 삶의 초월적 본질의 파악일 뿐이다. 그 본질은 삶의 본래 살아있는 본질, 다시 말해 그 자기 촉발의 현상학적 현재성과 겹치지 않고 그것을 단순히 가정한다. 삶을 겨냥하거나 어떤 방식으로든 그것과 관계하는 모든 의미는 차용으로 이뤄진다. 그것은 초월론적 삶에 발행된 어음이며, 그 삶을 전제의 자격으로 함축한다. 그런 '차용'은 비실재적 의미의 모습을 한 삶의 자기 객관화와 다르지 않다.

삶의 표상이 비실재적이라 할지라도 그것이 표상의 세계 전체를 메우고 그 세계를 온통 결정한다. 이미 이 세계 속 자연적 존재자는 '삶'이라는 의미와 분리될 수 없다. 자연Nature에 속하는 가운데 그것은 감각적이고 몸소유화된 것일 뿐이다. 하지만 감각 성질은 삶의 비실재적 객관화로서 그 첫 번째 객관화다. 사물의 모든 감각적 속성과 같은 방식으로 감정적이거나 가치론적 속성은 그처럼 투사 한가운데 또 투사에서 모든 감성, 모든 감정, 모든 가치가 그 원리적 가능성 속에 머무르는 그곳에 머물며 자신의 고유한 존재론적 장소를 지니는 것의 탈자태적 투사일 뿐이다.

하지만 세계는 무엇보다도 먼저 사람들의 세계다. 이 세계에 있는 대상은 먼저 자연적 존재자가 아닌 인간적 대상, 곧 언어, 심리, 사회, 정치 따위의 현상 전체다. 이런 현상은 그 구성 원리를 초월론적 주관성 속에서 찾을 뿐 아니라, 그 범주를 주관성의 범주를 본떠 만들 뿐 아니라 그 물질적이거나 형식적 요소에서 주관성의 객관화, 삶에서 모든 것을 얻고 삶에 모든 걸 빚지는 삶의 한 객관화 이외에 다른 아무것도 아니면서 또한 주관성에서 그 구체적 핵심을 빌려온다. 그런데 처음부터 갈릴레이적 계획에 맞춰 인간 과학이 추상한다고 주장했던 것에 관한 원리적이고 기본이 되는 기준을 인간 과학에 제공하면서 인간 과학의 대상을 이루는 건 바로 이런 현상이다.

예를 들어 역사를 생각해보자. 역사는 자연 속에서 하지만 본래적 자연Nautre originelle 속에서, 본질에서 감각적이고 몸소유화되고 가치론적으로 결정된 자연 속에서 낮과 밤의, 습기와 메마름의, 차가움과 뜨거움의, 씨앗과 수확의, 가축 무리의, 산림 따위의 자연 속에서 펼쳐진다. 역사의 대상은 갈릴레이적이지 않는 자연과 관계 속에서, 역사적 관계 속에서 인간이다. 이 관계의 역사성, 곧 궁극에는 세계 자체의 시간성, 이 시간성 속에서 세계는 세계로서 일어나고 변화하는데 바로 거기 초월론적 범주가 있다. 이 범주 없이 어떤 역사적 실재성도, 이어서 어떤 역사도 가능치 않다. 오직 이 역사성 속에서 그리고 이를 통해서만 사람들은 시간의 탈자태 그 바탕 위에서, 그들 안에 있는 그 바탕 위에서 그들의 세계와 관계하고 그들에게 고유한 일과 목적을 향해 그들을 내던진다.

그러나 그 일과 목적의 내용은, 곧 사회 활동의 실체는 세계와 탈자태적 관계의 모습으로 전혀 한정되지 않으며, 그 관계를 통해 조금도 설명되지 않고 오직 삶에서부터 설명된다. 삶이 자신의 욕구를 충족하고자 행하는 활동은 삶 자체 안에, 삶 그 욕구의 주관성 속에 그 뿌리를 둔다. 욕구 충족을 위한 이런 시도는 그렇다고 활동이 살기를 선택하지 않고 삶의 일을 수행하고자 선택하지 않은 것보다 더 자유로운 선택에 맡겨지지 않는다. 역사의 법칙은 결국 삶의 법칙 이외에 다른 아무것도 아니며, 역사의 시간성 자체는 세계의 시간성 속에서 자신을 다하지 않는다. 세계의 시간성으로 외재성의 본래적 외재화를 이해하자. 그 외재성 속에서 세계는 매번 일어난다. 역사의 시간성은 궁극에는 삶의 내재적 시간성으로 되어 있다. 욕망이 만족으로, 고통이 기쁨으로 전환되는 것으로 되어 있다. 이 전환은 삶 안에서 또 삶을 통해 가능해진 것이다. 과학으로서 역사는 그것이 알든 모르든 본래적 역사성의 이 존재론적 바탕과 본질적인 관계를 지지한다. 그 바탕 위에서 역사는 역사의 현상을 두드러지게 하고, 그 바탕에서 역사의 법칙을, 하지만 먼저 역사의 의미를, 역사의 모든 작용이 지닌 의미와 그것의 은밀한 동기를 빌려온다. 왜냐하면 역사가 찾는 것, 문화의 기본 학과로 이해한 역사 속에서 삶이 원하는 것은 세계와 시간의 간격 너머 자기 자신을 다시 만나는 일이다. 삶에 앞선 이들의 역사 속에서 그 자신의 본질을, 이 본질이 원하고 요구한 것으로서 그 자신의 역사를 읽는 일이다.

갈릴레이적 계획의 객관주의는 인간 과학의 객관주의가 되었을 때 결국 환영에 지나지 않는다. 이 환영은 세워졌다 다음과 같이 허물어진다. 인간 과학은 그것이 연구하는 현상의 성격과 이 현상을 연구하는 방식이 어떻든 인간을 인간이게 하는 것, 곧 몸성, 역사성, 사회성, 정신성, 최초의 말로서, 말하는 능력으로서 이해한 언어, 그만큼이나 초월론적 범주와 불가피한 관계를 유지한다. 이 초월론적 범주는 삶의 본질 속에서 그 규정을 찾고 삶 자신의 범주이자 기본 방식이 된다. 이 방식을 통해 삶은 세계와 자기 자신에 관한 경험으로 자신을 성취한다. 어떻게 이런 바탕Fond, 곧 근본적 주관성의 심연Abîme이 인간 현상의 객관적 취급을 위한, 그리고 먼저 그 현상 자체의 객관성을 위한 기반일 수 있는가? 어떻게 원칙에서 탈자태의 빛을 벗어나는 것이 반대로 그 빛 속으로 들어와 그곳에서 대상의 자격으로 자신을 앞에 놓을 수 있는가?

삶의 자기 객관화이자 그 비시간적 결과처럼 있는 이 객관화의 작용을 통해서다. 한편으로 모든 '인간적' 현상에 그 구체적 핵심과 먼저 인간 그 자신, 경험적 인간을 주면서 자신을 객관화하는 것은 초월론적 삶 그 자체. 이런 객관화는 그것에 지지대로 쓰이는 자연적 결정, 곧 자연적 몸 없이는 아마도 생각할 수 없겠지만, 그 몸을 통해 조금도 설명되지 않으며 그것으로 되돌려지지 않는다. 객관화는 주관적 과정, 그 탈자태적 구조 속에서 주관성 그 자체일 뿐 아니라 그처럼 탈자태의 바깥에서 일어나는 것, 인간 현상의 '인간적' 내용이다. 바로 단순한 표상과 그 비실재적 복제의 모습 아래 놓인 초월론적 삶 그 자체다.

이 객관화와 독립적으로, 그리고 느끼고 깨닫는 주관적 능력이 없는 자연적 요소로, 존재자로, 되돌려진 그런 내용은 오직 추상적 내용일 뿐이다. 살아있는 몸, 다시 말해 자기 안에 원리적으로 세상을 느끼고 세상과 관계하는 힘을 지닌, 먼저 자기 자신을 느끼고 깨닫는 힘을 지닌 것과 닮은 어떤 것도 아니다. 왜냐하면 예컨대 눈은 보지 못하며 오직 마음만이 보기 때문이다. 자연적이고 말 그대로 객관적인 결정으로서 손은 아무것도 느끼지도 만지지도 못한다. 마찬가지로 귀는 듣지 못한다. 만일 객관적 몸의 부분으로서 손이 단단한 것을 만지고 더듬고자 그것으로 향한다면, 만일 눈이 본다면, 만일 귀가 듣는다면 이는 오직 우리 자신인 본래적 몸Corps originel의 주관적 존재를 규정하는 움직이고, 느끼고, 보고, 듣고, 만지는 초월론적 힘의 객관화로서 매번 자신을 제시하면서 이 손, 눈, 귀가 그 안에 그만큼 많은 텅 빈 의미로서 그 모든 초월론적 힘의 비실재적 표상을, 자연적 몸에 부대현전하며appresenter 자연적 몸을 인간 몸으로 만드는 그 표상을 지니는 한에서다. 매번의 객관성 속에서 손, 눈, 귀는 이 초월론적 힘의 복제다.

객관적 몸과 경험적 개인은 그처럼 이중적 객관화의 산물이다. 느끼는, 다시 말해 초월론적으로 세계에 속해 있는 우리 힘 전체로서 주관적 몸의 객관화가 있고 먼저 으뜸 몸Archi-Corps의 객관화가 있다. 으뜸 몸은 주관적 몸이 자기 안에 있을 선결적 가능성이자 모든 힘이 자기 안에 이르는 일이다. 이 힘을 통해 주관적 몸은 세계에 이른다. 곧 으뜸 몸은 절대 삶이 자기 자신을 느끼고 깨닫는 일이다. 만일 경험적 개인과 관계하지 않는다면, 만일 이 이중적 객관화의 산물이 아니라면 인간적 사실, 가장 단순한 역사적 사실은 이해할 수도 심지어 가능조차 하지 않을 것이다. 이 이중적 객관화는 역사를 살아있는 개인의 역사, 힘의 역사로 만든다. 이 힘을 통해 개인들은 그들 계획이 지닌 다중 형태의 복수성에 따라 세계와 관계하고 배고픔, 추위, 욕망의 초기 생성 속에서 먼저 그들 자신과 관계한다. 이 생성 속에서 그들의 행위는 기원한다. 이 초기 생성에서 그 생성의 본질, 말하자면 증대는 알려지고 행해진다. 이것이 왜 그것이 마찬가지로 문화의 생성인가 하는 것에 관한 이유다.

갈릴레이적 계획은 그 객관주의에도 경험적 개인이 선결적으로 주어졌다는 것과 또 그처럼 이제 막 문제가 된 이중적 객관화를 인간 과학에서 불가피하게 전제한다. 하지만 우리는 경험적인 것으로 과학을 하지 않는다. 과학적 계획의 객관주의는 관념의 설정을 함축한다. 그 관념 안에서 자료는 수학적 처리에 알맞다. 수학적 처리는 이번에는 경험적이지 않고 객관적인, 근본적인 의미에서, 관념성과 전초-시간성의 의미에서 객관적인 새로운 자료에 이른다.

우리는 우리가 원할 때마다 그 자료로 되돌아올 수 있다. 이 관념성의 토대에서 법칙을, 절대 객관성이라는 동일한 성격을 나타내는 상관 관계를 설정하는 게 가능하다. 인간에 관한 과학적 이론은 일관적이고 체계적인 총체의 의미에서 그 상관 관계와 조정의 총체가 될 것이다.

만일 예를 들어 자살이 관계한다면 우리는 그것을 셀 수 있다. 이 경험적 사실에 관한 이해가 아직 없는 단순한 축적을 그런 방식으로 다른 무엇, 숫자가 대체한다. 그 숫자는 우리가 그것을 다른 숫자와 의존 관계에 놓고 그 숫자들 사이에서 그 숫자들처럼 어떤 관념적인 관계를 나타나게 할 수 있다면 의미를 지니게 된다. 이를 위해 우리는 주어진 사회에서 나이의 구분, 사회적 범주 따위를 도드라지게 할 것이고, 매번 그런 것을 기준으로 셈을 할 것이다. 어떤 법칙 앞에 있게 될 것이며, 자살에 관한 사회학 이론의 요소를 손에 넣게 될 것이다. 그 이론에 역사적, 경제적, 의학적 보충을 가져오는 게 바람직하다. 마찬가지로 인간의 성性이 관계한다면 일단 일정 수의 태도를 규정한 뒤 우리는 그 태도를 나이, 성별, 계급, 사회 유형에 따라 분류할 수 있을 것이고, 그런 것이 이뤄지는 정황을 자세히 셀 수 있을 것이다. 우리는 유형, 범주, 조건을 정밀하게 하고 비교 검증을 증가하게 하고 형태와 구조를 명백하게 할 수 있을 것이다. 요컨대 늘 더 치밀하게 구상된, 더 과학적이고 객관적인 결과에 이를 수 있을 것이다.

하지만 그런 '결과'가 무엇일 수 있을까? 우리가 이미 알지 못하고, 살아있는 자로서 모든 사람이 자기 안에 지니는 지식과 다른 무엇을, 성의 본질에 관해 우리에게 가르쳐주는가? 과학을 이루는 모든 관념적 결정이 그 선결적이고 전제된 지식과 관계하는 게 사실이라면 말이다. 오히려 이 선결적 지식, 이른바 모호하고 비결정적인 그 지식을 심화해야 하지 않을까? 그리고 철학적 분석에서 그것을 그렇게 해야 하지 않을까? 그것이 모호하고 비결정적인 건 과학의 객관주의적 계획의 눈길에서만 그렇다. 언제, 어떻게, 얼마나, 어떤 조건에서 에로틱한 행위가 일어났는지를 아는 문제와 무관하게, 그 행위에 갖다 붙이고자 하는 관념적 술어와 무관하게, 에로틱한 행위만을 이해하는 일은 그 행위 안에서 그것의 본질을 알아보는 일이 아닐까? 예를 들어 절대적으로 내재적인, 절대적으로 주관적인 초월론적 삶이 자신의 이해할 수 없는 객관적 복제와 맺는 관계, 성적 특징과 낯선 외형을 지닌 이 몸과 맺는 관계를 알아보는 일 아닐까? 삶으로선, 그것을 언젠가 설명하기를 잊지 않게 될 과학이 아닌 이 초월론적 삶으로선 그 몸이 이해할 수 없다. 그 몸 앞에서, 그 몸이 그 안에 일으키는 가능성 앞에서 불안해하고 자신의 불안에 종지부를 찍고자 객관적 결정의 작용에, 자연적 존재에 관한 공포 속에서 자신의 것이 된 자신의 생성에 자신을 내던지는 삶으로서는 말이다. 혼잡한 통계와 함께 성에 관한 과학적 논고 전체를, 발표됐거나 앞으로 발표될 논고 전체를 독파하고, 그토록 많은 퍼센트의 젊은 미국인이 이러저러한 나이에 이르기에 앞서 동성애적 관계를 겪었다거나, "프랑스인 7퍼센트가 계단에서 사랑을 나누는 걸" 알게 될 이보다 키르케고르[37]『불안의 개념』의 독자는 그 주제에 관해 좀 더 많은 걸 알지 않을까?

인간적인 사실에 관한 관념적 설교는 그 점차적 빈곤만을 의미할 뿐이다. 그 빈곤은 수학적 처리에서 그 극단적인 단계에 이른다.

왜냐하면 수학적 범주 행위는 순수하게 형식적 행위이기 때문이다. 그 대상은 아무러한 대상이며, 우리는 무엇이든 셀 수 있다. 이 과정이 이것을 따르는 것에 조금도 구체적인 요소를 가져오지 않음에도 말이다. 이러저러한 시기에, 이러저러한 장소에서, 이러저러한 정황에서 그토록 많은 자살이나 성적 행위가 있었다는 것을 아는 사실이 그런 '태도'를 감싸고 있는 불안이나 현기증에 관한 우리 인식에 무엇이든 덧보태는 게 있을까? 반대로 관념적이거나 형식적인 모든 결정은 그 불안을, 그리고 일반적인 방식으로 그런 현상의 구체적 경험에 속하고 그 현상을 규정하는 모든 것, 말하자면 그 현상의 본래적이고 극복할 수 없는 주관성을 거부하는 결과를 갖는다는 것이 분명하지 않을까? 나아가 관념적이거나 형식적인 결정의 원인이 되고 그와 함께 갈릴레이적 계획의 원인이 된 것은 그 거부가 아닐까? 갈릴레이적 계획을 그 실행의 현실성 속에서, 그리고 그 명시적 주제에 따라 헤아리지 말고 그 의도의 비밀 속에서, 그 자체 주관적 경험이자 삶의 의지, 자기 자신을 부정하고자 하는 의지인 것으로서 헤아렸을 때 말이다.

모든 과학은 관념화의 과정에서 구성된다. 단순한 방법론적 관점에서 현상의 존중, 다시 말해 그 현상이 주어지는 방식의 존중, 우리 예에선 불안의 존중은 그 관념화의 과정에 정해진 형식과 방향을 강요하지 않을까? 출발 지점은 그처럼 이해한 현상과 다른 곳

---

37 Sören Aabye Kierkegaard: 덴마크의 철학자. 한편으로는 대중의 비자주성과 위선적 신앙을 엄하게 비판하였으며, 다른 한편으로는 절망의 구렁텅이에서 단독자單獨者로서 신神을 탐구하는 종교적 실존의 존재 방식을 사유했다. 저서로는 『이것이냐, 저것이냐 *Enten-Eller*』(1843), 『불안의 개념 *Begrebet Angest*』(1844), 『철학적 단편 *Philosophiske smuler*』(1844), 『죽음에 이르는 병 *Sygdommentil Döden*』(1849) 등이 있다.

에 자리할 수 있을까? 그 결과 추상은 현상에서부터 일어나고, 그것이 붙잡는 특성은 현상의 특성, 곧 절대적 삶의 초월론적 범주와 그 삶의 본질이다. 그 본디 존재에 따라 그 구체성의 절대성과 풍부함 속에서 그 자신을 겪고 깨닫는 것으로서 이해된 범주와 본질이 아닌, 적어도 관념적 본질의 모습으로 표상되는 것으로서 이해된 범주와 본질 말이다. 이 표상과 또 그처럼 관념적 본질로서 본질 그 자체가 비실재적이고 추상적이라 할지라도 그것은 그 내용 속에 절대 주관성의 살아있는 방식에 내재적 속성을 지니고 있고 이것을 표현한다. 그 자체로 표상은 숫자화, 수집, 총체화, 그 유리한 적용을 통계적 방법에서 찾는 수학적 접근 방식의 일반, 이런 것의 범주적 활동의 결과로 생기는 순수하게 형식적인 결정과 아무 관련이 없다.

통계적 방법에서 이것이 획득하게 해주는 인식의 완전한 공백이 측정 체계의 명백한 엄격함 아래 감춰진다. 현상에 던져진 수학적 짜임은 그 자체로서 현상인 것에, 성과 범죄와 자살을 직접 사는 일에 외재적으로 남는다. 이에 관한 신비는 이제껏 그랬던 것보다 더 짙어진 채 살아남는다. 그처럼 더욱 인간 과학이 갈릴레이적 본보기에 맞추고자 통계에 도움을 청할수록 그것은 무엇에 관해 그것이 말하는지 덜 안다고, 매우 심한 때에는 모든 사람이 성, 범죄, 자살에 관해 지닌 매우 불투명하고 일반적인 선[先]–이해가 아니라면 그것에 관해 아무 생각도 없다고 우리는 얘기할 수 있다. 그 선–이해는 인간 과학에 그 대상을 규정하게 해준다. 인간 과학은 그 선–이해에 아무것도 보태지 않으며, 그것이 셈하고 그 관념적 목록의 그물 속에 취하고자 하는 모든 현상에 관해 그 선–이해를 이것이 지닌 막역함과 불투명함 속에서 되풀이한다.

이런 종류의 모든 과학, 그 구성에서 이중적 과정이 작용한다. 이 작용이 함축하는 것을 식별해야 한다. 표상으로 옮겨가는 일로 각인된 첫 번째 과정에서 삶의 중요한 존재론적 특징, 삶이 그 존재의 모든 지점에서 자기 자신을 깨닫는 일은 이미 상실되었고, 벌어짐에 자리를 내줬다. 그곳에서 세계는 일어난다. 존재가 그 절대 주관성의 근본적 내재성 속에서 자기에게 대대적으로 동의하는 일, "네가 서 있는 땅이 그것을 덮는 두 발보다 더 넓을 수 없는 행운"이라고 카프카가 말했듯, 자신의 파토스가 자신에게 아주 적합하게 되는 일 속에 사로잡힌 존재를, 원칙에서 촉발하는 존재론적 결정을 아주 다른 것이 대체한다. 거리와 탈자태적 차원의 유한 속에서 거리를 둔 존재가 그것이다. 그 존재는 탈자태적 차원에서 모습을 보인다. 그것은 그곳에서 자신의 존재하는 한 면만을 드러내보일 뿐이다. 그 면은 분리된 면의 작용에 따라 다른 면을 가리킨다. 의식의 눈길은 그 분리된 면을 파악하려고 한다. 그 면 위에서 자신을 인도하고 그 면을 통해 그 앞에 무한히 일어나는 지평으로 옮겨간다.

충만함 속에서 삶은 자기 자신 안에서 그것인 것으로 본질화한다. 외재성의 공백이 그 충만함을 대체했을 때, 바로 그때 인식의 계획이 그 선택과 그 불가피한 결정과 함께 생긴다. 이런 것이 모든 과학의 구성에 내재하는 이차적 과정이며, 또 우리 성찰에 제시되는 과정이다. 왜냐하면 초월적 현상의 유한한 범위에서 탐구의 대상, 과학의 주제를 규정하는 본질적 특성의 자격으로 그 현상 안에서 붙들어야 할 것을 가리켜야 하기 때문이다. 오직 그런 특성의 범위가 정해지고 통일적인 관계에 놓였을 때만 우리가 모든 과학에 적절하다고 생각하는 수학적 처리에 그 특성을 맡기기에 앞서 그것이 지닌 법칙이나 형태를 파악할 수 있다. 인간 과학의 대상일 때 현상에 부대현전apprésentation하고, 이 현상을 인간적 현상으로 만드는 관념적 의미의 형태를 한 초월론적 삶의 객관화는 대상을 구성하며 함축적일지라도 그 안에서 우리가 붙드는 특성을 구성한다. 시간성, 감성, 가치 부여, 촉발성, 상호 주관성 따위의 특성을 구성한다. 그런 특성은 객관화에 앞서 초월론적 삶 그 자체 속에서, 이 삶의 본질에 속하고 그것을 규정하는 기본적인 조정과 위계질서에 따라서 연결되어 있다. 우리는 그 특성을 경험적 속성의 모습 아래 객관화 속에서 다시 만난다. 그 속성의 본질적 유대는 더는 명백하지 않다. 그 결과 실증 과학은 그 속성을 무작위로, 본질에 그 장소를 갖지 않고 그것과 더는 겹치지 않는 이유에서 주제화한다. 이 실증 과학에 그 태도와 선택을 규정해주는 것은 다른 걱정, 다른 목적성, 예를 들면 양적이거나 논리적인 처리에 따르는 능력, 어떤 유형의 분석에 또는 다른 학과에서 이미 사용 중인 범주에 자신을 맞추는 능력이다.

여기에 이중적 우발성이 모습을 드러낸다. 그것은 다음의 이중 과정에서 그 기원을 찾는다. '왜'라는 물음을 일어나게 하는 일이 삶의 객관화에 일반적으로 속한다. 이 삶은 왜? 이 성취 방식, 몸과 성性의 이 결정은 왜? 이 목적과 이 기능은 왜? 이런 물음은 삶이 자기 안에 머무르는 동안에는 자기 자신을 깨닫고 자신과 일치하면서 전적으로 그것인 것이나 그가 하는 것이며, 자기에 관해 결코 묻지 않고 그럴 가능성도 없이 자기 너머 이해의 지평을 던지지도 않는 그곳에 머무는 동안에는 생각조차 할 수 없다. 그 지평에서부터 삶은 그 지평 안에서 자신을 발견하고는 자신에게 다음과 같이 묻고자 그 자신에게로 되돌아온다. '뭐지?' '이 낯선 특성은 왜지?' 또 먼저 '모든 것에서 가장 낯선 것으로 삶이 자기 자신을 깨닫는 일, 이것은 왜 그렇지?'

자기에 관해 물을 가능성을 만든 건 객관화다. 그 물음이 나타나는 벌어짐 속에 의식, 인식, 과학, 의식의 조건 자체에 연관되고 이런 이유에서 의식이 참으로 해결할 방법을 전혀 지니지 못하는 수많은 문제가 밀려든다. '왜'라는 물음에는 답이 없다. 그 자체로 답이 불가능하며 답은 오직 주관적 삶에, 사랑 따위에 있을 뿐이다. 우리는 이 '왜'라는 물음보다 더 겸손한 '어떻게'라는 물음을 선호한다. 여기 말해진 어떻게는 게다가 결코 줌donation의 본질적 '어떻게'가 아닌, 삶 그 자체에 데려다주는 본래적 드러냄이 아닌 피상적 '어떻게'다. 이 '어떻게'에 따라 객관적 과정이 전개된다. 곧 이 과정의 실제 원인이나 가정된 원인이 아닌, 외재적이고 이것처럼 근거 없으며 기껏해야 확인하는 게 중요한 상관 관계에 따라서 그것에 연관된 자초지종이 전개된다. 이 '어떻게'는 비록 그것이 '왜'라는 물음을 대체한다고 주장하더라도 '왜'라는 물음 속에 그 물음을 통해 열린 것이다. 모든 연구는 외재성의 지울 수 없는 결함을 그 안에 지니게 된다. 이 모든 연구의 불확실성은 외재성 안에 자신을 던짐으로써 삶의 자기 확실성을 아프리오리a priori로 포기했다는 사실에 기인한다. 오직 삶만이 그 연구에 의미와 방향과 대상을 줄 수 있으며 그런 방식으로 절대 기반의 불가피성을 줄 수 있다.

초월적 현상으로 헤아린 인간적 사실과 관계 속에서 두 번째 우연성이 일어선다. 특성, 이 특성의 의미, 방법론의 규정에 관한 우연성이다. 아무러한 대상에 적용되는 속성을 지닌 수학적 방법, 이것의 대상을 가리키는 건 이 방법이 아니다. 그렇지만 대상은 스스로 자기 자신을 가리키지 않는다. 그것은 두려움, 감성, 욕망이 그러하듯, 곧 삶과 마찬가지로 자기 자신에 자신을 전부 드러냄을 확신하며 그 자신 안에 자신을 가져오지 않는다. 삶의 그림자만이, 곧 절대적이고 초월론적 삶의 그림자만이 경험적 현상 속에서 떠돈다. 그리고 지식의 우연성, 삶과 관계된 모든 객관적 지식의 우연성은 결정의 우연성이다. 그 결정을 통해 우리는 객관적이라고 알려진 현상 속에서 그 그림자에 대응하게 할 것을 선택한다. 그 그림자에 해당하는 것으로, 그 그림자 대신 의미하는 것으로, 실제로 그 그림자인 것을 표상하는 것으로 그 현상에서 헤아릴 것을 선택한다. 삶의 관념적 등가 체계를 구성하는 게 중요하다. 경험적인 것, 삶의 첫 복제는 감각적인 것의 에포케epoche[38]와 유일하게 감각적인 것에 관한 적절한 인식을 허용하는 관념성의 설정과 함께할 때만 과학성의 범위에 들어간다. 우리가 말하는 우연성은 궁극에는 매개 변수의 우연성이다. 그 매개 변수를 통해 인간 현상의 자료에 가능한 한 객관적이고 과학적인 표현, 곧 수학적인 표현을 주고자 한다.

　　인간에게 적용된 갈릴레이적 계획이 지닌 객관주의의 허구, 그 구성과 해체는 '인간 과학'인 것을 그 내적 발생에서 파악하는 걸 허용한다. 그 구성과 해체는 인간 과학의 구성과 해체다. 해체가 우

---

38 '판단 중지'. 후설은 데카르트의 정신을 취하면서, 이 에포케를 자신의 현상학적 환원現象學的還元의 방법을 표현하는 말로 사용하였다. 이 경우에는 자연스런 판단을 그대로 진실이라 하지 않고 그 판단을 일단 보류해보는 것을 의미한다.

리에게 구성을 보게 한다. 하지만 이는 그 정당성을 게다가 그 모든 단계에서 반박하기 위해서다. 만일 그 구성이 그 출발점을 본래적 현상이 아닌 삶의 비실재적 표상 속에서 갖는 게 사실이라면, 만일 자신도 모르게 붙든 자살에 관한 절망, 몸성에 관한 불안, 죽음에 관한 두려움과 같은 주관적 특성이 그 초월론적 기반의 본질적 질서에 따라 더는 파악되지도, 그 자체를 위해 주제화되지도 않는다면, 만일 그것에 관한 앎이 외재적 열거로 되돌려지고 외재적 관계 그 자체를 명백하게 하는 것으로 되돌려진다면, 만일 그 외재적 관계를 드러내고자 하는 매개 변수의 선택이 임의적이라면 말이다.

인간 과학의 해체는 결국 그것에 관한 비판이며 객관화, 표상, 추상, 관념화, 숫자화의 계속된 작용이 본질적인 것에 접근을 허용치 않고 반대로 그것에서 점차 멀어지게 하고 마침내는 그것을 잃게 하는 한 어떻게 인간 과학에서 객관성의 이득이 허구적인지를, 어떻게 우리 시대에 우월한 실증적 앎의 축적에도 인간은 이제껏 어느 때보다도 더 그인 것을 알지 못하는지를 보여준다. 그렇다면 커가는 이 추상의 공백 앞에서 앎의 다른 방식으로 되돌아가야 하지 않을까? 그 방식 속에서 삶은 그 자신의 실재성 속에서 자기 자신에게 자신을 준다. 사실인즉 있는 그대로가 아니라 되는 그대로, 말하자면 자기 줌autodonation의 자기 증대 속에서, 또 그처럼 삶이 지닌 모든 힘의 전개와 고양 속에서. 그곳에서 그 자신을 통한 자신의 실험으로서, 실천으로서 삶의 가능하고 유일한 앎이 이뤄진다. 그런 방식은 문화의 전통적 방식, 곧 예술, 윤리, 종교 이외에 다른 아무것도 아니다.

그렇지만 삶에 관한 객관적 앎이라는 그 자체로 터무니없는 계획이 아주 배제될 수 없다면, 이는 그 계획이 삶에 없어서는 안 되고 그처럼 삶에서 최종적인 정당화를 찾는다는 그런 유일한 이유에서가 아닐까? 그 최종적인 정당화는 다음처럼 서둘러 말해질 수 있다. 삶이 그 자기 촉발에서 자기성과 초월론적 개인Individu transcendantal으로서만 '있는' 까닭에, 존재의 재림Parousie de l'Etre은 무한히 되풀이되기에, 이 모든 삶, 이 모든 절대 주관성은 다른 모든 삶, 주관성과 근본적 외재성의 관계에 있다. 그 외재성의 현상적 모습이 세계다. 이 세계에서 모든 삶은 다른 사람들과 자기 자신과 관계하며, 마침내 이 세계 속 타자로서 자연과 관계한다. 모든 삶의 경험적 객관화에서부터, 그리고 우리가 말했던 추상과 관념화 과정 덕분에 인간 과학은 자연 과학과 나란히 구성된다. 그렇지만 다른 사람들과 자연과 객관적 관계는 욕망Désir과 욕구Besoin로서 그 본래적 장소와 그 이유를 삶 그 자체 속에서 찾는 것의 표상일 뿐이다. 삶에서 출발해 마침내 그 표상과 그 표상으로 표상되는 것은 설명된다. 왜 인간 과학이 그 객관성에도, 또는 오히려 그것을 통해 갈릴레이적 계획과 그 계획이 만들어내는 은폐 안에서 삶과 본질적이고 피할 수 없는 관계를 유지하는가 하는 것에 관한 이유다.

인간 과학 중 하나를 예로 헤아려보자. 다른 것보다 더 분명한 방식으로, 그리고 생명 유지에 필요한 어떤 필요의 힘으로 삶에 뿌리를 두는 것을 예로 들어보자. 정치경제학을 특징짓는 것은 그것이 과학의 참된 기원을 그 안에 드러내면서 매우 다른 두 단계를 보여준다는 점이다. 인류만큼 오래되고 그 역사에 동실체적인consubstantiel 첫 번째 단계는 다음과 같은 것의 결과로 생긴다. 모든 삶이 다른 사람들의 실천과 합치된 실천 속에서, 또 그처럼 공동 실천co-praxis으로서 자신의 생존에 필요한 재물을 생산하는 것과 함께 여러 생산자 사이 재물의 분배는 모든 사람에게 돌아오는 것에 관한 평가, 곧 재물의 가치 측정을 가정한다. 재물의 가치는 생산에 필요한 노동량을 표상한다. 하지만 노동은 삶의 한 방식이다. 받아내는 욕망이 자신을 만족하고자 노력으로 바뀔 때 삶이 취하는 방식이다. 자연에 대한 본래적 몸소유화Corpspropriation originelle의 적용이다. 다만 이 살아있고 소유하는 몸의 살아있는 노동은 측정할 수 없다. 그것은 그 받아내기의 파토스 속에서 자기에 관해 지니는 말 없는 느낌 이외에 다른 아무것도, 자기 촉발의 한 방식 이외에 다른 아무것도 아니다. 그곳에서는 아무것도 측정 가능한 대상으로서 결코 제시되지se pro-poser 않는다. 어떤 눈길도 측정을 하거나 주려고 끼어들지 않는다.

재물의 가치를 결정하고 그것의 교환을 허용하는 노동은 살아있는 노동의 표상이 될 것이다. 본래적 몸소유화의 현상학적 현재화로서, 그리고 그 살아있는 현재로서 그 보이지 않는 주관성 속에서 자기 안에 머무르는 것의 표상이 될 것이다. 결국 살아있는 노동의 표상은 비실재적이고 텅 빈 의미만을 만들어낼 뿐이다. '노동'이라는 의미, '이러저러한 대상을 생산한 노동'의 의미만을 만들어낼 뿐이다. 표상은 실제로 대상을 생산한 실제 살아있는 노동의 표상으로서 이 노동의 가치를 측정하는 객관적 노동이다.

교환과 분배를 가능하게 하려면 그런 가치는 결정돼야 하고, 따라서 그것을 측정하는 객관적 노동 또한 결정돼야 한다. 객관적 노동의 결정은 이중적이다. 곧 질적이고 양적이다. 쉽거나 어려운 것으로서 그것은 질적이다. 그것은 수습을 함축하거나 함축하지 않거나, '숙련'되거나 그렇지 않다. 비실재성에서 실재성을 가르는 심연 위를 낳고 다른 한편으론 절대 다름의 지울 수 없는 유일성 속에 자신을 가둔 것에 '힘든', '숙련된'과 같은 일반적 성질을 일치하려는 한에서 객관적 노동의 이런 질적 결정은 살아있는 노동의 실제 특성에 관한 표상일 뿐이다. 근접하거나 아슬아슬한, 관습적인, 결국 우연적인 표상일 뿐이다. 예를 들어 할 줄 앎이 거의 없는 한 개인에게 고통스럽거나 견딜 수 없는 활동을 다른 이는 반대로 자신의 힘과 그 고유한 능력의 행복한 표출처럼 겪을 것이다. 객관적 노동의 그와 같은 질적이고 일반적인 제한은 실제 특수한 어떤 노동에도 일치하지 않는다. 그것은 평균적인 개인에 해당하는 평균적인 특성화다. 하지만 그런 개인은 존재하지 않는다.

만일 생산물 가치의 결정이 그것의 교환을 가능케 해야 한다면, 그것은 오직 양적일 수만 있다. 왜냐하면 그런 가치가 엄격한 방식으로 측정될 수 있을 때에만 그것을 동등한 모든 가치와 맞바꿔 교환할 수 있기 때문이다. 그 숙련 단계에 따른 객관적 노동의 질적 결정에 그 양적 결정이 중첩돼야 한다. 그 양적 결정은 그 수학적 서식에도 그 질적 결정만큼이나 근접하고, 아슬아슬하고, 관습적이고, 우발적이다. 사실 살아있는 실제 노동을 우리가 측정하지는 않는다. 우리는 그것의 엄밀하고 관념적인 표현을 만들어낸다. 오로지 그 비실재적 표상적 복제를, 곧 객관적 노동을 측정할 따름이다. 사실인즉 그것조차 아니다. 오직 그것이 지속되는 시간일 뿐이다. 실제 노동의 실제 지속의 실제 시간, 노동과 같아지는 지속이 아니라 여기서도 또한 그 실제 시간의 표상, 우주의 객관적 시간, 세계와 시계의 시간이다. 객관적 노동이 이 세계 속 실제 노동의 표상일 뿐인 것과 같이 말이다. 하지만 8시와 정오 사이, 14시와 18

시 사이 흐르고 '8시간'이라고 적힌 객관적 시간의 측정은, 관념적이고 수학적이고 객관적이자 영원히 사실적으로 될 측정은 아무것도 측정하지 못한다. 곧 현실적인 노동에 관해, 일하는 자들의 살아있는 노동에 관해 아무것도 파악하지 못한다. 그들은 공장에서, 사무실에서 8시간 있었으나 그곳에서 그들은 무엇을 했을까? 그것을 했다고, 곧 이 담장을 만들거나 이 교정쇄를 정정하거나 그런 일 따위를 했다고 사람들은 말할 것이다. 그러나 그것은 노동이 아닌 그객관적 결과다. 그것은 마르크스의 천재적 직관을 따르면 가치를 주지 않고 가치를 받는다. 살아있는 노동에서 그것을 받는다. 또는 차라리 살아있는 노동이 그 절대 주관성의 어둠 속에 잠기기에 그 가치의 원칙은 그 노동을 말 그대로 대체한 것이 될 것이다. 말하자면 객관적 노동의 객관적 시간의 객관적 측정이 될 것이다. 수학적 측정이 가치, 돈, 자본, 이윤, 산업 이자, 무역 이자, 재정 이자, 그 각각의 이자율과 같은 정치경제학의 관념적 개인 전부를 결정한다. 그 결과 그 관념적 개인은 모두 같은 차원에 자리한다. 그것은 모두 그런 방식으로 같은 지위를, 곧 삶과 그 근본적 다름 속에서 정확히 관념성이라는, 비실재성이라는 지위를 갖는다.

정치경제학이 더는 대략적인 평가에 따라 자발적으로 자신들의 산물을 교환하는 사람들의 실질적 태도와 혼동되지 않을 때, 그것이 과학이 되었을 때 그런 결정 전체는 정치경제학 발전의 두 번째 단계에서 그것의 대상을 구성한다. 과학으로서 정치경제학은 삶의 자리를 차지한 객관적 관념적 등가의 이론 체계다. 이 이론적 체계가 삶의 자리를 차지한 건 삶을 알고자 해서가 아니다. 그런 앎은 허구다. 삶이 그 활동의 아주 초기 단계에서부터 자신을 성취하고 또 먼저 생존할 수 있으려면, 이 경우엔 자신의 생존을 목적으로 그것이 생산하는 재물을 교환하려면 그런 지표를 필요로 했기 때문이다.

정치경제학과 함께 인간에게 적용된 갈릴레이 과학의 진리, '인간 과학' 일반의 진리는 우리를 정면으로 강타한다. 한편으로 이 과학은 양화할 수 있고 수학화할 수 있는 객관적이고 관념적 등가로 삶을 대체한 과정 속에서 삶에서부터 일련의 추상을 함으로써만 세워진다. 그 결과 '추상적', '사회적' 노동으로서 노동, 더 정확히 이 객관적 노동의 객관적 지속으로서 노동, 이 추상적 노동의 대표로서 가치, 또 그처럼 실제 노동의 표상의 표상으로서 가치, 이와 같이 과학 대상을 구성하는 객관적 관념적 등가는 삶을 원리적으로 참고하는 일 안에서만 의미를 지닌다. 한편으로 그런 등가는 객관적 앎이라는 모습 아래 삶의 측정을, 더구나 허구적인 그것을 가능케 하는 데 마련된 삶의 이론적 중복을 나타낸다. 다른 한편으로 만일 대상의 가치가 살아있는 노동을 통한 그 실제 생산 과정을 그 안에서 표상하고 그처럼만 가능한 게 사실이라면, 그런 등가는 존재론적으로 삶에서 나온다.

결국 정치경제학의 두 기준이 있다. 아직은 순진한 첫 번째 기준은 과학과 같은 차원에 자리한다. 그 기준은 예를 들어 '유통 자본'의 개념과 같은 몇몇 과학 개념을 더 의미 있는 다른 개념을 위해 바로잡는 데 있거나, 또는 연구된 현상에 관한 좀 더 정확한 접근인 것 같은 것을 얻고자 새로운 매개 변수를 도입하려 노력한다. 이 관념적 접근은 삶의 객관적 표상과 관계할 뿐이며, 삶 자체는 머리에 떠오르지 않는다. 오직 과학의 근본이 되는 가능성, 곧 그 발생을 드러내고자 과학을 해체한 초월론적 눈길만이 삶을 삶과 동등한 것으로서 그것을 대표하는 것으로 바꾸는 일이 모든 인간 과학 일반과 정치경제학에 최초의 기반을 주는 행위라는 걸 이해할 수 있다. 그 발생은 단지 이론적이지만은 않다. 다시 말해 어떻게 삶에 해당하는 것으로 주어지면서도, 다른 한편으론 객관성 속에서 관념적, 수학적 결정을 불러일으키는 노동, 가치 따위의 경제적 개인의 체계가 구성되는지 보여주는 데 그치지 않는다. 이런 대체는 왜 그런지, 이 비실재적 복제의 가공할 만한 구성은 왜 그런지, 그 복제 속에서 삶은 자신을 잃어야만 자신을 '표상'하는데, 바로 정치경제학의 초월론적 발생이 우리에게 은밀히 이해하도록 해주는 것이다. 왜냐하면 집단적 실천 속에서 현실화하는 자연의 본래적 몸소 유화 속에서 모든 삶은 전체 생산물에서 그에게 되돌아오는 것을 장악하려면 모든 이의 노동 속에서 자신의 노동 몫을 평가하고 또 그처럼 그것을 측정해야 하기 때문이다.

갈릴레이적 계획을 그것이 낳은 인간 과학에서 이뤄냈을 때, 매우 다른 동기를 따랐기에 결국 그것은 모호했다. 어떤 때는 삶을 배제해야 했다. 곧 '주관적'인 모든 것을, 그리고 구성 중에 있는 과학에 낯선 몸처럼 다른 시대, 곧 형이상학 시대의 생존자처럼 느껴질 뿐인 모든 것을 제거해야 했다. 갈릴레이적 시도는 자연 과학에서 그런 것보다 여기서 더 우리 시대의 절망을 그 안에 지닌 삶의 자기 부정처럼 자신을 알아보게 한다. 때로 경제의 대체물 그 구성과 함께 삶을 체계적으로 배제하는 일은 반대로 삶이 자신의 직접적인 목적에 이르고 생존하기 위한 우회적 수단일 뿐이다.

결국 정치경제학에 관한 두 가지 독해가 있다. 첫 번째 독해는 과학 자체의 과학성을 향한, 관념화와 증가하는 수학화의 모습 아래 객관성의 전적인 지배를 향한 과학의 일반적 움직임에 그것을 통합한다. '정치경제학에 관한 비판'은 그때부터 그 안에서 인간, 삶, 개인과 어떤 관계를 유지하는 모든 것에 관한 객관적인 것으로, 객관적 모습으로, '생산 능력', '생산 관계' 따위와 같은 '과학적 개념'으로 되돌릴 수 없는 모든 것에 관한 비판이 된다. 이런 독해는 과학 만능주의적이고 실용적인 목적을 지니며, 구조주의에 도달하게 되는 전통 마르크스주의의 독해다. 두 번째 독해는 마르크스의 의미에서 '정치경제학에 관한 비판'은 더는 과학적 구성에 순진하게 동의하는 일이 아니다. 바로 그 해체다. 삶에 단순히 대응하는 것으로, 대체물로, 경제 전체를 보는 일이다. 왜냐하면 모든 경제적 개인은 삶을 참조하는 가운데에서만 의미를 지니기 때문이다. 더 본질적으로는 매 순간 삶에서 그것이 나오기 때문이다.

마르크스주의는 20세기 두 위대한 이데올로기의 하나다. 정치적 교리 문답서이자 국가 교조가 된 주장의 도식화에도 마르크스주의는 그 안에 갈릴레이적 계획의 주요 결함을 지니며 그 결함의 결과로 이끈다. 바로 삶, 주관성, 촉발성, 개인성, 그리고 일반적인 방식에서 삶의 고유한 본질을 이루는 모든 존재론적 결정의 평가절하다. 실재성, 진리는 결국 삶 속에 있지 않고 그 너머 뒷면 세계에, 역사Histoire, 경제Economie, 사회Société인 이 거대한 초월적 덩어리 속에, 그리고 이런 것이 잇따라 갖추고 이런 것에 매번 그 구체적 모습을 주는 그 구조화 방식 속에 있다. 존재의 자격을 요구하는 이 객관적 총체의 위격hypostase과 함께 사물들의 질서 속에 한 독특한 반전이 이뤄진다. 살아있는 개인이 있기에 역사가 있지 않고, 역사가 있기에 역사의 주기와 그 모든 '시대'의 특성에 따라 개인은 존재한다. 어쨌거나 개인은 개인인 것이고, 그가 하는 것을 하고 생각하는 것을 생각한다. 살아있는 개인이 살아있는 노동을 통해 자본과 자본의 주요 특성인 잉여 가치를 생산하지 않는다. 반대로 자본주의적 체제의 구조가 개인과 그의 노동을 전적으로 결정한다. 자본주의는 정확히 구조이자 체계다. 자본주의는 마르크스가 쉼 없이 고발한 환상에 따라 스스로 발전하고 스스로 커간다. 경작하는 개인이 있기에 경작인 계급이 있는 게 아니라 경작인 계급이 있기에 경작하는 개인이 있다.

삶과 함께 문화의 기본 발현이 그 뿌리에서 타격을 입는다. 종교는 순수하고 단순하게 제거됐고, 미학은 사회적 현상으로 축소됐다. 그 종류가 무엇이든, 문학이든, 회화든, 건축이든 예술 작품에 관한 접근은 결국 특수하지 않다. 새로운 모습의 지각과 함께 감성의 증대를 허용하는 걸 작품 안에서 보는 일은 중요하지 않다. 그 미적 특성을 더는 헤아리지 않기에 일정 수의 역사, 사회, 경제, 언어 자료, 어쨌거나 객관적 자료에서부터 그 출현을 설명하는 일이 중요하다. 윤리와 관련해선 상황이 더 독특하다. 오직 삶만이 도덕적이거나 비도덕적일 수 있기에 순수 객관주의는 도덕이 놓일 수 있는 모든 장소를 없앤다. 우리는 이를 예컨대 '과학적' 사회학을 헤아렸을 때 잘 볼 수 있다. 과학적 사회학은 살인, 절도, 폭력을 그 사회적 조건으로 설명한다. 그리고 그 현상에서 단지 이것을 구별할 수 있기 위해서라도 살인하는 행위, 절도하는 행위, 폭행하는 행위가 속하는 초월론적 삶의 그림자를 붙잡는다. 하지만 과학적 사회학은 그와 함께 삶의 그림자로 축소된 주관성을 없애기에 모든 가치론적 접근을 삼간다. 또는 더 나아가 그것을 확실히 배제한다. 절도와 살인이 사회학적으로, 그 객관적 조건으로 설명되는 한에서 절도자도 살인자도 책임이 없다. 그들은 더는 윤리의 차원에서 존재하지 않는다. 그들은 모두 사람에 속하기를 그만둔다.

물론 마르크스주의는 모든 도덕을 배제하지 않으며, 적어도 정치적 활동의 모습으로 그것을 살아남게 한다. 정치적 활동은 그 고유한 권리를 지니지만 윤리적 관심을 그 안에 흡수한다고 주장하자마자 그것은 갈릴레이적 계획과 걱정스러운 유사성을 보인다. 왜냐하면 참된 존재자의 자격으로 역사, 사회 그리고 이런 것의 자기 운동만을 인정해야 한다면, 개인을 지배하는 총체와 융합하는 것 외에 그 총체와 그 총체의 운명과 일치하고자 그 총체 안에서 자기를 넘어서는 것 외에 개인에게 다른 안녕은 없기 때문이다. 개별성의 초월은 개별성을 보존하고 그것을 변모하는 지양Aufhebung이 아니다. 그것은 개별성의 제거다. 또는 차라리 그런 제거는 불가능하므로 삶의 자기성ipséité은 그 본질에 동실체적consubstantielle이고 그것을 정의하므로 개인의 자기 부정은 삶 그 자체의 자기 부정을 의미한다. 그리고 그 근본적 의미에서 정치적 의도는 갈릴레이적 계획과 다시 만나고 그 부조리함을 반복한다. 그렇지만 삶의 자기 부정은 자기에서 벗어나려는 삶의 의지일 뿐이다. 우리가 사는 시대가 같은 때에 과학과 정치의 승리로 각인되는 것은 우연이 아니다. '주관적'인 것의 거부 뒤에, 절대적 객관성의 탐색과 요구 속에 같은 고통, 같은 불만, 개인의 은밀한 불만이 숨어있다. 이 불만에서부터 과학과 정치는 나오며, 과학과 정치는 그것을 가리킨다.

객관적 계획이 그것이 없앤다고 주장하는 주관성에서 나오는 한 객관적 계획의 모순은 20세기를 지배하는 두 번째 거대 이데올로기 속에서 그 가장 복잡한 표현을 찾는다. 프로이트주의가 그것이다. 이것을 특징짓는 것은 다음과 같은 결정적 주장이다. 이 주장을 따르면 정신의 바탕이 객관성에서 벗어나고 그것으로 되돌려질 수 없다. 그 주장은 적어도 사실의 차원에서 외재성의 바깥에 자신을 제시하는se pro-poser 모든 것과 표상의 세계에 존재론적으로 이질적인 절대 주관성의 근본적 내재성에 관한 인정이다. 다른 한편으로 프르이트주의를 특징짓는 것은 객관적인 것이나 객관적으로 결정할 수 있는 것이 아니라면 아무것도 존재하지 않는다고 주장하는 과학 만능주의의 전제를 유지한다는 데 있다. 종국에는 감정affect으로 인정된 정신적 무의식은 여전히 생에너지론bio-énergétique의 과정, 결국 자연적 실재성을 대표하는 것représentants에 지나지 않는다. 표상에 갇힌 이 지향적 목적은 치료 차원에서 다시 생겨나며, 치료가 의식화prise de conscience라는 유일한 의도를 따르는 동안 그것을 조건 짓는다. 그와 같은 목적론은 서양의 생각을 지배하며 정신분석학, 과학, 고전 철학에 공통된 장소로 쓰인다.

이 빛의 목적론에 그렇지만 그것을 전혀 따르지 않는 본래적 무의식의 상황이 대립한다. 이 무의식은 삶의 이름이다. 그런데 정신분석학적 실천은 표상과 의식화를 예를 들면 결정하는 표상할 수 없는 것의 우위를 확인하기를 그치지 않는다. 치료 작업은 계속해서 인지적 진보를 감정의 운명에 종속하게 한다. 그리고 구체적인 모든 상호 주관성의 참된 성격을 밝히면서 분석가와 분석 주체의 관계는 내면에 잠긴 힘의 대결처럼, 그리고 각자 자신의 고유한 파토스의 희생물처럼 자리하거나 또는 차라리 그처럼 작용한다. 이를 통해 정신분석학은 인간 과학과 분리되고 갈릴레이적 환원에, 특히 그 언어적 환원에 저항한다. 객관주의적 지식과 그 엄청난 주장을 통해 인류가 황폐해진 한가운데 정신분석학은 삶의 거역할 수 없는 권리를 주장하고 유지한다. 설령 그것이 이를 알지 못하더라도 말이다.

갈릴레이적 시도와 그 시도가 분산되는 여러 과학을 통한 삶의 제거보다 이 제거의 결과가 삶의 차원에서 그리고 삶에겐 더 심각해보인다. 객관주의적 지식의 주제와 그 지식이 낳은 기술적 절차와 태도 전체에서 될 수 있는 한 멀어진 삶은 그런데도 그것이 있고 자신을 성취하길 멈추지 않는 그곳에 살아남는다. 다만 이 성취 방식은 이것 자체를 목적으로 여기는 문화의 일반적 계획에 더는 통합되지 못한 채 그 자체에 내맡겨지고, 모든 자극과 모든 습득을 잃은 채 더는 그것이 따를 만한 그 어떤 큰 본보기도, 이 본보기와 똑같은 것, 살아있고 확대된 그것이고자 그것이 따를 만한 그 어떤 큰 본보기도 지니지 못하게 된다. 삶의 그런 실현 방식은 자기 부정과 자기 파괴에 관한 흉악한 의지로 전도되지 않을 때 기초적이고 거친 모습으로, 늘 더 빈곤하고 상투적이고 통속적인 모습으로 퇴행한다. 침묵으로 지나칠 수 없는 건 이제 야만의 실행이다.

6

야만의 실행

나는 다음과 같은 삶의 모든 방식을 야만의 실행이라고 부른다. 그 방식에서 삶은 예술, 합리적 지식, 종교의 모습뿐 아니라 인간 활동의 모든 단계, 곧 음식, 의복, 주거, 노동, 사랑 따위와 관계있는 기본 행동의 단계에서 만나게 되는 공들여 만든 모습과 대조적으로 투박하고 거칠고 초보적인, 정확히 경작되지 않은 모습으로 이뤄진다. '거친' 또는 '경작되지 않는 방식'이 무엇을 의미하는지, 어떻게 그것이 더 높고 정교한 방식과 다른지, 그리고 '정교한', '높은' 것이 무엇을 의미하는지를 우리는 물을 것이다.

결정적인 진보가 이 영역에서 다음과 같은 것을 눈여겨본 결과 이미 실현되었다. 앞서 인용한 특성을 이론적으로 규정하는 데 따른 어려움에도, 또 그 특성을 가리키는 용어의 모호함과 근사치에도, 그러나 모든 이가 그곳에 무엇이 관계하는지를 완벽하게 이해한다는 것을, 모든 이가 마르크스가 말했듯 거친 눈과 경작된 눈을 구별한다는 것을 말이다. 마치 그런 지식이 그것을 표현하고자 하는 단어와 개념의 불명료함과 무관할 뿐 아니라 어떤 방식에선 그런 것을 앞서고, 그런 것으로 설명되지도 해명되지도 않으면서 그런 것에 아무 빚도 지지 않는 것처럼 말이다. 그런 지식이 다른 종류의 모든 접근과 무관하게, 언어적·개념적·감각적 접근과 무관하게 자기 자신을 아는 삶, 주관성의 지식이기 때문이다. 삶을 향한 모든 지향적 접근이 부정확한 개념, 텅 빈 단어 외에 아무것도 찾지 못하는 것은 삶이 이런 종류의 접근에 자신을 감추기 때문이다.

그런데 최초이자 기본적인 이 지식의 영역은 윤리, 곧 실천의 영역이다. 이 영역은 개인의 삶 그 방식 전체로 이뤄진다. 그 방식은 삶이 자신의 우발적이고 모험적인 역사의 흐름 속에서 띠게 되는 것으로 헤아려선 안 되고, 정확히 방식처럼, 전형적인 것이나 더 낮게 말하자면 어떤 양식을 따르는 습성으로 헤아려야 한다. 그것이 단순히 우연한 일이 아닌 방식이라는 점은 그것이 삶을 통해 매번 요구되고 규정되면서 삶의 본질에 뿌리를 둔다는 사실과 관계있다. 그것이 삶의 방식으로서 삶에 뿌리를 둔다는 것만이 모든 야만 일반과 우리 시대 야만이 무엇으로 되어 있는지를 이해하게 해줄 수 있다. 더 오랫동안 그것을 재론하기에 앞서, 윤리가 예외적인 영역을 이루지 않는다는 걸 눈여겨보자. 오히려 윤리는 삶의 방식 전체로서 삶과 그 충만한 전개에 공통의 외연을 지녔음을 보여준다. 사람들은 실재성이 인간에게 주어진 경험 전부로 이해된다 할지라도 윤리는 그것으로 되돌려질 수 없다고, 도덕은 관습의 상태와 혼동되지 않는다고 반박할 것이다. 만일 우리가 도덕을 말할 수 있길

바란다면, 목적이 행위에 규정되어 있어야 하지 않을까? 그 행위는 더는 아무런 행위가 아닌, 그런 목적을 염두에 둔 행위며, 가치를 향하고 그 가치에서부터 가치를, 말 그대로 도덕적 의미를 받는 의지 속에서 명시적으로 그 목적을 향하는 행위다.

여기서 여러 견해가 필요불가결하다. 첫째는 만일 우리가 행위와 목적, 규범, 가치의 관계처럼 윤리를 규정한다면 우리는 이미 윤리가 있는 장소, 곧 삶 그 자체를 떠났다는 점이다. 삶 안에는 목표도 목적도 없다. 왜냐하면 목적과 관계는 지향적 관계로서 그 어떤 탈자태도 모르는 것 속에 정확히 존재하지 않기 때문이다. 게다가 어떻게 그런 목적이 삶에 강요될 수 있겠는가? 어떻게 삶이 그런 목적을 바라고 그것을 향해 움직일 수 있겠는가? 그런 목적이 삶에 참으로 낯설다면, 그것이 은밀하게 그의 것이 아니라면 말이다. 규범적 학과로서 또 그처럼 행위에 선결적이고 행위에 그 법칙을 받아들이게 하는 인식으로서 윤리를 생각하는 사람은 늘 쇼펜하우어Arthur Schopenhauer의 비웃음에 부딪힐 것이다. "의지(삶)를 만들고 고치고자 하는 윤리는 불가능하다. 학설은 오직 인식에만 영향을 미친다. 하지만 인식은 결코 의지 자체를 결정하지 않는다."[39]

삶에 규정해야 할 목적과 규범, 이론적이거나 규범적인 윤리라 부를 수 있는 것을 함께 구성하는 목적과 규범이 있다면, 삶 자체에서 오는 목적, 규범, 가치가 그곳에 관계할 뿐이다. 그런 것의 도움으로 삶은 그가 바라는 것을 자신에게 표상하려고 한다. 하지만 그

---

39 *Le monde comme volonté et comme représentation*, trad. A. Burdeau, Alcan, Paris, 1888, t. III, p. 36.

런 표상은 행위에 멈춤이나 망설임을 새기면서 오로지 일시적일 뿐이다. 행위는 세계의 골조 속에 붙잡힌 개연적인 목적이 그 앞에 일어나는 일 없이 그 본질적 자발성의 즉각immédiation 속에서 펼쳐진다. 따라서 삶의 행위를 결정하기는커녕 목적, 규범, 가치는 반대로 삶을 통해 결정된다. 이 결정은 삶이 끊임없이 자기 자신을 깨닫고 매 순간 자신을 알면서 또한 매 순간 해야 할 일과 자신에게 알맞은 일을 아는 데 있다. 그런 지식은 어떤 방식에서도 행위와 다르지 않다. 그것은 행위를 앞서지도, 엄밀히 말해 그것을 '결정'하지도 않는다. 삶 자체인 이 본래적 할 줄 앎savoir-faire으로서, 실천으로서, 살아있는 몸으로서 그것은 행위와 같다. 행위는 이 현상학적 몸이 지닌 최초의 힘, 그 현실화일 뿐이다.

삶에서부터 가치를 결정하는 일은 다음처럼 그려지고 분해된다. 사물이 삶에 적합한 한에서, 삶의 욕망 가운데 하나를 만족하게 하는 한에서 삶은 사물에 가치를 준다. 사물은 그 자체로는 어떤 가치도 지니지 않는다. 하지만 삶이 하는 이 자발적 평가는 삶이 그가 지닌 욕망 가운데 가장 사소한 것을 통해서라도 있어야 하는 것으로서, 절대 가치로서 그 자체를 깨달을 때에만 가능하다. 기본 가치는 삶이 그 자체에 관한, 이 처음의 경험 속에 함축된 것 외에 다른 내용을 갖지 않는다. 그 가치는 삶 자신의 내용이다. 특출한 것으로 남는 그 자체를 지향하는 가치의 이런 명시적 태도는 자기 표상의 모습 아래 삶의 자기 긍정일 뿐이다. 하지만 자기 객관화로서 이 자기 긍정은 더 오래된 자기 긍정에 비하면 이차적이다. 이 더 오래된 자기 긍정은 끈질기게 존재하고 자신을 증대하고자 삶이 계속하는 노력 속에서 삶의 움직임 자체와 혼동된다. 이런 움직임이 삶의 내재적 목적론을 이룬다. 가능한 모든 윤리는 이 목적론에 뿌리를 둔다. 목적이나 가치를 표상하는 이론적이거나 규범적인 윤리가 아닌 본래적 윤리 또는 오히려 에토스ethos⁴⁰ 그 자체, 다시 말해 무한히 다시 시작하는 과정 전체 말이다. 이 과정에서 삶은 그 본질을 수행한다. 문화의 참된 성격은 삶의 움직임이며 이 움직임에서 또한 야만의 실행, 그 기원은 나온다. 문화의 참된 성격과 함께 야만의 실행, 그 기원을 이해하려면 심화해야 할 것이 바로 이 움직임이다.

자신을 계속하는 또는 자신을 증대하는 삶의 움직임, 삶의 코나투스conatus⁴¹는 절대 주관성의 본질을 기억하는 속에서만 이해될 수 있다. 결국 삶에서부터 이 움직임은 이해된다. 삶은 그 존재의 모든 지점에서 자기 자신에게 주어지고 그 자기 촉발 속에서 그렇기를 멈추지 않는다. 삶이 끈질기게 존재하는 일은 이런 삶이 어떤 때에도 무로 기울어지지 않는 덕분이다. 어떤 방식에선 자기에게 기대고 자기를 느끼는 일 속에서 그 존재를 얻으면서 있기를, 또 삶이기를 멈추지 않는 덕분이다.

삶을 코나투스처럼 생각하는 이는 삶을 노력의 모습으로 상상한다. 이로써 얘기되는 것은 존재의 본래적 작용이 있는 것, 있는 것은 그것인 것인데 이것을 보는 데서, 그 봄에서부터 이해할 수 있

는 그 어떤 것도 아니라는 것이다. 주관성의 존재, 곧 그 본래적 본질 속에서 존재는 그런 의미에서 존재가 아니다. 그것은 정확히 어떤 작용이자 어떤 성취다. 이 성취는 자기 안에 이르는 데 있다. 이를 통해 주관성은 자기 자신을 깨닫고 또 그처럼 자기에 관한 계속된 경험 속에서 자기에서 자기를 증대하기를 멈추지 않는다. 본래적 존재는 그 능산적naturant 모습 아래 경험의 존재다. 자기 자신을 깨닫고 자기에 관한 이 깨달음 속에서, 이 안에서 깨달음은 자기를 장악하고 자기에서 자기를 부풀리는데 자기에게 일어나는 깨달음이다. 그 결과 존재가 자기 안에 오는 일, 또는 그 역사는 삶의 움직임, 곧 자신을 간직하고 자신을 보존하는 작용이자 이 현실적인 깨달음 속에서 자기에서 자기를 증대하고 넘쳐나는 작용이다. 노력은 존재자의 동어반복으로, 죽어 있는 그것으로 되돌릴 수 없는 그런 움직임을 가리킨다. 삶Vie으로서 존재를 코나투스로 만드는 건 그 움직임이다.

그와 같은 노력은 결국 그 용어 아래 우리가 보통 가리키는 것, 곧 '의지'라는 모습 아래, 예컨대 주관적이고 신체적인 가능성의 현실화라는 모습 아래 삶의 특수한 한 방식이 삶의 흐름 속에 침투하는 것과 아무 관계없다. 우리는 실제로 시작과 끝을 갖는 이 노력에 관해 그것이 요구됐다고, 또는 심지어 의지나 나 자신인 기본적인 '나는 할 수 있다Je Peux'의 한 방식이라고 말할 수 있다. 하지만 움직임은 이 움직임을 통해 삶은 지칠 줄 모르고 자기에 이르고 자기 보존과 증대 속에서 자기에게 일어나는 데 요구되지 않았다. 그것은 어떤 노력의 결과도 아니며 노력을 오히려 앞서고 가능하게 한다. 그것은 전적으로 자기와 함께 있음이며 근본적으로 수동적인 있음이다. 이 안에서 존재는 보존과 증대 속에서 그것인 것으로 있고자 선결적이고 미리 주어진 바탕Fond에서, 늘 전제된 그 바탕에서, 또 그 바탕에서부터 노력하고 행하고자 그 자신에게 주어진다. 그처럼 삶의 움직임은 노력 없는 노력이다. 이 점에서 모든 노력과 또 모든 포기는 늘 이미 삶의 근본적 내재성의 절대적 수동성 속에서 자신에게 주어진 존재의 바탕에서 자기에게 주어진다.

결국 끈질기게 자기 안에서 존재하는 일과 자기에서 자기를 증대하는 일은 밖에서 평가하기에 쉬운 사실이 아니다. 가장 내적인 그 가능성의 파악만이 그런 것을 해명한다. 그 가능성은 본질에서 현상학적이다. 세계의 대자적obstantiel 일어남과 그 탈자태적 분열보다 더 오래된 그 가능성은 그런 것에 자리를 양보하고 그런 것으로 변하려 해서가 아니라 그 어떤 새벽도 결코 사라지게 하지 못할 주관성의 깊은 밤 속에서 자기 안에 머무르는 것으로서 그런 것을 앞선다. 그렇지만 분할 없는 이 밤 속에서 그리고 그 덕택으로 우리가 말하는 존재의 역사, 불변의 작용이 이뤄진다. 그 안에서 삶은 그 보존과 증대를 껴안는 가운데 자신을 껴안는다. 바로 이 껴안음이 현상학적이다. 바로 그것이 가장 본래적인 구조 속에서 현상성이다. 곧 파토스다. 자기 자신을 받아내는 일은 이 파토스로 되어 있다. 그것은 삶이며 받아내기와 즐거워하기의 기본적인 현상학적 인상에 따라 자신을 방식화한다. 그 자신을 깨닫고 또 그런 방식으로 자신을 간직하고 보존하는 삶의 받아내기 속에서, 이 받아내기가 자기 안에 이르는 일로서 자기 자신에서 넘쳐나는 것의 자기 증대가 마찬가지로 이뤄진다. 보존의 받아냄은 과잉의 취기로 변한다.

이 과잉이 그 속성에서 삶의 작용이자 그 결과처럼 파악되는 한에서 그것이 행하는 것은 불가항력적으로 긍정되고 조금의 반박도 허용하지 않는다. 자기에서 자신을 증대하는 일과 자기 자신에서 넘쳐나는 일은 자기를 짊어지는 일이다. 그 결과 과잉과 함께, 또 그와 같은 때에 짐 또한 증가하고 증가하기를 멈추지 않는다. 그처럼 존재의 무게가 있다. 그 무게는 경험적 성격, 어떤 좋지 못한 정황의 산물이 아니면서 원칙에서 존재에 속한다. 오히려 그것은 삶의 결과로서 삶의 작용의 결과로 생긴다. 그 결과는 이 작용과 마찬가지로 초월론적 결과다. 그 무게가 너무 무거워진다는 건 짐처럼, 게다가 견딜 수 없는 짐처럼 겪어질 수 있다는 것은 삶이 그것이 짊어진 것, 곧 그 자신을 내려놓는 게 불가능하다는 사실과 관계있다. 이 불가능성이 짐을 배로 하고 그것을 받아들일 수 없게 한다. 견딜 수 없는 것은 이처럼 그 현상학적 현실화에서 삶의 내적인 본질일 뿐이다. 더는 그것인 것으로 있을 수 없는 '자기 자신을 견디는 일'이다.

이곳에 모든 문화와 야만으로 그 가능한 전환의 원천이 있다. 문화는 시도와 실행의 전부다. 그 속에서 삶의 과잉이 표현된다. 그런 것은 모두 '짐'을, '지나침'을 동기로 갖는다. 이 짐, 지나침은 내적으로 살아있는 주관성을 사용될 준비가 됐고, 짐 아래 그렇게 할 수밖에 없는 힘으로 준비된다. 그런 상황, 다시 말해 삶의 존재론적 조건은 예컨대 본래적 두려움과 공포에서 거리 두기로서 신화의 창조, '해방'으로서 시 따위, 문화의 큰 계획만을 결정하지 않는다. 그것은 사실 가장 대수롭지 않고 가장 평범한 모든 욕구에 있다. 욕구 또한 하나의 짐이다. 특수한 어떤 형태를 띠어서가 아니라 이러저러한 자연적인 욕구, 마시거나 먹는 욕구, 또는 성적 욕구여서가 아니라 견딜 수 없을 때까지 그 자신을 짊어지게 하는 주관성 때문에 그렇다.

서양 사고의 습관적 선입견은 그때 일어나는 것을 명확하게 이해하는 걸 방해한다. 우리는 주관성의 자기 자신을 깨닫는 일 속에서 생겨나고 이 깨달음의 절정에서 그 발생으로 인도된 힘의 사용을 그 자신의 존재론적 가능 조건, 곧 그 근본적 내재성의 부정이라는 모습과 달리 생각하지 못한다. 이 힘은 자신을 외재화하고, 긴장은 풀리고, 감정으로 실린 짐은 자기를 내려놓는다고 우리는 말한다. 어디서나 행위를 실제 외재화와 객관화로 해석한다. 그 결과 삶은 그런 과정에서 또 그 과정을 통해 영원히 삶 앞에 놓이고, 또 그처럼 삶에서 분리된 삶의 견딜 수 없음을 물질적으로 박탈당하고 본래 의미에서 그 짐을 내려놓는다. 그런 일은 불행히도 힘과 삶이 살아있기를 멈추는 일 없이 그 자체를 깨닫는 일을 멈출 수 없는 게 사실이라면 결코 일어나지 않는다. 이른바 객관화는 표상일 뿐이다.

두 개의 가능성이, 그리고 오로지 두 개의 가능성만이 결국 삶에 제공된다. 삶은 그것을 겪고 수용한다. 첫 번째 가능성은 바로 문화다. 만일 행위가 삶 속에서 말 그대로 그 본질을 이루는 것, 곧 자기에 관한 순수 깨달음이 무엇이든 그곳에서 나오는 파토스와 예를 들어 견딜 수 없음을 자기 밖으로 던지는 게 아니라면, 삶이 반대로 그것을 자기 안에 자신인 것으로 그리고 자신을 추동하는 것으로 붙든다면, 삶은 결국 그 파토스를 감당해내는 쪽으로 향한다. 삶의 작용은 그 파토스 자체의 성취와 실재성, 그것의 역사historial인 것이외에 다른 목적, 또는 더 낮게 말하면 다른 실재성을 지니지 않는다. 촉발성 속에서 존재와 우리가 맺는 관계를 끊는 대신 삶은 그 관계를 현재화한다. 그 관계가 강렬해질수록 행위 자체가 더욱 강렬해진다. 그 결과 행위는 자신에게 알맞게 된다. 존재와 우리의 파토스적 관계에 알맞게 되고, 그것을 표현하고, 관계와 함께 자신을 증대하고, 또 그 관계를 증대할 수 있는 행위의 모습, 그런 것이 바로 모든 영역에서 문화의 창조다. 그런 창조는 어떤 방식에서도 작품을, 위대한 예술 작품이나 문화 일반을 가리키지 않는다. 주관성이 그 안에서 그 고유한 작용으로서 존재와 그 파토스적 관계의 본질적 방식 중 하나를 성취하는 한에서 그것은 주관성에 열린 길이다. 문화는 이 열리고 주어진 길 전부다.

이제 우리가 존재와 파토스적 관계 속에서 그 현상학적 현실화로서, 자기에서 자신을 증대하고 극단까지 자기를 짊어지는 것에 관한 불가항력적인 깨달음으로서 일어나는 것을 에너지라고 부른다면, 모든 문화가 에너지의 방출이요, 문화의 형태는 이 방출의 구체적인 방식임을 본다. 방출인 것을 이해해야 한다. 에너지를 방출한다는 건 그것을 내쫓는 걸 의미하지 않는다. 소비되고 점차적으로 고갈되어 사라지는 걸 의미하지 않는다. 삶의 법칙, 우리 자신인 초월론적이고 절대적이고 현상학적인 삶의 법칙은 엔트로피가 아니다. 이 삶의 실재성은 물리적 실재성과 아무 관계가 없으며 그로부터 이해할 수 없다. 문화에 부과된 모든 과학적 본보기는 의미 없다.

반대로 에너지를 방출한다는 것은 그것에 자유로운 흐름을 주고, 그 존재를 펼치고, 그것이 증대하도록 허용하는 걸 의미한다. 그럼으로써 문화 행위는 자신을 증대하는 것을, 다시 말해 그 자신인 것을, 곧 그 자기 촉발의 현실화 속에서 주관성의 자기 실현인 것을 에너지Energie에 허용하는 것 외에 다른 목적을 지니지 않는다. 우리가 구상한 대로의 문화 개념을, 다시 말해 행위로서, '실천'으로서 문화에 관한 해석을 단단히 붙잡음으로써만 문화 행위에 관한 궁극적 이해에, 그 '이로운' 성격에 관한 궁극적 이해에 우리는 올라설 수 있다. 문화를 그 '작품'으로 끌어내리는 표상의 형이상학이 지닌 눈길에서 문화를 벗어나게 하고 작품에 그 고유한 장소, 곧 주관성을 복원하는 게 중요하다. 상상을 통한 예술 작품의 지각이 궁극에는 주관성의 자기 증대로 되어 있고, 그것을 가능하게 할 때마다 에너지로 되어 있고, 그것과 같을 때마다 그 명백한 객관성 속에서 예술 작품은 있다. 그처럼 예술 작품, 문화 작품 일반은 우리가 말한 의미에서 창작이다. 다시 말해 작용, 주관성의 작용이다. 이 작용은 주관성의 본질에 적합하고 그 성취와 같다.

하지만 문화는 그 작품에 제한되지 않는다. 왜냐하면 그 실재성은 실천이며, 실천은 자기 증대의 하나, 에너지 방출의 한 모습이므로 실천의 모든 결정은 자기 안에서, 그 순수 주관성 속에서 문화의 한 방식이기 때문이다. 모든 눈은 더 많이 보려 하고 보인 것의 배치와 이 배치의 창작 속에서 그런 요구, 곧 봄의 에너지가 현실일 때 문화가 있다. 이 에너지가 그 자체로서 봄, 다시 말해 봄이 자기에 이르는 일과 자신을 증대하는 일 속에 이르는 일, 그 힘의 의지, 다시 말해 매우 정확히 그 힘, 그 봄의 에너지라 불리는 것 속에 이르는 일에 있다는 점은 이제 우리에게 매우 뚜렷하다.

문화가 작품으로, '인간의 천재적 작품'으로 정의되지 않고 그런 식으로 매번 예외로 생기는 것에 한정되지 않음으로써 그것은 이런 이유에서 삶 전체로 확장할 수 있으며, 따라서 삶의 모든 욕구에 있고 그것과 분리될 수 없다는 점 또한 우리에게 매우 뚜렷하다. **왜냐하면 그것을 욕구로 만드는 것, 아주 정확히 그것을 문화로 만드는 것이 거기 있기 때문이다.** 단지 그 자체 안에 없는 뭔가에 관한 욕구, 단순한 결핍이 아니라 자기에 관한 욕구라는 사실이다. 이 자기에 관한 욕구 안에 모든 욕구의 지속과 그것을 문화의 욕구로 결정하는 것이 있다. 바로 삶의 절대 주관성이 자신을 증대하는 일 속에서 자기 안에 이르는 일이다.

이 증대 속에 노력이 자리한다. 왜냐하면 우리가 그런 증대와 일치하는 한에서 아무것도 우리에게 외재적이고 우리와 독립적으로 일어나지 않기 때문이다. 삶이 자기 안에 오는 일 안에 우리는 자리하고, 그것은 우리 자신으로 우리를 이끈다. 그 일은 마찬가지로 우리를 우리로 향하게 하는 운동이며, 따라서 우리인 것이고 우리가 하는 것이다. 그 운동이 우리의 자기성ipséité을 구성하기에 그것은 우리인 것이다. 그 운동으로 이끌리고 그 운동이 자기에게 일어나는 한에서 우리 자신에게 일어나는 우리 존재, 곧 그 운동 안에서 우리 존재는 그처럼 그 운동과 함께 우리의 행위이기에 그것은 우리가 하는 것이다. 우리 행위가 결코 놓지도 만들지도 않은 것이, 그렇지만 우리 행위에 그것인 모든 것과 그것이 하는 모든 것을 준다. 그것은 그처럼 우리 자신의 행위가 된다.

이 행위는 결국 다음과 같은 끝없는 과정과 결코 분리할 수 없다. 그 과정에서 절대는 자기 안에 이르고 자기를 역사화한다. 그렇지만 그 과정은 자기 증대로서 전적으로 현상학적이며, 받아내기와 즐기기로 이뤄진다. 그 과정으로 이끌린 우리 자신이 그 과정을 이뤄낸다는 사실은 우리를 이 받아내기와 증대의 현상성 속으로 던진다. 에너지는 그것이 자기 안에 있듯 우리 안에 있다. 곧 이 최초의 받아내기는 그것이 그 자신과 존재의 관계이듯 존재와 우리의 파토스적 관계다. 우리의 에너지, 우리 존재의 증대 속으로 우리를 이끄는 것으로서 우리가 받는 그 에너지를 사용하는 일은 반드시 이 받아내기를 가로지르는 일이다. 이 가로지름은 우리의 노력이다. 존재 작용에 자리한 우리가 이뤄내는 것이다.

여기서 모든 쇠퇴 과정의 특징과 말 그대로 그 가능성을 이루는 것, 반드시 쇠퇴가 일어나는 원천 지점이 보이고 이해될 수 있다. **야만은 사용하지 않은 에너지다.** 왜 한편으로는 에너지가 그런 상태로 머무는지, 다른 한편으로는 무엇이 그 결과로 생기는지, 이 두 물음은 문명 쇠퇴에 관한 모든 성찰의 피해갈 수 없는 주제를 구성한다. 그런 물음을 이어나가기에 앞서 하나의 명백함이 이미 있었다. 그리고 그와 함께 조제프 드 메스트르의 지적에 관한 이해가 있었다. 그 지적을 따르면 야만은 앞서 존재하는 문화 형태에 비해 늘 이차적이다. 해체 과정에서 문화의 전복을 앞서는 건 역사적 상황, 주어진 문화의 역사적 상황이 아니다. 삶으로서 존재의 본래적 에너지다. 또는 차라리 우리의 삶, 개인과 집합의 삶, 따라서 사회의 삶인 그 삶과 관련해 그것이 절대의 역사에 놓이고 그 안에서 그처럼 성취된다는 사실이다. 문화의 아프리오리ᵃ priori와 마찬가지로 야만의 아프리오리는, 모든 아프리오리의 아프리오리는 이 절대적 삶이다. 그 안에서 우리는 살아있는 것이다.

그러면 왜 에너지가 우리 안에 사용되지 않고 머무는가? 어떻게 증대가 어떤 의미에선 그 고유한 본질을 어기면서 정체와 퇴행으로 뒤집히는가? 어떻게 어딘가 멈춤이 있고 있을 수 있는가? 증대는 받아내기의 횡단처럼, 그리고 노력처럼 성취되기 때문이다. 멈춤이 그리고 그와 함께 그 뒤집어짐이 발생하는 건 그 받아냄 단계에서 받아내기 속에서다. 왜냐하면 멈춤은 그 자체로서 근원에서 전혀 가능하지 않기 때문이다. 야만이 생기고 그 맹위를 떨치는 건 삶과 그 전개의 단순한 멈춤으로서가 아니다. 그 자기 부정으로서 그렇다. 마지막으로 이 최종 정황을 다시 검토하기에 앞서 멈춤이 그런 모습을 띠는 한에서 그 멈춤을 그려내보자. 어떻게 그것이 결코 단순한 멈춤이 아니라 이미 거부이자 뒤집어짐인지 오늘날 세계에서 우리가 그것을 쉽게 지켜볼 수 있는 대로 그것을 그려내보자.

이 세계는 과학의 세계다. 세계에서 주관적인 모든 것과 주관성 자체를 배제하는 갈릴레이적 과학의 세계다. 단지 삶을 제거하는 건 가능하지 않다. 삶은 과학 내부에서 과학이 생각하지 못하는 것으로 살아남았을 뿐 아니라 살아있는 모든 것에게 그 본래적 주관성과 주관성 일반의 기본 욕구인 초보적 결정으로 자신을 이뤄내기를 그치지 않는다. 주관성의 욕구는 자기에 관한 욕구, 증대이기에 주관성의 모든 욕구는 이 욕구가 받아내기의 깨달음 안에서, 또 그로써 증대이고자 이 깨달음을 가로지르는 한에서 이런 방식으로 자기 안에 최초로 이르는 일로서 본질화한다. 그런데 바로 거기에 문화의 모든 과정에서 성취되는 것, 더는 과학 세계에서 성취되지 않는 것이 있다.

모든 문화는 증대 속에서 욕구를 지닌다. 그것은 세계가 그 여러 모습에서 이 욕구의 심상을, 말하자면 주관성과 관계에 놓이고 이 관계 속에서만, 게다가 존재하면서 예를 들면 보인 것이 봄과 관계

속에서만 존재하듯 증대 속에서 주관성을 자기와 관계에 놓는 것의 심상을 제공하는 방식으로 세계를 배치한다. 이처럼 주거에 관한 기본 욕구만을 참고하면 모든 건축, 주거지, 무덤, 묘석, 공공건물, 마을과 도시 전체는 반드시 문화 세계에서 삶에, 인간의 모든 의미에, 그리고 더 일반적으로 주관성의 모든 힘에 그 본질을 실현하게 해주는 제안 전체처럼 정돈된다. 유기적 주관성이 지닌 힘의 상상적 사용의 모습으로라도 더 많이 보고, 느끼고, 사랑하고, 행동하게 해주는 제안 전체처럼, 또 그처럼 주관성 그 자체의 본질을 실현하게 해주는 제안 전체처럼 말이다.

우리가 바로크 양식의 벽면에 관해 그것이 살아있다고 말한다면, 이는 그 벽면이 관람객의 몸에서 그의 본래적 몸성corporéité을 함께 구성하는 잠재적 운동을 일깨움에 따라서다. 수평과 수직을 따라 벽면에 가해지는, 보태지고 서로 다투는 힘의 작용, 땅에서 나오고 기둥으로 집중되고 하늘을 향해 치솟고 앞으로 불쑥 나온 돌출부의 무게 아래 짓눌린 채 그 힘을 어지럽게 증폭하게 하는 광란의 에너지, 중앙에서 멀어지면서 중앙 위쪽으로 매달린 숨 가쁜 균형 속에서 움직이지 않으려고 중앙 쪽으로 다시 밀리기에 앞서 모서리의 문설주에 부딪히는 충동, 또는 파도의 광란적 질주. 그 안에서 보로미니[42]는 산 카를로 알레 콰트로 폰타네성당 벽면을 휘게 하는 데 겁내지 않았다. 이 모든 움직임은 삶이 자신을 껴안은 일과 이 껴안음의 초과된 힘 속에서가 아닌 다른 곳에서 그 장소도, 그

---

42 Francesco Borromini는 이탈리아의 건축가로 바로크 양식의 대표주자. 그가 지은 로마의 산 카를로 알레 콰트로 폰타네성당은 바로크 양식의 다이내믹한 곡선과 회화적 기법을 사용하는 자유분방한 건축적 특성을 가지고 있다.

가능성도 지니지 않는다. 이것이 왜 그 움직임이 이 껴안음으로, 이 껴안음 그 취기의 파토스 속에서 수행되는가에 관한 이유다.

그런데 이 에너지가 쓰이는 건 한 번 더 말하지만, 예술 작품에서만이 아니다. 문화 세계의 모든 일상적 태도가 그런 쓰임을 허용하며, 그런 쓰임으로써 결국 추동된다. 노동은 예를 들면 수천 년 동안 마르크스가 말한 대로 "노동력의 소비"처럼 제시됐다. 우리는 그 노동을 매우 힘들고 혐오감이 드는 그 모습 너머 견딜 수 없는 것의 푸닥거리(엑소시즘)가 그 안에서 은밀하게 행해지는 한에서만 견딜 수 있었다. 하지만 살아있는 실천으로서만, 기관organe의 주관성이 지닌 힘의 확장으로서만, 또 그처럼 주관성 자체와 그 에너지의 마지막 실현으로서만 노동은 그것이었다.

더는 교회도 성전도 없는 세계, 가장 수수하고 가장 실용적인 건축물 위에 더는 박공이 얹혀 있지도, 그 건축물이 주랑을 옆에 끼고 있거나 에페소스에서처럼 앞에 두지도 않는 세계, 노동의 조직화가 더는 기관의 주관성에 뿌리를 두지 않고 노동이 지닌 힘의 내적 배치의 내재적 작용에 따른 그 힘의 현실화가 더는 아닌 세계, 그 힘이 그 자체에 오는 일과 또 그처럼 그것이 지닌 에너지의 '방출'이 더는 아닌 세계를 우리가 가정했을 때 그 방출의 감정 대신 깊은 거북함이 존재에 영향을 미치고 그것을 오싹하게 만든다. 자기 증대와 또 그처럼 자기에 관한 취기 속에서 자기 자신의 바탕에 접근하면서 그 존재를 다하지 못한 채, 모든 욕구와 모든 움직임은 더는 즐거움으로 변하면서 자신을 넘어서지 못하는 받아내기 속에서 꼼짝 못하고 갇힌 채 그 여정의 중간에 머무르듯 남는다. 삶의 에너지가 사용되지 않고 머무를 때마다 문명에는 거북함이 있다. 가장 자기 자신인 것으로서, 절대 주관성이 자기에 이르는 일로서 삶을 이루는 '최대'를 현실화하는 게 허락되지 않기에, 더는 아무것도 인간에, 그가 보거나 하는 일에 그가 지닌 에너지에 걸맞은 무한한 일로서 제시되지 않기에 삶은 그 상태로 머무른다. 자기 안에 끝없이 오는 일 속에서 삶의 무한한 자기 증대의 되풀이를 인간은 더는 만족하지도, 그것에 더는 응답하지도 못한다.

그렇지만 이 옴은 증대도, 그것에 내재적인 '최대'도 멈추지 않는다. 그러면 극도의 긴장 상태가 생기고 그 안에서 개인은 발버둥친다. 개인 안에서는 최대를 만드는 삶의 운동을 통해 최대가 만들어지기를 그치지 않지만 그 에너지가 방출되도록 허가해줄 그 무엇도 그 안에서 이뤄지지 않는다. 그가 지닌 어떤 힘도 자기 끝까지 가면서 그 안에서 오르는 삶에 적절하고 그것에 알맞은 방식으로 사용되지 않는다.

사용되지 않은 에너지에 대해 우리는 그것이 억압됐다고 말할 수 있다. 그런 억압이 의미하는 것, 바로 거기 분명하게 해야 할 것이 있다. 억압된 것을, 이 경우엔 에너지를 경험 밖에, 밤의 저 세계에 두는 게 아니다. 그 세계에서는 모든 소는 검은색이며 그 세계에 관해 우리는 아무거나 말할 수 있다. 오히려 에너지는 그 자체에 주어지고 그 자체를 짊어진 채 억압 속에 살아남는다. 마치 그 자신의 작용인 듯 그 에너지에 알맞은 어떤 작용도 개인 안에서 일으키지 않고 증대를 즐기는 일로 어느 순간에도 뒤집어지지 않는 한 그 짐은 매 순간 더 무거워진다. 그 자체 안에서 움직이지 않은 채 자신의 순수 받아냄(괴로움)[43]에 맡겨지고 축소된 에너지는 그 받아냄(괴로움)을 견딜 수 없는 것으로 산다. 그러나 그것을 에너지는 피할 수 없다. 그것에서 에너지는 도망칠 수 없다. 자신에게서 도망칠 수 없는 불가능성이 이 불가능성의 불안이 된다. 그처럼 에너지는 그 억압 한가운데 자신의 감정과 함께 그대로 머문다. 자기 자신을 견딜 수 없는, 그리고 불안으로 바뀐 그 감정affect[44]은 다른 어떤 것으로든 바뀌기를 바란다.

하지만 증대와 문화의 길은 닫혔고, 받아내기가 받아냄 속에 웅크리고 있기에 에너지는 더는 지속적인 문화화 과정을 따르는 예술의 거대 작업이나 일상적 삶의 작업 속에 자신을 쏟아붓지 못한다. 그런 에너지는 결국 이제 막 밝힌 의미에서 사용되지 않은 채 남게 된다. 그로써 에너지는 제거되지 않고 격화된 듯 있게 된다. 에너지가 현상학적으로 나타나는, 부인할 수 없는 방식인 감정은 커지는 거북함의 모습을 띤다. 에너지는 결국 방출되고자 한다. 하지만 이번에는 앞서 닦인 길을 따른다. 그 길을 따라서 즉각적인 해소가 얻어진다. 하지만 헛수고다. 매우 고도화하고 고된 일에 자신을 쏟을 수 없는 에너지의 쇄도는 우리가 그것을 몰아내고자 하는 차원에 그대로 다시 있게 된다. 그대로 있거나 오히려 최대를 최소에서 분리하는 모든 다름으로 증대된 채 있다. 사용되지 않는 에너지의 몫과 그와 함께 거북함은 커지기만 할 뿐이다.

---

43 이때 받아냄은 이제 그 자체로 괴로움이다. 받아냄이 처음부터 괴로운 무엇은 아니다. 그러나 이 과정을 통해서만 자기 무게 때문에 그것은 괴로움이 된다. 'Souffrance'는 본디 받아냄을 뜻하지만 우리는 일상적으로 그 과정의 끝에서만 이르는 괴로움이란 뜻으로 그것을 사용한다고 앞에서 말한 바 있다._옮긴이 주
44 '촉발'로 옮긴 'affection'은 보통 '감정'이란 뜻을 지닌다. 촉발된 것, 일어난 것이 결국 느낀 바로서 감정이기 때문이다. 미셸 앙리는 프로이트의 용어인 'affect'와 'affection'을 서로 구분해 사용하지 않는다._옮긴이 주

같은 상황이 그때부터 무한히 되풀이된다. 느끼거나 생각하거나 행동하는 일이 더 거친 모습으로 웅크릴 때마다 그것은 자유로운 에너지의 추가 흐름과 더 큰 불만족과 새로 점점 더 그것을 내쫓고픈 욕구를 야기한다. 그처럼 집중과 고정이 모든 순간에 더 일시적으로 된다. 마치 지나치게 많고 빠른 전류처럼 자유로운 에너지의 모든 흐름은 그 굴곡을 따라 땅에 물을 대는 대신 수로와 운하를 침수한다. 마침내 그것은 넘쳐서 모든 걸 앗아간다. 자체의 수단에, 곧 삶의 수단에 알맞은 일을 자체에 줄 수 없는 문명의 무능력은 그 통제되지 않는 에너지의 격앙을 일으킨다. 그리고 늘 그렇듯 무기력함은 폭력을 낳는다.

삶의 관점에서만 이해될 수 있는 것에 외부의 눈길을 던지면 우리는 감정적이고 에너지론적인 집중이 함축하는 그 정도에 따라 행동의 여러 수위를 구별할 것이다. 어떤 이유에서 가장 지속적인 이유는 노력과 그 파토스 앞에서 뒷걸음질하는 건데, 노력이 요구되는 상위 차원의 포기가 하위 차원의 에너지 후퇴를 야기할 때마다 피에르 자네[45]의 날카로운 눈길이 간파할 줄 알았던 역설적인 현상을 우리는 지켜본다. 에너지 감소와 약화를 의미해야 할 이동이 반대로 하위 행동에 극단적이고 무질서하고 비일관적인 성격을 주며, 그 행동을 언어가 알아서 난봉이라 부르는 것으로 만든다.

하지만 정신 경제학에 대한 이 천재적 해석이 뚜렷하게 보지 못하는 것을 지적해야 한다. 상위 행동의 전개를 이제부터 불가능하

---

45 Pierre-Marie-Félix Janet는 프랑스의 심리학자, 정신병리학자. 프로이트보다 일찍이 1889년에 무의식 개념을 세웠다. 히스테리에 대해 상세하게 연구해 그것을 '의식의 협소화狹小化' 때문에 일어난다고 주장했으며, '정신쇠약'이라는 개념도 세웠다.

게 하면서 하위 행동의 차원으로 에너지를 옮겨가게 하는 건, 거기서 에너지는 극단적인 모습으로 다시 나타나는데 에너지의 실제 추락은 아니다. 에너지의 추락이 설명되지 못한 채 있기에 피에르 자네는 신체적 원인으로, 게다가 알려지지 않은 신체적 원인으로 그것을 돌리는 것 외에 다른 도리가 없었다. 어쨌거나 정신 영역에서 나가야 했으며, 정신 안에서 이해의 내적 원리를 찾는 걸 포기해야 했다. 그런데 우리가 그려내는 과정의 기원에 있는 건 그 고유한 본질에서 주관성 자체지 에너지의 이해할 수 없는 결함이 아니다. 개인이 책임지지 못했기에 잇따른 이동과 폭력을 일으킨 건 삶의 증대와 그 초과다. 악Mal은 늘 선Bien에서 오지 선 밖에 있는 원리가 아니다.

다른 한편으로 그 감탄할 만한 병리학에도 자네는 인간 본성이라고 부를 수 있는 것에 속하는 것으로, 게다가 심지어는 그것을 규정하는 것으로 행동 수위의 서열을 생각했다. 현저한 능력으로 지성이 있으며, 단지 그 아래로만 행위, 감성, 촉발성의 여러 차원이 있다. 에너지에 기준이나 밝혀주는 것으로 쓰이는 건 지성이다. 에너지의 고갈은 지적 활동의 중단을 불러오고 감정적 반응으로, 그리고 극단적인 때에는 여자나 어린아이나 정신병자에게서 관찰할 수 있는 것처럼 단순 반응으로 그것을 대체하도록 한다. 하지만 정신의 이런 층은 생각할 수 없다. 단지 그런 층이 전혀 근거 없는 전제를 되풀이해서가 아니다. 삶이 삶이고 에너지가 삶의 본성 자체에서 솟아난다면 그 에너지의 역사는 지성과 마찬가지로 감성을 산다. 받아내기의 깨달음을 통한 증대나 자기 불만족의 여러 모습을 지닌 그 억압은 모든 차원에서 문화와 야만의 조건이다. 문화의 발전은 총체적이다. 야만의 과정은 개인적이고 사회적인 방식에 차례로 영향을 끼친다.

하지만 에너지가 후퇴할 때마다 삶 자체와 마찬가지로 에너지가 생겨나기를 그치지 않기에 불만족, 이 사용되지 않은 에너지가 자신에 관해 지니는 깨달음은 커진다. 결국 야만의 형상을 그리면서 매우 명백한 방식으로 두 개의 길이 그 에너지 앞에 열린다. 이 후퇴 과정에서 에너지도 감정도 사라지지 않으며, 반대로 그 과정을 통해 더 높은 긴장 단계로 이끌리기만 할 뿐이기에 더 초보적이고 거친 행동으로 귀결돼야 하지만 오직 그뿐이 아니다. 후퇴와 함께 그리고 그것이 낳는, 커가는 거북함과 함께 이 거북함 안에서, 그리고 이 거북함이 자체에 가하는 점점 더 강렬해지는 압박 아래 이 거북함에 종지부를 찍는 유일한 수단처럼 자기 밖으로 도약이, 곧 외재성 속으로 도망침이 일어난다. 이 외재성 안에서, 자기에게서 도망쳐야 한다. 우리인 것, 이 거북함과 이 받아냄(괴로움)의 무게를 벗어던져야 한다. 다만 이 도망침이 그 자신의 파토스에, 말하자면 그것은 불만족에서 나오므로 이 불만족에 붙잡혀 있기에, 또 이 불만족은 그 자체에 붙잡혀 있기에 그것이 도망치고자 하는 것과 분리되고 그것을 길에 내버리는 대신 그것은 그 모든 행보에서 이것을 그 안에 지니고 이것을 다시 만들어낸다.

결국 단 하나의 출구가 남았다. 우리가 벗어버릴 수 없는 이 거북함과 이 받아냄(괴로움)을 전적으로 파괴하는 일이다. 그렇지만 그런 것은 자기 자신을 깨닫는 일 속에, 또 그처럼 삶 속에 그 가능성을 지닌다. 따라서 제거해야 할 것은 삶, 삶 자신의 본질이다. 자신을 파괴하는 행위가 그것이 없애버리고자 하는 본질을 그 안에서 현실화하고 긍정하는 조건에서만 가능한 게 사실이라면 자기에게서 도망치는 일보다 더 이 자기 파괴autodestruction는 그 목적에 이르지 못한다. 자기에게서 도망침으로써, 그리고 같은 방식으로 자기 파괴로서 삶은 그처럼 자기 안에 머문다. 그런 방식으로 삶은 세계에 살아남는다. 사람들은 그 세계에서, 야만의 세계에서와 마찬가지로 과학의 세계에서 삶을 몰아냈다고 주장한다.

야만은 결국 그것인 것으로, 곧 자기에게서 도망치고 자신을 파괴하려는 삶의 계획 한가운데 삶을 유지하는 일로서 인정된다. 왜 그런 계획이 실패하는 데서 오는 일종의 열광과 함께 쉼 없이 다시 시작되는가에 관한 이유가 있다. 그 계획은 실패에 이르지만 먼저 실패에서 나오고, 그 실패의 파토스가 그것을 그 모든 단계에서 동반하며, 일종의 아프리오리처럼 야만의 세계를 총체적으로 결정한다. 그리고 거북함이라는 표식 아래 그 어느 때보다 오늘날 더 지각되는 독특한 특성을 야만의 세계에 준다.

우리는 자기에게서 도망침이란 이름 아래, 우리 눈 아래 일어나는 거의 모든 것을 정리할 수 있다. 그 자체로서 과학이 아닌 우리가 여러 차례 강조했듯 갈릴레이적 자연 과학이 유일하게 가능한 지식, 유일한 진리를 구성한다. 그 결과 과학의 대상 이외에 참된, 다시 말해 실재성으로서 다른 실재성은 없다는 믿음을 갖는다. 그 자체로서 과학은 그것이 과정 속에서 규정하는 자연에 관한 앎으로서 아주 실증적이다. 인간은 그 자격에서만 실재적이고 그와 관련한 모든 지식은 이 유일한 과학의 한 방식이나 모습일 뿐이다. 여기서는 이데올로기, 곧 과학주의와 실증주의가 과학을 대체했다. 하지만 이데올로기의 눈길 속에서 세계는 이제 과학의 세계로 파악된다.

그렇지만 이데올로기는 그보다 더한 뭔가를 의미한다. 실제로 중요한 것은 지식을 과학 지식과 동일시하고 인간의 실재성이 과학 대상의 실재성이라는 믿음이 아니다. 그런 믿음을 다른 모든 것, 곧 문화의 모든 산물을 멀리하고 이 문화의 산물을 일종의 무해한 사치로, 놀이와 환각의 거울로 되돌리면서 한 세기 이상 퍼져 있게 한 방식이다. 그 내용보다 더, 또는 오히려 그 내용을 배로 하고 그 것을 독특한 빛으로 비추면서 과학주의적이고 실증주의적인 이데올로기의 수용, 곧 학자에서 문외한에 이르는 모든 정신 범주 사이에서 그것의 놀라운 전파는 이데올로기에 필수적인 조건으로 쓰이는 것을, 이데올로기와 시대정신의 유사성을, 또는 오히려 그들의 공통된 움직임을 적나라하게 드러낸다. 더는 자신을 견딜 수 없는 한 인간이 참된 존재에서 멀리 도망치는 일이다.

그런 도망침은 단지 이데올로기의 차원에서만 이뤄지지 않고 또한 실천의 차원에서 이뤄진다. 야만의 실천은 모두 그 실천을 진정으로 낳은 것이자 그와 함께 그 실천에 놀라운 통일성을 주는 것으로 야만을 그 안에 지닌다. 어느 것도 텔레비전보다 더 분명한 방식으로 이를 드러내주지 않는다. 과학의 정교한 지식 속에서나 매체의 무지와 상스러움을 통해 인간은 궁극에서 그 자신에서, 자신의 초월론적 삶에서 탈구하고자 한다는 이유에서, 또는 오히려 이 삶이 두 경우 같은 모습으로, 탈구의 모습으로 살아남았다고 해서 여기서 다른 도입부 없이 과학과 같은 차원에서 매체에 관해 말하는 게 역설적으로 보일 수 있다. 그렇지만 먼저 텔레비전이 기술, 곧 과학의 세계에 속한다는 걸 눈여겨보자. 단지 그것이 '기술적 방식'에 근거해서만이 아니다. 텔레비전에서 보이는 것은 그 방식의 고유한 존재로, 그 고유한 존재를 가능하게 한 기술 전체로 되돌려지지 않을 모든 것, 삶과 삶의 윤리를 빼고서 그 방식이 고안된 그대로 적용됐다는 사실이다. 움직이는 뭔가 앞에서 얼빠진 눈길의 조건으로 삶을 되돌리는 게 사람에게 '좋은지'와 '나쁜지', 다시 말해 그 안에서 이뤄지는 삶의 자기 증대auto-accroissement에 알맞은지, 그렇지 않은지 아무도 묻지 않는다.

텔레비전은 기술의 세계에 자리 잡는다. 기술의 자기 발전 속에서, 그 자율성 속에서 그 원리를 갖는다. 이 자율성은, 기술은 하나의 체계며 그 몇몇 발현, 예컨대 텔레비전에 이의를 제기하는 건 아무 쓸모없다고 말하게 한다. 문제로 삼아야 할 것은 그 자체로서 이 체계다. 하지만 그것이 체계인 한, 그것을 가늠하고자 그것에 놓이는 모든 눈길이 사실은 그 체계의 눈길이거나 그 반사된 모습, 그 자신에 관한 성찰에 지나지 않으면서 그 체계 안에 붙들려 있는 한 우리가 문제 삼을 수 없는 것이 바로 거기 있다. 모든 비판은 결국 너무 늦게 이른다. 그것은 요컨대 그것이 판단할 수 있다고 믿는 것의 한 결과, 한 변이에 지나지 않는다.

사실 누가 체계를 평가하고 체계와는 다른 곳에서, 근본에서 다른 장소에서 그 원천을 얻는 눈길을 체계에 던지려 할 수 있겠는가? 누가, 삶이 아니라면? 가능한 그 어떤 객관성도 아니고 객관성을 자기에게서 어쩔 수 없이 거부하기에 과학적으로 알 수 있고 결정할 수 있는 그 어떤 객관적 총체성도 아닌 삶이 아니라면? 그러나 누가 삶을, 그리고 특히 삶이 자신을 본질화하는 곳인 개인을 체계의 법칙과 구조를 따르는 체계의 한 요소로 되돌린다고 주장하는가? 삶을 부정하려는 의지가 아니라면? 삶을 존재자의 존재로 생각한 그 사실적 존재 속에서 물질적으로 제거하려는 계획이 아니라면? 어쨌거나 삶을 그 본질에서 부정하려는 계획이 아니라면? 초월론적 역사를 부정하려는 계획이 아니라면? 그 역사 속에서 있음Etre은 모든 외재성의 밖에서, 그 외재성 속의 존재자 밖에서 그리고 그와 무관하게 자기에게 일어난다. 언어학적, 경제적, 정치적, 미학적, '체계로서 무의식'과 같은 것을 주장하는 정신적 구조주의 따위, 일반적으로 또 그 모든 형태에서 구조주의는 어쨌거나 그것이 삶과 그와 함께 개인을 제거할 것을 자체의 목적으로 주는 곳어디서나 자기를 부정하려는 삶의 시도, 그 불만의 표현 외에 다른아무것도 아니다. 삶의 이 부정이 삶 자체에서 온다는 점은 모든 구조주의의 모순이며 그것을 부조리함 속으로 옮겨놓는다. 이 부조리함에도 구조주의는 '사유'의 모든 영역으로 그 지배를 확장했고, 여전히 확장 중이라는 점은 삶의 자기 부정에서 나온 세계, 기술과야만 일반의 세계와 그것의 깊은 유사성을 확인하게 한다.

기술 체계 속에서 텔레비전은 출현했다. 결국 이 기술 체계에 관한 물음으로 데려갈 것이라는 변명 아래 텔레비전에 관한 물음을 배제하는 것은 불가능하다. 기술 체계가 삶을 계속 참조하고 삶이 그것을 은밀하게 결정하는 이상 기술 체계가 이런 종류의 모든 체계와 마찬가지로 겉보기에만 기술 체계의 하나라는 게 사실이라면 말이다. 그처럼 경제 체계를 구성하는 모든 경제 현상이 삶에서 그 존재를 얻고 삶에서부터 이해될 수 있는 주관적 노동을 통해 발생함에 따라 경제 체계는 자본주의와 마찬가지로 허구적인 자율성만을 소유한다. 그 체계는 가짜 체계다. 과학기술 체계에서 비록 이 체계가 삶의 제거에서 나온다 할지라도 이 작용 밖에 두는 일은 결코 완전하지 않다. 한편으로는 물질적 장치가 주관적 몸에 정박소를 유지하고, 다른 한편으로는 또 본질적인 방식으론 체계가 삶을 작용 밖에 두는 일이 여전히 삶에서 나온다. 매체에 적용한 그런 확인은 매체가 발달한 설비로부터 매체를 이해할 수 없고, 매번 삶과 관련해 매체의 결과로 생기는 것에서만, 매체와 결합하는 것 때문에 삶이 놓이게 되는 태도에서만 그것을 이해할 수 있을 뿐이다. 매체와 특히 텔레비전의 문제는 결국 중요한 이동을 겪는다. 그 자체로서 도구적 존재가 그 외관의 명백함 속에서 자신을 드러내보이는 객관성의 장소에서 삶의 방식으로서, 실천으로서 그 실제 기능의 장소로 말이다. 결국 실천으로서 텔레비전이란 무엇인가? 다음과 같은 행동이다. 그 안에서 자기 안에 머무르고 쉴 수 없는, 자기 자신으로 충분하고 자기에 또 자신의 고유한 활동에 만족할 수 없는 삶이 자기와 분리되고 자기에게서 도망치고자 자기 밖으로 자신을 던진다. 만일 기술 체계 일반이 그런 목적성을 나타낸다면, 이 목적성은 매체와 함께 그 가장 극단적인 표현 형태를 얻는다. 텔레비전은 기술의 진리다. 그것은 전형적인 야만의 실행이다.

텔레비전이 외재성 속 투사라는 모습 아래 도망침이라는 것은 그것이 시청자를 영상(이미지)의 바다에 빠뜨린다고 말하면서 우리가 표현하는 것이다. 하지만 예술, 조형 예술과 문학, 시, 이런 것 또한 심상(이미지)을 우리에게 제시하지 않는가? 다만 미적 심상은 그 주관성 속에서 주관성의 자기 증대이자 또 그처럼 그 성취 속에서 삶의 본질 자체, 곧 문화일 뿐이다. 결국 영상이 주관적 삶과 맺는 내적 관계 속에서, 그리고 그 참다운 장소를 이 주관적 삶에 지니는 것으로서 텔레비전의 영상을 평가해야 한다. 텔레비전의 영상은 지루함에서 나온다. 지루함은 정확히 다음과 같은 감정 상태다. 그곳에서 사용되지 않은 에너지는 자기 자신에게 자신을 드러낸다. 지루함 속에서 매 순간 힘이 일어나고, 그 자체에서 부풀어오르고, 원하는 곳에 사용될 준비가 되었다. 하지만 무엇을 할까? "나는 무엇을 해야 할지 알지 못한다." 문화가 낸 고도의 길 가운데 어느 것도 그 힘이 자신을 사용하는 걸, 에너지가 자신을 펼치는 걸, 삶이 그 자신에서 자신을 증대하는 걸, 자신의 본질을 성취하는 걸 허용해줄 그 길 가운데 어느 것도 지루함에 모습을 나타내지 않는다. 그 길에서 결국 행위와 그 받아내기의 깨달음에 접어들면서 행위하지 않음이 지닌 숨 막히게 하는 것을 배출하도록 말이다.

문화가 낸 길 위에서, 그렇지만 우리가 이미 오래전부터 그 길에 접어든 한에서만 우리는 앞으로 나아간다. 작용은 창작자의 것이든, 관람객의 것이든, 독자의 것이든 결국 중단되지 않는 과정을 계속하는 일일 뿐이다. 그 과정을 통해 삶은 자신을 경작한다. 다시 말해 다른 과정에, 곧 자기 증대 속에서, 자기에 끝없이 오는 일의 과정에 자신을 준다. 두 번째 과정의 시간성을 특징짓는 것은 그것이 탈자태적이지 않다는 점이다. 그 안에서 아무것도 과거나 미래의 거리를 통해 분리되지 않는다. 그것은 자기 자신을 깨닫는 것으로서, 이 깨달음 속에서, 그리고 이를 통해 시간화한다. 그럼으로써 자신에게 등을 기대고 어떤 가능한 후퇴의 거리도 패이는 일 없이 마치 자신에게 부딪쳐 으스러지듯, 그것은 파토스고 전적으로 파토스다. 그것의 시간성은 이 파토스의 움직임 이외에 다른 아무 것도 아니다. 곧 받아내기와 즐기기의 결코 끊이지 않고 그처럼 중단되지 않는 충만함 속 절대의 역사다. 하지만 절대 깨트릴 수 없는 이 충만함은 에너지의 충만함이다. 그것은 삶 자신에 삶의 매우 강력한 있음Présence이자 이 삶의 힘을 매 순간 느끼게 하는 것이다. 매 순간, 곧 그 안에서 그 순수 자기 깨달음 속에서 그 힘이 더는 있지 않거나 아직 있지 않는 일 없이, 그런 일은 오직 그 힘으로선 있지 않는 한 방식인 데 그치지 않고 자기 자신 어디에나 있음 속에서 증대의 성장과 달리 시간화하지 않는 깨달음만이 있다.

이 성장은 '매 순간에', 다시 말해 이 성장에 맞추어 자신의 만족을, 곧 자신의 성취를 요구한다. 증대와 마찬가지로 파토스적인, 증대를 성취하지 못하는 일이 바로 지루함이다. "나는 무엇을 해야 할지를 알지 못하겠어."는 매 순간에 힘이 거기 있음을, 그 힘의 존재에 접어들었음을 의미한다. 하지만 어떤 실천도, 문화가 제공하는 어떤 길도 그 길을 계속 이어나가도록 허용하지 않음을 의미한다. 결국 자신을 성취하지 못하는 이 힘이 어떤 방식에선 자신을, 자신과 그 파토스를 잊어버려야 하며 자기 밖으로 도망치는 속에서 그렇게 해야 한다. 이 외재성 속에서 뭔가가 매 순간 눈앞에 일어서고 그것을 사로잡는 한에서 말이다. 바로 텔레비전의 영상이다. 매 순간은 이제 세계의 시간 속에서 그곳에 모습을 보이고, 그 시간의 법칙에 맞춰 곧 사라지는 것을 매 순간 그것만큼이나 견고하지 않고 비실재적인, 그것만큼이나 비어 있는 다른 뭔가가 또한 대체해야 한다는 걸 의미한다. 견고하지 않은, 왜냐하면 영상은 여기서 더는 예술에서처럼 힘이 자기 안에 오는 일과 그처럼 삶의 견고함이 아니라 반대로 자기와 거리 두기로서 이 견고함의 일관성을 흐트러트리고 일관되지 않은 것과 부조리한 것의 분산과 확산

속으로 그것을 글자 그대로 내몰기 때문이다. 비실재적인 왜냐하면 이 내몲의 계획 속에서 만일 그것이 그 목적에 이른다면 철폐되게 될 것은 말 그대로 감정의 실재성이기 때문이다. 이 계획이 끝까지 이르지 못하고 감정이 결코 자기를 내려놓을 수 없다는 건 지루함이 텔레비전의 영상만큼이나 오래 이 영상의 조건처럼, 이 영상의 실재성처럼 살아남았다는 걸 의미한다. 비어 있는 왜냐하면 자체 안에 힘의 오름 앞에서만 이 '앞'은 이 힘을 중단해야 할 것처럼, 그 힘에서 자기를 면하게 할 것처럼, 이 가득함의 비어 있음처럼 발생하기 때문이다.

힘의 '매 순간', 다시 말해 그 존재의 모든 지점에서 그 자기에 주어진 존재와 텔레비전 영상의 '매 순간', 말하자면 거기 앞에 있는 것이 생겼다 없어지는 쉼 없는 움직임 사이 존재론적 일치 또는 더 낮게 말해 합치는 완벽하다. 그 움직임 안에서 힘은 자기에게 가하는 숨 막히는 압박의 결과로 자신을 잊고 자신에게서 도망쳐야 한다. 삶이 자기에 오는 일의 흠 잡을 데 없는 견고함과 또 그처럼 이 옴의 영속성에 텔레비전과 매체 일반을 마치 그런 것이 움직이는 환경처럼, 그런 것이 숨 쉬는 공기처럼 결정하는 '현실성actualité'이 메아리친다. 표상된 것을 규정하기에 앞서 현실성은 그 자체로서 텔레비전 영상의 현실성이다. 그 현실성은 쉼 없이 새로운 영상이 솟는다는 사실을 나타낸다. 그 영상에서 줄곧 자기에게서 돌아서는 삶은 줄곧 자신을 잃어버린다. 현실적인 것은 이것이거나 저것이다. 거기 눈앞에 있는 것이다. 눈을 위해 그렇지만 다른 거기 있음에 자리를 바로 양보한다는 조건으로, 요컨대 무無 속으로 떨어진다는 조건으로 말이다. 하지만 새로운 거기 있음은 같은 운명에 처해진다. 현실적인 것은 결국 사실에는 아주 다른 것에, 나타나고 사라지는 움직임 자체에 자리를 양보한다. 이 움직임을 통해 삶은 줄곧 자기에게서 돌아선다. 늘 실망하고 늘 새로 생겨나는 호기심의 움직임이다. 텔레비전의 움직임 자체다. "텔레비전, 그것은 움직여야 해."

쉼 없이 재생산되는 그 자체로서, 곧 구체적으로 헤아린 영상의 나타남은 무언가가 그 장소를 차지하러 오기 위해 그려지고 열린 장소의 밑그림이다. 그 무엇 안에서 우리는 자신을 잃을 수 있다. 사라짐은 이 뭔가의 사라짐이다. 곧 다른 뭔가가 그곳에 미끄러져 들어오기 위한 장소의 해방이다. 나타남과 사라짐은 그처럼 삶이 자기에게서 떨어지는 행위, 늘 반복되는 그 행위다. 오직 그런 행위에 비춰볼 때만 사라짐은 완벽하게 이해된다. 사라짐은 영상의 내용이 그 자체로 어떤 흥미도 지니지 않는다는 것을, 그것이 먼저 다른 것으로 대체될 운명에 있다는 것을 가정한다. 그것이 반대로 참된 주의를 불러일으키고 그 자체로 가치를 지닌 함은 그것이 머무른다는 것을, 그것의 지각은 보는 자에게 그의 감성, 그의 지성의 증대를 불러일으킨다는 것을, 이 내적 작업에 몰두한 정신은 영상에 고정되고, 영상은 삼켜지는 대신 거기서 벗어나 시간을 초월해 문화적 대상에 속하고 그것을 응시에 이르게 하는 전초-시간성 속에 멈춘다는 걸 의미한다. 하지만 그때 삶은 더는 그런 영상 속에서, 자기에게서 도망치고자 하지 않는다. 삶은 오히려 그 영상 속에서, 자기 자신 속에서 자신을 이뤄낼 것이다.

그것이 바로 텔레비전의 '미학'이, 곧 모든 미학의 부정이 금지하는 것이다. '생중계'라는 건 어떤 구상도 준비도 없이 모든 게 현장에서 포착되어야 한다는 걸 말한다. 왜냐하면 진실은 사실의 돌발성으로, 순간성과 또 그처럼 사라짐과 죽음으로 되돌려지기 때문이다. 죽음이 이상적인 것으로 예술 자체에 제시될 때, 작품이 신문처럼 버려질 운명에 처했을 때, 거기 있을 자격이 있는 것이 내일에는 더는 아무 의미도 지니지 않고 결국 자기 안에 아무 의미도 지니지 않는 것일 때, 표면에 다시 떠오르고 그 흉측스러운 얼굴을 알게 하는 건 이 세계의 바탕이다. 삶의 자기 파괴, 자기 부정, 죽음이다. 텔레비전이 영상의 행렬이라는 점, 그런 연속이 격렬한 리듬으로 이어진다는 점, 기기는 언제나 모든 장소에서 작동한다는 점, 행렬이 정확히 절대 중단되지 않도록 채널과 모든 집에서 수상기를 다중화해야 한다는 점은 기기 자체와 그 장치와 관계하지 않고, 텔레비전의 존재론적 본질과 이것이 우리 세계에 완벽하게 일치하는 것과 관계한다. 실천으로서 텔레비전과 그 본질을 규정하는 현실성과 관계한다.

현실성은 현실적인 것을 결정한다. 거기 명백함이 있지 않은가? 다만 현실성은 우리가 그렇게 믿는 척하듯 아주 직접적인 방식으로 현실적인 것을 결정하진 않는다. 현실적인 것은 아주 단순히 거기, 지금, 객관적으로 있는 게 아닐까? 전 세계에 동시에 울려 퍼지는 이 순간에, 지금 거기 있는 건 바로 이 세계 전체, 사건과 사람과 사물의 총체다. 결국 선택해야 한다. 무엇이 이 선택을 이끄는가? 실재성 전체에 매체는 일람표를 던져 실재성으로부터 이 일람표에 일치하는 것만을 붙잡는다. 아침에 무장 강도의 습격, 빈센느Vincennes 숲에서 조깅, 경마 결과의 보고, 순회 중인 정치 광대의 몇 마디, 달러와 유가의 상승 또는 그 하락, 금값의 하락 또는 그 상승, 여자아이에 대한 강간이 일어났다고 추정되는 장소에서 가장 가까운 건물 수위의 인터뷰, 배로 대서양 횡단의 도착, 또는 세계 일주의 단계, 문학 그 자체가 인기 있는 말, 다크호스 따위와 함께 경마를 닮아 있는 때 상을 수여하는 순간의 문학. 신문 면에 연속과 병행의 전개 속에 잡힌 사건은 비일관성이라는 공통된 특성을 나타낸다. 따로 헤아렸을 때 그 사건은 모두 일회적인 사건으로 요약된다. 자초지종이 그와 함께 주어지지 않는다. 그 원인, 목적, 의미, 가치에서 맥락을 끌어내는 건 생각하고 이해하고 상상하고 삶을 제거해야 하는 때에 삶을 그 자체에 되돌려주는 일이 될 것이다. 비일관성과 피상성이라는 이중 조건 아래에서가 아니라면 아무것도 현실성 속에 들어오지 못한다. 결국 현실적인 것은 무의미한 것이 됐다.

이 무의미함을 통해 현실성 속에 들어온 건 스스로 그곳에서 나가고 싶어 한다. 그것은 제거되기 위해서만 놓였다. 시청자를 한 프로그램에서 그가 이제 막 떠난 것만큼이나 견고하지 않은 다른 프로그램으로 쉽 없이 옮겨가도록 종용하는 오늘날 우리는 스폿 광고가 텔레비전의 여러 제작, 현장 보고, 영화, 드라마를 중단한다고 불평한다. 하지만 어떻게 영상에서 영상으로 이 계속적인 뜀박질과 함께, 그리고 이 자기 모순적인 연속을 통해 매체가 그 본질을 실현하는지 보지 않으랴? 현실적인 것이 단지 비일관적이고 무의미한 것만은 아니다. 그것은 그래야 한다. 텔레비전이 부조리할수록 그것은 더 잘 그 임무를 다한다.

매체는 그것이 건드리는 모든 것을 타락하게 한다. 중요한, 더 나아가 본질적인 뭔가, 작품, 사람, 생각idée을 스치는 일이 그것에 일어나면 현실성 속에 그런 것을 놓으려는 사실 자체로 매체는 그와 함께 견고하지 못한 것 속에 그것을 놓게 된다. 왜냐하면 거기 앞에 잠시 있는 그런 방식과 함께 이 본질적인 것Essentiel의 존재, 말하자면 그 고유한 시간성에 따라 삶이 자기 안에서 커지는 일은 더는 가능하지 않기 때문이다. 결국 매체에 고유한 검열이 있다. 보통 일어나듯, 그리고 매체를 통제하려 다소 위선적으로 감춘 권력의 노력에서 보듯 정치적 검열만이 아니다. 또는 시대의 상투적인 생각을 모으고 그런 것을 통해 소통과 교환을 열망하는 모든 것을 거르는 이데올로기적 검열만이 아니다. 더 심각하고 근본적이고 집요하고, 마침내 결정적인 건 다음의 검열 형태다. 그 결과로서 문화인 모든 것은 그 본성 자체로 가차 없이 거기 앞에 한 순간 있음être-là-devant-un-instant에서 제외된 채 있다. 그런 있음은 매체의 고유한 존재의 새로운 차원이자 현대 세계에 특징적인 것으로 우리가 매체 존재라 부르는 것을 이룬다.

기술 세계보다 더 기술 세계의 산물인 매체 존재는 삶과 모든 접촉에서 분리되지 않았다. 왜냐하면 이 접촉 바깥에는 아무것도 없기 때문이며, 처음으로 자기에 오는 일로서 삶은 존재 자체의 조건이자 존재하는 모든 것의 조건이기 때문이다. 기술 세계와 매체 존재가 삶과 맺는 유일한 접촉은 바로 자기에게서 도망치려는 삶의 의지다. 매체 존재가 그런 의지에서 나온다는 걸 우리는 다음에서 본다. 곧 매체 존재 안에서 삶은 더는 아무것도 하지 않고 보는 것에 만족한다는 점이다. 예술 작품의 관람객이 보는 것처럼 보는 게 아니라 아무것도 하지 않으면서 삶의 그 어떤 내적 힘도, 보는 힘조차도 펼치지 않으면서 오직 그런 방식으로만 보는 것에 만족한다. 그처럼 보는 일 없이 보는 방식이 있게 된다. 그 보는 방식은 쉬울 뿐 아니라 무가치한 매체 영상을 상관항으로 함축한다. 이 무가치는 매 순간 영상의 자기 사라짐 속에서 그 표현을 찾는다.

매체 영상은 말하는 중인 누군가, 또는 공을 골대 한가운데로 날리는 레프트윙의 번개와도 같은 발사처럼 늘 삶의 표상이라는 점에서 삶과 그것의 궁극적 접촉을 확인한다. 삶과 이 궁극적 접촉에서 삶의 계획이 자기에게서 자신을 탈구하는 데 있다는 건, 어쨌거나 아무것도 하지 않는 데 있다는 건 그 자체로서 매체의 존재, 곧 매체 수단을 통한 존재가 증명해보이는 것이다. 그 존재에서는 그 자신의 삶을 사는 게 아니라 당신의 자리에서 말하고 움직이고 때리고, 옷을 벗거나 사랑을 나누는 남의 삶을 살아야 한다.

본능이 시청자에게 폭력으로서 힘, 에로티시즘으로서 사랑, 포르노그래피로서 에로티시즘과 같은 가장 세련되지 못한 표현 속에서 공들여 구상되지 못한 채 살아남았기에, 그리고 아주 단순한 표현으로 축소된 본능이 자신을 실제로 현실화하는 게 심지어 중요하지 않고 매체 영상 일반이 상상적 만족이므로 어떤 상상적인 기분 전환을 얻는 게 중요하기에 텔레비전은 그 완성과 진실을 관음주의에서, 중개인 자격의 깡패 무리나 어리석은 축구 경기 관람객 무리를 통한 집단 암살, 두드려 박기, 압축, 으스러뜨림, 목조르기, 짓밟기, 질식과 같은 구경거리가 될 만한 방식에서 암살과 같은 세기의 '스쿠프'에서 찾는다. 뒤집어지고, 발에 밟히고, 짓이겨지고, 납작해지고, 부정된 삶이 보여주는 처참한 광경! 하지만 삶의 이 부정은 작은 화면 앞에 수천 인파를 모으는 일을 매일 주재하는 그것과 다르지 않다. 이 부정의 참혹함은 광경의 참혹함과 다르지 않다. 그 광경을 오늘 저녁 즐기는 일이 그들에게 주어졌다. 그 광경 속에서 잠시 환각에 사로잡힌 그들의 눈앞에 반짝거린 건 매체 존재의 진실이다. 그들 자신의 진실이다.

매체 존재 속에 접어든 인류는 하강하는 나선을 관통한다. 그것을 따라 삶의 힘은 문화의 희생적 역사 속에서 발견되고 보존된, 느끼고 이해하고 삶을 사랑하는 여러 실천을 차례로 저버렸다. 그 역사 속에서 획득된 모든 것은 포기라는, 힘의 증가라는 대가를 치렀다. 이 조건에서 한 독특한 사건이 비극적인 중요성을 띠게 된다. 우리가 아직 충분히 눈여겨보지 않았으며 문화를 전달하고 발전할 책임이 있었던 기구를 앗아간 사건이 있다. 바로 대학의 파괴가 그것이다.

7

대학의 파괴

어떤 것이 다해갈 때 그 닥쳐오는 죽음의 원인은 그 안에 있거나 밖에 있다. 여기서는 프랑스 대학을 한 본보기로 들겠다. 대학의 경우 파괴의 원리는 그를 둘러싼 환경의 현실과 그 고유한 현실에서 읽을 수 있다. 같은 원리가 두 번 작용한다. 아니 오히려 사회 전체를 점차적으로 타락하게 하는 야만이 그 사회에서 대학의 개념에 맞는 대학의 유지를 불가능하게 하는 사회에서는 어디서나 작용한다.

대학Université이 무엇인가? 그 어원universitas[46]과 역사적 기원에서 함께 물려받은 의미를 따르면, 대학은 그것을 지배하는 법칙에 따라 구성되고 규정된 이상적 영역을 가리킨다. 그 자체로 보편적이고 또 그처럼 적어도 그것을 따르는 영역 내부에서는 어디서나 법

---

46 '공동체'를 뜻한다.

칙이 작용하기에 그 영역은 보이거나 숨은 방식으로 그 영역을 동질의 총체성으로 만드는 보편성에 영향을 받는다. 하지만 모든 인간 조직과 모든 사회는 법칙에 순응하지 않는가? 그 법칙은 입법이나 법률 사전에 나타나기에 앞서 그리고 그 자체로 삶의 법칙이다. 이 법칙에 관한 우리의 앞선 분석은 한편으로 에토스라는 그 본래적 모습 아래 윤리를, 삶과 사회 일반에 공통의 외연을 갖는 윤리를 그 자체로 구성하는 실천적 법칙이라는 걸, 다른 한편으로 삶의 이 법칙은 그 보존과 증대의 법칙이라는 걸 우리에게 보여줬다. 이런 방식으로 모든 사회는 본성에서 문화 영역이다.

대학이 그 역사적 기원에서 물려받은 지위를 먼저 명확하게 하자. 서양에서는 13세기와 14세기에 교황, 황제, 왕은 매번 엄숙하고 그 중대성을 의식한 결정을 통해 대학을 창설했다. 그리고 몇몇 과업과 활동에 헌신하는 이들이 그들의 과업과 활동을 성취할 수 있도록 나머지 사회에 해당하는 법칙과는 다른 특수한 법칙을 세운다. 결국 원리적인 주변성 속에서, 사실적이거나 우발적이지만은 않고 확고한 주변성 속에서 대학은 구성됐으며 그것이 구성된 곳 어디서나 그랬다. 그 자체로서 대학 기구의 이름으로 말하는 학장이나 총장의 명백한 요청이 아니라면 경찰과 사법이 지닌 보통의 권위가 대학 캠퍼스 내부에 침투할 권리를 지니지 못할 때 우리는 이 주변성에 관한 이해되지 않은 흔적을 오늘날 여전히 지켜본다.

그런 주변성에서 만일 대학 개념이 표방하는 것, 말하자면 제한되고 예외적인 보편성이 논리적 괴물로 제시되는 게 사실이라면 대학 개념은 모순을 지닌다는 게 따라 나온다. 하지만 그 모순은 바로 다음의 물음으로 우리를 돌려보낸다. 일반적으로 사회를 지배하는 것과 다른 법칙과 규칙은 왜 대학이라는 역설적인 보편성을 설립해야 했는가? 겉보기에 형식적인 이런 물음은 그 자체로서, 일반적 본질로서 사회는 존재하지 않으며 말해진 사회의 법칙이 사실은 삶의 법칙이라는 걸, 그 보존과 증대의 법칙이라는 걸 우리가 기억했을 때 아주 구체적인 의미를 띠게 된다. 다만 삶은 개념의 모습으로도, 일반적인 개체entité의 모습으로도 존재하지 않는다. 자기 자신을 깨닫고 오직 이 자기에 관한 깨달음으로서, '있을' 뿐인 것으로서 삶이 생겨나는 것은 매번 자기Soi의 모습 아래 이 자기의 현실화로서, 자신의 현실적 경험으로서다. 결국 역사도 사회도 있지 않고 오직 '살아있는 개인'만이 있다. 이 개인의 운명은 절대Absolu의 운명이다. 절대는 절대 주관성으로서 무한히 많은 모나드를 통해서만 일어난다. 절대는 그 모나드의 유일한 기반을 이룬다.

우리 문제와 관련해 위에서 언급한 상황은 다음처럼 표현된다. 어떤 활동을 통해 개인은 그 생존에 필요한 재물을 생산하는데, 그런데도 모든 시대와 생산 분야에서 전형적인 모습을 띠는 그 활동에서 개인은 매번 자신의 경험임에도 공통된 특성을 나타낸다고 가정되는 경험의 장소다. 그 공통된 특성이란 바로 '사회 법칙'이 그 이론적, 이데올로기적, 그리고 특히 사법적 표상과 함께 그 활동의 전형적 모습이라는 것이다. 한 번 더 표상 속에서 그리고 표상 덕분에 사회 실천의 일반적 항목을 그리는 것이 가능하다. 하지만 사회 실천의 본질은 자기 안에서 표상될 수 없고 모나드로 머문다. 이제 '시대'에 관해, 다시 말해 이 생산 활동의 역사에 관해 말해야 한다는 결론이 궁극에는 모든 모나드 안에서 삶은 보존일 뿐 아니라 증대라는 데서 생긴다. 그런 방식으로 모든 활동이 추구하는 '자기 자신의 최대'로서 '최대'가 이미 물질적이라고 말해진 삶, 다시 말해 물질적 재물을 생산하는 삶의 차원에서 실현되기에 그것은 이 삶을 '진보'로, 자기 변화로서 적어도 잠재적인 변화로 결정한다. 다른 말로 하면 문화로 그것을 만든다.

그러나 이 최대가 성취되건 안 되건, 엄밀히 말해 문화가 관계하든 퇴행의 한 단계가 관계하든 사회 안에서 그 사회의 실천을 구성하는 활동의 일부만이 경제의 사회적 노동을 규정하는, 우리가 말했던 전형적인 모습을 따른다는 게 모든 사회의 일반적 법칙이다. 이 활동이 일정한 개인의 활동이기에 그들의 역사는 먼저 사회의 역사가 아니다. 그것은 객관적이고 주관적인 의미에서 역사Histoire가 아니다. 생산의 전형적 모습, 그 역사가 아니다. 그것은 개인의 역사다. 14세기와 20세기가 아닌 개인이 태어나면서 시작하는 그 자신의 역사고, 여기서는 개인의 초월론적 탄생을 의미한다. 말하자면 개인 안에서 절대 주관성의 소리 없는 첫 현실화가 그것이다. 첫 재림Parousie의 제로점에서부터 믿기 어려운 발전이 일어난다. 그 고유한 본질과 보존과 증대의 계속적인 과정에 맡겨진 삶의 순수 발전이 생겨난다. 그 본래적 몸성corporéité, 그 부동의 파토스에 기댄 몸이 예를 들면 '깨어난다.' 여러 구성 단계를 차례로 잇는 작용을 통해 그 힘이 모두 점차 실행할 수 있는 방식으로 구성된다. 마음(영혼)의 모든 능력에서 상황은 마찬가지다.[47]

---

47 첫 재림 한가운데 몸의 이런 깨어남에 대한 현상학적 기술로는 Aïgui의 시, *le Cahier de Véronique*, le Nouveau Commerce, Paris, 1984를 참조.

이론에서 이런 발전은 무한한 것 같다. 그것은 주관성의 적용에 있으며, 그처럼 그것은 이중적이다. 한편으로 그것은 우리 존재가 내적으로 세워지는 곳인 파토스의 자기 활성화auto-activation다. 그처럼 감정의 문화가 있다. 기쁨, 증오, 사디즘 따위의 이러저러한 감정인 아닌, 그 자체로서 감정 자체의 문화, 존재론적 취기라 부르는 데까지 자기를 증대하면서 자기 자신을 느끼는 일의 자기 자신을 느끼는 일이 있다. 신비주의는 그 원리적 가능성에서 감정의 자기 깨달음auto-épreuve을 염두에 둔 고유한 학과다. 그것은 그 자체로 본질에서 실천적인 학과다. 하지만 그것은 문화의 모든 활동에 있으며, 왜 그런지를 우리는 잘 봐야 한다. 자기 촉발을 통해 눈과 함께 보는 힘, 오성으로 이해하는 힘, 기억하는 힘, 상상하는 힘, 이 모든 힘은 자기에 이른다. 이 모든 힘의 전개는 그처럼 자신의 본래적 자기 촉발을 함축한다. 자기 촉발은 현실화의 모든 단계에서 힘을 가능하게 하면서 힘 안에서 그와 함께 커지고 깊어간다. 여기 왜 아리스토텔레스가 순진하게 지적한 것처럼 모든 활동은 기쁨을 수반하는가에 관한 이유가 있다. 이롭다고는 할지라도 근거 없는 어떤 연합을 통해서가 아니다. 모든 행위, 예컨대 보는 행위는 파토스 속에, 매우 정확히 자신의 파토스 속에 실제 있음을 지니며 봄의 모든 증대는 되풀이된 실행 속에서 자신의 파토스에 관한 열광, 곧 고유한 법칙에 따른, 받아냄이 기쁨으로 뒤집어지는 기본 법칙에 따른 자기 발전이라는 본질적인 이유에서다. 나아가 삶의 가장 내적인 법칙, 곧 자기 안에 던져지고 자기에게 꼼짝없이 몰린 존재의 억제할 수 없고 견딜 수 없는 받아냄이 그것의 힘과 그것이 지닌 모든 힘을 만든다. 이 모든 힘을 말 그

대로 주고 차례로 그것이 펼쳐지도록 강제한다. 더 보도록 보기를
강제하고, 그 봄과 파토스의 계속되는 자기 증대 속에서 파토스를
그것의 막바지로, 바탕Fond의 취기 속에서 받아내기의 내폭발로
이끈다.

이 모든 행위와 과정, 그런 것을 지배하는, 다시 말해 그런 것을
표현하는 법칙이 대학의 영역을 구성하고, 그것을 규정하고, 그것
에 속한다. 어떤 점에서 그런 행위는 사람들이 그들의 일상적 삶에
서 행하는 행위와 대립하는가? 어떤 점에서 그 법칙은 사회의 보
통 법칙과 다른가? 그 행위가 삶의 직접적인 자기 동기, 말하자면
삶이 자신의 힘을 펼치고자 자신에게 줄곧 가하는 압력 이외에 다
른 동기를 지니지 않는다는 점에서 그렇다. 그런 절차는 결국 순
수 상태에서 파악한 문화의 절차며, 문화화하는 이 삶의 힘은 탄생
Naissance의 제로점에서 시작하는 만큼 더 놀랄 만하다. 그 지배적
특징은 진보다. 진보는 배움, 가르침, 요컨대 교육에 달렸다. 교육
은 정말 나면서부터 시작되고, 먼저 부모의 일로 있게 된다. 하지만
대학이 바통을 이어받고 중·고등학생에서 대학생에 이르기까지,
실천적이고 이론적인 모든 영역에서 여러 진보는 삶의 자기 발전
과정의 반영이거나, 또는 그 과정과 혼동된다.

이것이 왜 이 과정이 자기 안에, 다시 말해 삶 안에 그 목적을 지
니는지를 다시 말해야 하는가에 관한 이유다. 대학에 개입하는 매
개 전체는 명백하기만 하다. **교육에서 그리고 그로써 언어, 지식, 기술
을 소유하는 일은 오직 자기를 소유하는 일에 지나지 않는다.** 매번 다
시 일어나게 해야 하는 신체적이거나 지적인 행위는 이 다시 일어
나게 하는 일에서, 그리고 그로써 '이해하는' 자의 고유한 행위가

된다. 다른 한편으로 접근 가능한 모든 사람에게 오늘날 제시되는 문화 전형의 무한한 풍요는 이 반복의 과정을 끝이 없게 한다. 한정된 분야에 제한된 사람에게조차도 늘 배워야 할 것이 있다. 삶의 보존이 일반적으로 그 증대의 보존에 지나지 않는 것처럼 지식의 획득이 아직 새로운 지식 창조를 위한 조건에 지나지 않는 만큼 대학을 떠날 이유가 없다. 대학의 목적성은 여하튼 뚜렷하다. 바로 교육을 통해 지식을 전수하는 일이자 연구에서 그것을 증가하는 일이다.

반대로 사회에서는, 그 내용을 이루는 실천에서는, 행위에서 실천은 돈이 되는데, 행위는 이것을 실행하는 이의 삶, 부품을 맞추고 수표를 확인하고 기압을 측정해야 하는 이의 삶, 그 증대를 직접적인 목적으로 하지 않는다. 삶이 따라야 할 방법이 이제부터 행위에, 노동으로 되고 인정받고 급여를 받는 그 행위에 강요된다. 이 노동에 관해 우리는 한편으로는 그것이 수습과 교육을 가정한다고, 다른 한편으로는 자기 안에 주관적으로 있다고 말할 수 있다. 하지만 노동을 실행하는 데 개인을 적합하게 만드는 수습이나 교육은 요구된 자격의 단계에서 중단됐다. 개인은 활동적인 삶에 들어가고자 대학을 떠났다. 개인의 활동은 이와 함께 결정된 전형에 순응하고자 완전함의 자율적이고 무한한 진보 속에 들어가길 멈추면서 중요한 변화를 겪는다. 전형적이고 상투적인 방식으로 얼어붙고, 생산의 물질적 과정에 투입되고, 그 과정과 동일시된 활동, 그런 것이 그 자체로서 대학과 문화의 삶에 대립된 사회적 실천이다.

아마도 그 전체에서 헤아린 이런 사회적 실천은 적어도 기술 시대의 도래 이전까지는 그 기원과 목적을 아직 삶에 두고 있었다. 그것은 일정한 시대에 그 시대의 규범과 가능성을, 따라서 삶이 자신을 성취하게 해주는 매개 전체 이외에 다른 아무것도 아니었다. 하지만 이 성취는 그 물질적 측면으로 음식, 성, 의복, 주거지, 건강 같은 육체적 삶에 바로 쓸모 있는 재물의 생산과 소비로 축소됐다. 반면 지적이고 미적이고 정신적 욕구와 재물의 부분은 점점 감소한다. 왜냐하면 삶과 문화의 발달이 갈릴레이적 혁명에서 나온 세계에서 생산 과정을 배치하고 마음대로 조직하면서 그것을 총체적으로 지배하는 쪽으로 나아가는 자율적인 기술의 발전에 자리를 양보했기 때문이다. 그 결과 개인은 점점 더 불투명하고 이해할 수 없는 어떤 초월적 존재에 직면하게 된다.

한편으로 미리 그려진 노동의 분업 방식을 따라 생산의 물질적 과정을 이뤄지게 하는 매개 전체가 개인에게 그 앞에 있는 어떤 거대한 총체로서 강요된다. 그 한가운데 개인은 미리 규정된 만큼이나 보잘것없는 자리를 찾아야 한다. 다른 한편으로 이 강요된 활동의 촉수 다발은 더는 삶의 것이 아닌 기술의 것이다. 그러나 이 활동 가운데 하나가 그것을 맡은 개인의 활동이 되었을 때, 그리고 반드시 그렇게 되는데, 개인은 **더는 욕구일 때처럼 자기에 대한 삶의 수동성이 아닌**, 그에게 가장 낯선 것에 대한 그의 수동성 속에서 그 활동을 겪는다. 그런 수동성은 개인에게 근본적인 소외를 의미한다. 마술적인 실체 변화의 결과로써 개인이 그와 다른 것이 되어서가 아니라 물질적인 생산 과정에서 그리고 종국에는 세계를 다루는 기술 과정에서 그가 맡은 활동이 더는 그 자체의 삶에서 자체의 이유를 갖지 않기 때문이다.

대학과 사회는 결국 대립된 두 개체처럼 맞서 있게 된다. 이 대립은 더는 기원에서 우세했던 게 아니다. 한시적 권력이 인정하고 특혜를 준 대학의 예외적 존재는 본질에서 공동체의 바탕에서 기능의 다름을 반영했다. 그렇지만 같은 과정, 곧 대학과 사회에서 모두 삶의 자기 실현 과정은 두 모습을 띠었다. 하나는 교육에서 앎과 수습의 획득이고, 다른 하나는 경제 활동이다. '노동 사회'로 보이는 안정적인 총체가 어른의 나이에, 이름에 따라서만 그리고 교육을 마친 뒤에만 사회에 통합되는 개인으로 구성되기에 교육의 법칙, 앎과 할 줄 앎savoir-faire을 획득하는 법칙은 직업에서 그런 것의 습관적이고 단조로운 현실화의 법칙과 달랐다. 그처럼 대학은 자신의 과업을 지녔으며 따라서 고유한 규범, 리듬, 규칙을 지녔다. 그 특수성을 부인할 생각을 아무도 하지 못했다.

오늘날 사회와 대학의 대립은 더는 그 기능의 단순한 다름에 근거하지 않는다. 서로 배제하며 목숨을 건 투쟁일 수밖에 없는 투쟁에서 대결하는, 구별될 뿐 아니라 이질적인 두 본질이다. 근대 세계의 결정적인 특징은 삶이 사회의 근본을 이루기를 그쳤다는 거다. 사회는 기원에서부터 그 실체를 개인의 실체에서 얻는 생산과 소비의 사회였다. 우리는 그런 상황이 존속하고 사라질 수 없을 거라고 말할 것이다. 삶은 우회할 수 없는 것이며, 난공불락의 것이며, 모든 조직과 인간 발달의 알파와 오메가다. 이는 그것이 초월론적 인간다움을 규정하는 까닭이다. 곧 느끼고, 이해하고, 상상하고, 행하는 일을, 그리고 이 모든 때에 받아내고 즐기는 일을. 이 받아내고 즐기는 일 없이는 인간다움도 인간도 없다.

다만 우리는 비인간적인 세계 속으로 들어간다. '비인간적'이라 함은 이 세계를 위에서 내려다보며, 그리고 그 무감각함을 한탄하며 지닌 가치 판단을 가리키지 않는다. 또한 사회가 살아 있는 주관성의 욕구, 마시고 먹는 일과 맺는 모든 관계를 잃었음을 의미하지 않는다. 이는 불가능하다. '비인간적'이라 함은 존재론적 혼란을 가리킨다. 그 결과로써 삶에서 그 실체를 찾으며 사회를 이끌고 조직하는 원칙은 더는 삶이 아닌, 앎과 과정과 절차의 총합이다. 그 설정과 배치를 위해 삶은 될 수 있는 한 한쪽으로 놓였다. 이 책에서 기술된 그런 상황은 우리 시대에 고유한 야만의 상황이다. 교육과 수습과 연구의 장소인 대학이 삶의 자기 발전과 자기 성취의 과정 전체를 모은다면 야만이 세운 사회에서 더는 대학을 위한 자리가 없다.

기술 세계를 통한 대학의 파괴는 이중의 모습을 띤다. 먼저 이제까지 대학과 사회를 그 기능적 다름의 지표로서 분리했던 경계의 철폐다. 두 번째로 일단 이 장벽이 허물어진 뒤 대학 한가운데 기술의 출현과 문화의 장소로서 대학의 철폐다. 그 중요성 때문에 두 사건의 위치는 자세히 포착돼야 한다.

대학의 특수한 주변성의 제거는 명시적 요구다. 하지만 그 제거가 내세우는 이데올로기적 동기는 그 요구가 지닌 참된 의미를 숨긴다. 이데올로기적 동기는 여기서 이중적이다. 그것은 정치적이자 직업적이다. 정치적 관점에서, 그리고 민주주의의 평등주의 이상의 이름으로 사람들은 학교를 위한 권리에 반대하고 학교가 공통된 규칙을 벗어나는 걸, 그들이 근거 없는 특혜라고 고발하는 그 고유한 규범과 법칙과 함께 별도의 영역을 구성하는 걸 돕는 이들에게 반대한다. 원칙에서 모든 이에게 같은 노동의 시간이 관계한다면 어떻게 고등 교육에서, 예컨대 대학 교수가 수십 년 동안 그의 업무가 일주일에 서너 시간으로, 게다가 1년에 6개월로 축소되는 걸 용납하랴? 고등학교나 그것을 대체하는 시설의 교사가 지닌 의무가 또한 다른 봉급자보다 여기서도 더 긴 방학과 함께 15시간이나 20시간으로 제한되는 걸 용납하랴? 평등주의의 정치적 요구는 끝까지 밀고 나아갔을 때 다음처럼 표현된다. 대학의 노동은 지적 노동이다. 지적 노동이 특혜 계급을 위해 따로 마련된 것일 수 있는가? '지식인'은 그 또한 육체적 노동의 고통을 알아야 하고, 손으로 하는 일에 종사해야 하고 인민 구역에, 때에 따라서는 교화원에 머물러야 한다.

대학의 과업과 조건의 문화적 특수성을 헤아리길 거부하는 이가 쓰는 두 번째 가면은 부모에게는 값비싼 유용성에 관한 논거다. 공부는 직업을 얻는 걸 목적으로 하지 않는가? 사실을 말하자면 개별적 주관성을 구성하는 가능성의 발달로서 그런 발달은 지식의 되풀이된 훈련과 전달을 통해 이뤄지는데, 교육은 그 혜택을 입은 이를 바로 일정한 활동에, 그 활동의 개선과 새로운 소질의 획득에 적합하게 만든다. 더욱이 교육의 수위가 높을수록 제공된 '취직 자리'의 수와 선택은 더 크다. 실제로 실천될 수 있는 앎에로 앎을 제한하려는 생각은 반대로 범죄적이자 모순적이다. 모순적인, 변화하는 세계에 수요의 변동 때문에 또 그처럼 지속적인 적응의 필요성 때문이다. 그런 적응은 지성의 정도와 자유자재로 다뤄질 수 있는 앎의 크기에 따른다. 범죄적인, 왜냐하면 그런 생각은 개인에게 그 가능한 발달의 정지를, 기술 경제 장치의 바퀴라는 조건으로 그의 존재를 확고하게 되돌리는 걸 의미하기 때문이다.

여기서 적어도 교육은 이중적 사명에 일치해야 한다는 걸 말해

야겠다. 한편으로 교육은 사회에서 어떤 기능을 수행하고 또 그처럼 직업을 갖추는 조건 속에 모든 것을 놓는 일이다. 그러나 다른 한편으로는 그리고 더 본질적인 방식으로 그것은 개인이 그의 고유한 개별성, 곧 그 안에 인간다움의 본질을 실현하는 방식으로 그의 할 줄 앎과 능력 전체를 사용하게 해주는 일이다. 이 두 번째 과업은 순수하게 문화의 과업이다. 첫 번째 과업에 관해서는 그것이 또한 적어도 부분적인 문화화의 한 과정으로 나타난다면, 바로 거기 더 가까이 살펴봐야 할 어떤 겉보기가 있다.

직업을 준비하는 일, 개인을 사회에 투입하는 일은 우리가 관계하는 사회 유형에 따라, 경제적 또는 기술적 목적을 따르는 말 그대로 경제적인 사회가 관계하느냐에 따라 매우 다른 의미를 띤다. 예를 들어 경제적 투입은 개인이 지닌 몇몇 가능성의 현실화를 가정한다. 하지만 개인의 일반적 발달에는 무관심하다. 자격 없는 일손을 필요로 한다면 그런 발달에 심지어 대립할 수도 있다. 우리는 결국 경제적 목적을 그 자체로 충분하고 유효한 것으로 여길 수 없다. 그 목적에 맞춰 대학을 설립하는 일은 그 분야와 사명을 엄청나게 제한하는 일이며, 만일 대학의 사명이 문화라면 말 그대로 그것을 파괴하는 일이다.

어떻게 경제 세계가 우리 눈 아래 기술 세계로 변하는지 우리는 상세히 보여줬다. 기술적 투입은 이 변증법을 끝낸다. 공들여 구상된 기술이 요구하는 자연 과학hard science을 통한 우회로는 대부분 경제 활동의 제한된 영역과 한정된 수의 개인하고만 관계할 뿐이다. 아주 많은 수의 개인은 기계적인 일에 바쳐진다. 기술의 목적성은 그것이 인간의 인간다움을 이루는 초월론적 삶을 작용 밖에 두는 일을 통해 규정되는 만큼 배타적인 방식으로 몇몇 전문 과정을 결정하는, 그리고 더 일반적으로 **기술의 자율적인 교육을** 결정하는 유일한 원리를 그만큼 덜 자처할 수 있다. 우리는 결국 과학기술 세계의 전제 자체가 대학 내부에서 되풀이되는 걸 본다. 이 반복의 조건은 대학과 사회의 본래적 경계선의 점차적인 제거다. '인민의 대학' 또는 세계와 그 요구에 적응한 '우리 시대의 대학'은 완벽하게 하나다. 대학을 뒤덮던 정치적 이데올로기의 붕괴 뒤에 이 모든 움직임의 진실은 분명해진다. 그 진실은 바로 **사회에서 문화를 제거한 뒤에 대학 밖으로 그것을 추출했다**는 것이다.

사회는 잇따라 직업적 삶에 들어가는 개인으로 되어 있기에 사회 활동의 단순 유지는 세대에서 세대로 그 활동을 가능케 하는 지식의 전달을 함축한다. 그리고 이 일은 대학의 일이다. 그러면 두 개의 물음이 놓인다. 어떤 지식을 전달하는 게 중요할까? 그리고 어떻게? 두 번째 물음으로 시작하자. 왜냐하면 지식의 소통은 모든 지식에 관련한 유일한 법칙을 따르기 때문이다. 교육법은 모든 다른 지식에 요구되고 그 지식을 전달하는 적절한 방법을 받아들이게 하는 선결 지식이 아닐까? 소통의 이 특수한 법칙이 자율적인 영역을 구성하는 형식적인 법칙이라고 믿는 것은 착각이다. 그때부터 말 그대로 교육의 본질을 형성하는 교육법의 이 자율성 때문에 교육은 가르치는 내용과 관계없게 되었다. 교육법의 몇몇 개념이 무지한 모든 이를 뛰어난 교사로 만들기에 충분하다.

이것이 바로 최근 30년 동안 프랑스 대학에서 일어난 것이다. 중등 교육의 일반화와 민주주의의 도약이 불러일으킨 학생들의 쇄도를 에워싸고자 서둘러 모집한 자격 없는 선생 부대가 단숨에 임용될 수 있게 됐고, 임용됐다. 그와 함께 중요한 건 더는 지식의 내용이 아니기에, 지식을 자유자재로 다룰 수 있던 이들은 더는 학교에서 그들의 자리에 있지 않게 되었다. 학교에서 새로운 교사는 그의 학생만큼이나 교양이 없다. 교수 자격을 받거나 공인된 박사는 박해와 굴욕의 대상이 된다. 중심에서 아주 벗어난 지위와 보잘것없는 시설과 몹시 어려운 계층이 그의 차지가 된다. 늘 그렇듯 강한 자, 학위를 지닌 자에 대항해 더 많은 수, 곧 약한 자, 이때는 아무것도 알지 못하는 이들의 투쟁에 가치의 전복이 더해진다. 그 전복의 끝에서 대학에서 지식의 가치는 더는 중요하지 않게 되었으며 선한 의지, 사회적 의미, 헌신, 아이에 대한 사랑, 상속권을 박탈당한 자 따위의 더 적합한 다른 것에 자리를 양보해야 했다. 가치의 전복은 정치 이데올로기 안에서 완성되며, 이 이데올로기의 참된 의미를 드러낸다. 곧 평등주의, 정예주의(엘리트주의)에 대항한 투쟁 따위다. SNI[48]나 SGEN[49]의 노조 활동가, 자신의 시대를 껴안고자 근심하는 사회적 기독교인, 지적 노력과 문화를 그들의 이상으로 하길 멈춘 모든 이, 선동 정치가, 불만 있는 이들, 모든 종류에서 게으른 이들은 서로 손을 주고, 행정과 정치 권력에 손을 준다. 행정과 정치 권력은 새로운 상황에서 아주 적은 비용으로 교육부의 자격 없는 수많은 공무원에 임금을 지급할 기회와 대학의 지적 능력이 확연히 낮아지면서 그 자리를 차지할 기회를 봤다.

니체의 예언에 맞게 이데올로기와 약한 자들의 원한에 강한 자

---

48 Le Syndicat national des instituteurs의 줄인 말로, '교사 전국 조합'을 말한다.
49 Le Syndicat général de l'Éducation nationale의 줄인 말로, '전국 교직원 일반 조합'을 말한다.

들이 설득당하게 될 때 이 니힐리즘적인 확산의 극단적 지점에, 가장 큰 위험에 이르게 된다. 약한 자들은 행렬의 선두를 차지하고 문화의 무덤에 강한 자들과 함께 침을 뱉으러 간다. 교수의 자격과 기능에 이의를 제기했던 건 대학 심의회에서 그 자격과 기능의 삭제, 탁월한 간부, 논문의 철회, **다시 말해 고등 교육을 위한 모든 품질 규범**을 권했던 건 정교수와 대학 총장이었다. 교수 조건에 연결된 업무가 반박되었을 때 문제가 됐던 건 사실 직업 범주가 아니었다. 고등 교육의 가능성 자체였다. 왜냐하면 모든 고등 교육은 그 자체로 무한한 연구의 결과로 생기는 까닭이다. 그 연구는 강연에 이르며, 여러 달이나 여러 해를 요구하는 강연 준비는 다른 한편으로 보통 저작의 출판에 이르러야 한다. 그 저작에서 한 나라와 한 시대 문화의 많은 부분이 이뤄진다. 교수의 업무를 증가하는 일은 결국 뛰어난 인재에 타격을 줄 뿐 아니라 연구의 임무를 지닌 고등 교육과 대학 자체를 끝장내는 일이다. 시간의 증가를, 다시 말해 대학의 파괴를 대학 교수 자신이 또는 그의 이상한 조합이 요구했다는 점, 게다가 조합의 요구가 어디든 다른 곳에서는 노동 시간의 감축에 근거를 두는 지금, 바로 거기 우민정치의 장막이 감추는 걸 알아볼 줄 아는 이에겐 끔찍한 사실이 있다. 바로 삶의 자기 파괴로서 문화의 자기 파괴로서 대학의 자기 파괴다.

그 자체에서, 다시 말해 철학적으로 생각했을 때 지식의 전달은 무엇으로 되어 있는가? 다음의 행위로 되어 있다. 그 행위를 통해 지식과 그 원리와 공리와 추론과 결과를 이루는 모든 명증이 반복되고, 그것을 자기 자신의 명증으로 하면서 그것을 이해하고 그런 방식으로 그것을 획득하는 이를 통해 다시 현실화한다. 그와 같은 반복은 이중적이다. 이론적이자 실천적이다. 한편으로는 지금 막 문제가 된 명증의 반복이다. 그것을 만들어낸 행위의 반복이다. 다른 한편으로는 그리고 반드시 파토스의 반복이다. 이 파토스 안에 명증의 행위는 있으며, 인식 행위로서 그 행위는 오직 그 자기 촉발 안에 그리고 그로써 있다. 물론 순수하게 실천적인 결정은 그 어떤 지향적 목적, 그 어떤 '앎' 없이 다시 발생할 수 있다. 예컨대 순수 사랑 행위가 그렇다. 그 행위의 자율적 존재 안에서 이 본래적 반복이 성취되는 근본적 내재성의 존재론적 차원의 인정은 본질적이다. 그런 인정만이 표상적이고 객관적인 앎에 낯선 최초 지식의 전달을 이해하게 해준다. 엄마와 아이의 첫 교환, 신체 운동의 획득, 모든 형태의 수습, 개인적이고 사회적인 삶 깊은 곳에 있는 모방과 공감 현상, 이는 모두 거기 참여하는 모나드의 파토스적 방식을 작용에 놓고 그 방식에 근거를 둔 감정적 상호 주관성의 범위 내부에서 발생한다. 정신분석에서 한 보기를 들자면 분석가와 분석 주체의 관계는 우리가 말하는 파토스적 상호 주관성의 한 방식일 뿐이다.

하지만 만일 말 그대로 파토스적 반복의 존재, 표상 없는 감정의 존재를 말할 수 있고 말해야 한다면 그 거꾸로는 참이 아니다. 용어의 일상적 의미에서 명증이나 앎의 행위, 그 모든 이론적 반복은 마찬가지로 실천적 반복이다. 곧 행위의 자기 촉발 그 반복이다. **신체적이든, 감각적이든, 인식적이든, 가치적이든, 감정적이든, 그 무엇이 되었든 지식의 모든 전달과 모든 가능한 획득은 반복으로 되어 있다. 모든 이론적, 더 일반적으로 감정적 반복을 우리는 동시대성이라고 부른다.** 십자가에 매달린 그리스도의 진리가 관계하든, 덧셈의 법칙이 관계하든 어떤 진리와 관계하게 되는 자는 지금 막 말한 의미에서 그 진리와 동시대인이다. 그 자신이 이 진리가 된다. 또는 이 진리를 가능하게 한 자가 된다. 첫 번째 상황은 실천적 진리의 상황이고, 두 번째 상황은 이론적 진리의 상황이다.

동시대성이 자신의 시간성과 자신의 고유한 전全-시간성을 지님을 덧붙이자. 자신의 전全-시간성, 왜냐하면 20세기 전에 발생한 사건뿐 아니라 합리적이고 그 자체로 비시간적인 모든 진리의 동시대인으로 되는 게 가능해서다. '~의 동시대인으로 된다.'는 건 우리가 동시대인으로 되고자 하는 것과 동시대성으로 이끄는 과정에 들어가는 걸 의미한다. 동시대성은 그 과정의 끝에서만 도달한다. 그 과정의 시간성은 이론적 진리, 파토스의 탈자태적이지 않은 진리가 관계할 때는 탈자태의 시간성이고, 또 그처럼 실천적 진리가 관계할 때는 절대Absolu의 역사다.

동시대성에서 지식의 모든 전달과 획득은 그 가능성과 본질을 얻는다. 그 동시대성의 본성에서부터 그 본질이 형식적 이론으로도, 우리가 인식 내용과 분리하게 될 형식적 법칙의 그물로도 되돌려지지 않는다는 게 따라 나온다. 왜냐하면 사실 **지식의 획득과 전달은 반복 속에서 지식의 구체적, 현상학적 현실화와 같기** 때문이다. 결국 이론적 앎일 때 지식의 표상 내용을 다시 생기게 하는 행위와 같아서다. 미학, 윤리, 종교일 때, 반복 속에서 늘 실천적 진리와 동일시되는 파토스와 같아서다. 교육법이 또는 오늘날 말하듯 '교육 과학'이 자율적 학과를 이룰 수 있다는 생각은 분명치 않다. 소통의 고유한 본질이 있다는 건 사실이며, 우리는 그 밑그림을 제시했다. 이 소통의 순수 이론과 그 자체로서 교육법은 제일철학이다. 제일철학은 소통의 본질이 그 노에시스와 노에마에서 소통해야 할 지식의 현상학적 현실화와 동일시되는 걸 보여준다. 앎, 앎의 소유, 가르치는 이와 가르침을 받는 자의 관계 속에서 앎의 재활성화, 이와 무관하게 발생하게 될 앎의 전달 이론은 부조리하다. 미지한 교육자는 네모난 원(모순)이다.

어떤 지식을, 스승과 제자가 전달된 지식을 함께 반복하는 것으로 되어 있는 이 전달 속에서 대학은 전달하는가? 이것이 우리의 두 번째 물음이다. 이 물음만이 참된 교육의 임무를 한정하게 해준다. 대답은 한마디로 성립된다. 문화다. 곧 삶의 자기 증대라는 모습에서 삶의 자기 실현이다. 그리고 이것은 삶이 지닌 가능성 전부와 관계한다.

여기서 두 가지를 주요하게 눈여겨봐야 한다. 하나는 단순한 상기에 지나지 않는다. 문화가 삶의 자기 성취이기에 그것은 본질에서 실천적이다. 문화를 첫 번째로 구성하는 지식은 그 또한 실천적 지식이다. 예술이자 윤리이자 종교다. 우리는 그것을 말한 바 있으며 과거 모든 문화의 검토는 그것을 명백히 보여줄 것이다. 예를 들면 윤리는 만일 이론적 행위를 포함해 모든 살아있는 행위가 실천적 행위, 곧 그 자체로 가치론적 평가에 속하는 에토스의 방식인 것이 사실이라면 문화와 그 외연이 같다. 예컨대 춤은 걸음의 윤리적 형태, 곧 신체적 숙달 일반의 표현이다. 우리는 감성의 문화인 예술의 중요성을 강조했다. 예술 또한 과거 사회에 스며들었다. 그 사회에서 예술은 오늘날 그런 것처럼 전수받은 이 아니면 속물을 위한 별도의 영역을 이루지 않았다. 그것은 거주자의 눈길, 건축 방식, 행동, 관습, 제의, 특히 신성한 제의를 이끄는 힘이었다.

종교에 관해선 어떻게 민족의 생성, 특히 매우 위대한 민족의 생성에서 그 중요성을 부인할까? 이집트에서 종교는 일상적인 삶을 파고들어 경제 활동 전체를 결정하고 그것에 '사용 가치'의 단순 생산 너머 믿기 어려운 목적을 요구했다. 종교가 삶의 본질에, 자기에 관한 깨달음으로서 삶이 결코 그 자신의 기반이 아니라는 사실에 뿌리를 둔다는 것을 알아차리자마자 여러 실증주의 비판은 그 단순함만큼 극단적인 설명과 함께 무너진다. 성스러운 것에 관한 경험은 이 궁극적, 존재론적 상황의 경험이다. 또한 자기의 기반이 아니라는, 살아있는 자의 감정에 뿌리를 두고 있는 죽음에 관한 불안은 그 경험에 관한 검증을 준다. 이처럼 모든 문화에서 죽은 이의 숭배는 깨트릴 수 없는 관계 그물을 통해 종교에, 게다가 윤리에 연결되어 있음을 우리는 본다. 윤리는 실천과 동일시되므로 그 가치와 처방을 삶의 본질에서 끌어 온다. 만일 삶이 예를 들어 끊임없이 자신을 전제하고 그처럼 스스로 자신을 놓지 않았다면 바로 그런 이유에서 어떤 살아있는 자에게도 삶을 해치는 일이 주어지지 않는다. 살인, 폭력, 절도는 금지되며 예술은 성스러운 것에서 기원한다. 모든 예술 작품은 그 자신의 탄생을 얘기한다. 예술은 성스러운 것이므로 그 종교적 소임이 사라지자마자 그것은 죽는다. 예를 들어 우리는 이를 서양에서 18세기부터 시작된 회화의 붕괴와 함께 본다. 칸딘스키Wassily Kandinsky, 클레Paul Klee, 로스코Mark Rothko 같은 매우 위신 있는 자들만 인용하면 20세기 '신비적인' 위대한 작품에서 그 부흥에 이르기 전까지 말이다.

우리가 두 번째로 눈여겨봐야 할 것은 물음의 형태를 띤다. 만일 예술과 윤리와 종교가 모든 문화의 기본 모습과 그 본질적 내용을 이룬다면 그 셋을 모두 모르는 교육, **문화에 인색한 대학은** 무엇을 의미할 수 있을까? 근대적이고 '민주주의적인' 대학은 몇몇 항목 아래 들어가는 일정 수의 가치를 표방한다. 객관성, 공평성, 또 그처럼 '엄정성', 요컨대 '중립성'이 그것이다. 하지만 가치와 그 기반에 관한 일반적 이론 없이 기본적인 선택을 정당화할 수 있고, 명시적 목적을 가리킬 수 있고, 행동을 규정할 수 있는 윤리 없이 어떤 가치를 내세울 수 있을까? 수업 계획의 설립을 주재했고 주재하는 건, 교육 방식과 가르쳐야 할 과목의 중요성을 결정하는 건 바로 선택이다. 하지만 이 선택은 윤리적인 그 무엇도 지니지 않는다. 윤리 바깥의 선택이다. 윤리에 반대되는, 삶에 반대되는 선택이다. 아무도 선택하지 않는 선택, 그 비인간적인 과격성과 폭력과 함께 선택 없는 선택이다.

어디서 그런 선택이 이뤄지는가? 대학의 공동체universitas가 전개되는 곳과는 낯선 어떤 장소에서, 또 그 전개에 앞서? 삶이 배제된 장소, 객관적이고 엄밀하고 공평하고 참된 모든 지식의 조건처럼 주어진 이 배제로 규정되는 장소는 갈릴레이적 장소다. 이 지식의 중립성은 이 장소의 중립성이다. 근대 세계를 기술에 빠트린 갈릴레이적 전제다. 그 중립성과 객관성을 자랑하는 근대적이고 민주적인 대학은 전제 없이 있지 않다. 그것은 갈릴레이적 장소에서 설립됐고, 그 안에서 이 갈릴레이적 장소를 다시 산출할 준비가 되어 있다. 이는 우리가 이미 인정한 이중 조건에서 그런데, 그 조건이 지닌 죽음의 의미를 우리는 이제 더 잘 볼 수 있을 것이다. 한편으로는 대학/세계의 전통적 분리가 철폐됐다는 것이다. 대학이 소우주가 된 것은 그때, 오로지 그때다. 다른 한편으로는 과학기술 세계의 내용이 대학의 내용이 되면서 대학은 이제부터 그 연구와 교육의 '과학적' 활동을 구상하고 이어나간다. 이 '과학적' 활동은 모든 문화를 대학 밖으로 확고하고 체계적으로 몰아내는 것을 함축한다.

갈릴레이적이고 현실적이고 소우주적인 심지어 문화의 관점에서 또한 소우주적인 대학은 갑자기 설립되지 않았다. 그것은 오랜 과정의 결과다. 그 과정의 단계는 서양에 새로운 원리가 도입되는 단계를 구획 짓고 나타내 보인다. 그 원리는 서양의 고유 문화뿐 아니라 가능한 모든 문화를 파괴하게 될 것이다. 지구 전체의 황폐와 기술을 통한 다른 모든 문화의 제거가 이를 똑똑히 보여준다. 기원에서 대학은 두 주요한 단과대를 포함했다. 철학 대학과 신학 대학이 그것이다. 갈릴레이 시대 이후, 그렇지만 근대적 의미에서 과학이 그 한가운데 나타났다. 루이 14세가 1706년 몽펠리아에 세웠던 첫 번째 아카데미는 '과학과 문학의 아카데미'로 불렸다. 이 두 커다란 학과의 집합 사이에 세워지는 이분법은 철학적 문제를 그 기반에 관해 놓는다. 이 문제에 우리는 뚜렷한 답을 가져올 수 있다. 과학은 갈릴레이적 계획을 따르고 감각적이고 주관적인 속성이 벗겨진 자연적 존재자에 관한 객관적 인식을 겨냥하는 연구 전체를 가리키다. 문학은 이 감각적이고 주관적인 속성을 겨냥한다. 곧 그 자체로서 초월론적 삶을 겨냥한다.

역사, 문학, 고전과 현용 언어, 철학은 이것이나 저것에 관해 말할 수 있다. 하지만 그런 것은 결코 이것이나 저것이 나타나는 방식, 다시 말해 더는 쓸모없고 거추장스런 인물이 아니라 '사물 자체'이자 종국에는 중요한 주관성을 함축적이지만 주요하게 참조하는 일 없이 그렇게 하지 않는다. 좋았거나 나빴던 겨울을 결산하고, 인구 통계 곡선과 핵타르당 생산고를 비교할 때 역사는 객관적이라 말해진 이 자료를 통해 삶의 보존이나 증대의 조건을, 또는 그 죽음의 조건을 가늠한다. 역사는 늘 개념적이거나 통계적 장치의 가면 아래 실천과 그 불안의 역사다. 문학은 같은 방식으로 삶의 본질을 드러내는 것 외에 다른 목적이 없으며, 그것이 미적 기법을 통해 그렇게 한다면 이는 그것이 속하는 예술이 삶과 그것이 맺는 이 본질적 관계에 관한 우월한 전달 수단이기에 그렇다. 그런 관계는 철학에서 자기 의식으로 되며 철학 고유의 주제를 이룬다.

과학과 문학의 이분법은 이처럼 그 대상의 다름에 근거한다. 이 다름은 자기 자신을 깨닫는 능력이 그 안에 없는 존재자와 그런 능력을 자기 안에 지니고 그 능력으로 규정되는 것, 곧 초월론적 주관성이나 삶으로서 존재, 그 둘을 분리하는 근원적, 존재론적 다름이다. 이 능력에 인간의 인간다움humanitas이 근거한다. 존재자와 존재 사이 이런 구분에서 다음과 같은 것이 생긴다. 과학은 **절대 인간에 관해 말하지 않는다.** 또는 결국 같은 얘기지만 늘 인간에 관해 **인간 그 자신과 다른 것으로**, 원자나 분자나 신경이나 산酸 연속체나 생물학적 또는 생리적 과정 따위로 말한다. 반대로 '문학'은 보통은 분명치 않아 보이는 그 나름의 방식으로 초월론적 인간다움의 인간에 관한 실제 지식을 세운다. 이에 관한 뚜렷한 의식이 없을지라도 말이다.

갈릴레이적 원칙과 그것이 낳은 과학기술 세계의 제국주의는 첫 번째로, 그리고 눈에 뛰는 방식으로 대학 내부에서 과학 학과를 위한 문예 학과의 점차적인 퇴보로 나타난다. 중등 교육에서 수업 계획과 수업 시간의 항구적인 변동은 모두 같은 의미로 이해된다. 가장 눈여겨볼 만한 변화는 일주일에 9시간으로 최종 학급 학생의 60~70퍼센트 기본 교육을 이뤘던 철학과 관계한다. 그 평균 시간은 이제 최종 학급 학생 전체에 대해 2~3시간으로 축소됐다. 철학은 우리가 이를 분명하게 해야 하듯 다른 것 가운데 지식의 일반 이론이다. 과학기술의 원리를 통한 철학의 제거는 그 원리가 그것과 다른 심급의 비판에 순응하기를 거부함을 의미한다. 그것은 과학기술의 원리가 떨치는 맹위를, 그것이 유일한 유형의 지식을 구성한다는 전체주의적 주장을 나타낸다. 고등 교육에서 문화와 관련한 전통적인 학과의 퇴보는 여러 방식으로 나타난다. 그 가운데 가장 의미 있는 것은 예전의 문과대 내부에 이과를 도입한 것이다. 그곳에서 인간 과학을 휩쓴 새로운 통계 방법이나 다른 방법의 기초를 학생들에게 가르치고자, 예컨대 수학 교육이 주어진다. 법학자, 의사, 심지어 수학자를 위한 철학이나 윤리나 역사 교육을 생각해볼 수 있고 심지어 필요한 상호성의 조처에 관한 생각은 엉뚱한 것 같다.

갈릴레이적 원칙의 영향은 문과의 후퇴로만 나타나지 않고 그 모든 학과 내부에서 그것의 내적 전복으로 나타난다. 이 동요의 동기는 일반적이다. 할 수 있을 때마다 또 터무니없을지라도 생각할 수 있는 모든 방법을 통해 연구의 궁극 대상, 곧 인간의 초월론적 인간다움은 그 대신 가치 있다고 주장하는 어떤 대체물이 몰래 슬그머니 끼어든 뒤 종국에는 이것으로 교체된다. 그 대체물의 선택은 사실 객관주의적이고, 특히 수학적인 유형의 방법에 순응하는 그 적응 능력에 달린다. 예를 들어 문학이 관계한다면 언어학적 고찰이 문학적 분석을 은폐하거나 정도에서 벗어나게 한다. 글이나 언어는 그 객관성에서 파악된다. 객관성은 상상의 창작을 대체하러 온다. 상상은 작품과 그 자체로서 문학적인 것을 이루는 미적 의미가 발생하는 곳이다. 문학적인 것의 은폐는 언어학의 범주가 그 고유한 영역을 점령한 결과로 생기지만은 않는다. 오늘날 급증하는 정신분석학, 사회학, 정치학의 여러 '접근'은 같은 결과를 낳는다. 작품을 그 사회적 의미로 축소하거나, 그 의미가 삽입되는 맥락으로 그것을 설명하거나, 또 '사실주의적인' 작품에 특권을 주는 일은 '사실주의적인' 작품에 대해 이런 오역을 범하기가 가장 쉬운데 어쨌거나 문학 그 자체를 부정하는 일이다. 이런 부정이 정부 부처의 프로그램이나 회람에 쓰여 있다. 이것은 국어 시간에 설명하기 위해 선택된 글이 더는 소설이나 시가 아니라 언제나 학생들이 사회 환경에 동화되도록 도울 수 있는 신문 기사나 증언 또는 직업, 조합, 스포츠, 관광, 성 따위의 삶에 관한 자료여야 한다고 지시한다.

마찬가지로 그 직접적인 실천으로 되돌려진 '언어' 연구에서 문화는 제거된다. 주요하게 문학, 철학, 역사 작품을 통해, 또 그처럼 문화를 넘치도록 싣고 있는 작품을 통해 알려진 고대 언어는 방치된다. 현용어의 연구는 국어 연구와 같은 동기를 따르며, 사회학 만능주의로 기울 목적에서만 언어학의 차원 너머로 올라선다. 목적은 매우 피상적인 측면, 매체의 저속함을 반영한 측면에서 헤아린 한 나라의 일상적 존재와 학생을 친숙하게 하는 데 있다. 기사를 짜내느라 애쓰는 신문기자들이 서둘러 쓴 진부함과 상투성이 그 교육적 가치에서 셰익스피어, 단테, 파스칼, 괴테, 도스토옙스키, 만델스탐Osip Emil'evich Mandel'shtam보다 우세한다. 영어 교수 자격시험

프로그램에서 영문학은 선택 과목이 됐다.

문화의 기본 학과에 끼친 갈릴레이 원칙의 영향, 갈릴레이 원칙을 통한 그 특수한 내용의 배제는 가장 눈여겨볼 만한 예시를 철학에서 찾는다. 철학은 인간의 초월론적 인간다움을 주제로 한다. 철학만이 참된 인간주의의 기반을 줄 수 있다. 인간의 인간다움 humanitas은 그 근본적 내재성의 차원으로 세계의 드러냄과 다른, 그 본래적이고 고유한 자기 드러냄으로 되돌려진 주관성이다. 철학은 삶이 아니라 그 결과의 하나다. 그 결과 안에서 자기 자신에게 취하고 절대로서 자기 자신을 깨달으며, 살아있는 주관성은 자기 자신을 알고자 하고, 그처럼 자신의 고유한 주제로 자신에게 그 자신을 제안한다. 이 일의 실현은 중요한 문제를 일으킨다. 그 문제의 해결은 가능한 모든 형태의 지식과 그 공통된 본질, 말하자면 그 자체로서 현상성에 관한 해명을 요구한다. 현상학으로 자신을 이해하면서 철학은 전통이 물려준 계획을 수행하고 그것을 끝까지 이끌 수단을 자신에게 준다. 그 계획이란 인식과 과학에 관한 초월론적 이론일 뿐 아니라 생각할 수 있는 모든 형태의 경험, 그 경험의 위계질서, 그 경험의 관계에 관한 초월론적 이론이, 궁극에는 삶 자체에 관한 이론이 되는 것이다.

이 문제 가운데 어느 것도 여기서 검토될 수 없다는 건 명확하다. 갈릴레이의 계획은 주관성을 작용 밖에 둠으로써 철학에서 그 고유한 대상을 빼앗았다는 걸 지켜보는 것으로 우리에게 충분하다. 주관성을 작용 밖에 두는 일이 갈릴레이의 계획에서 방법론적 의미만을 지녔을 뿐이고 게다가 그 자체로 주관적이지 않은 존재자의 앎을 겨냥했다면, 그것이 반대로 실증주의와 함께 일어나는 것처럼 도그마의 의미를 지니게 되자마자 철학에 사형은 선고된다. 도그마 성격을 띤 주관성의 제거가 그것도 인식의 문제에서 인식의 본질은 주관적인데 부조리하다는 것, 그런 제거가 실증주의의 설립자에게서 삶을 쫓아낸 장소 자체로 대량의 감정 회귀 모습을 띤 거대 모순에 이른다는 것은 우리 주제가 아니다. 신실증주의 성격을 띤 대학에서 철학에 예정된 운명을 지켜보는 것으로 만족하자.

이미 언급한 철학의 퇴보, 문학, 고전 언어, 예술, 문화 일반의 퇴보와 비교할 만한 그것의 퇴보 이외에 철학은 다음의 점에서 내부적으로 전복된다. 철학은 지식의 일반적 이론으로, 또 그처럼 그 자체로서, 그리고 매우 깊은 구조에서 초월론적 주관성의 일반적 이론으로 자신을 제시하기를 그치고 유일하게 가치 있는 것으로 주어진 과학 지식에 관한 반성으로 되돌려졌다. 철학은 인식론이 되었다. 또는 더 낮게는 과학이 성장하면서 그 자체에 관한 과학의 참다운 반성을 이루기에 과학의 단순한 역사가 되었다. CNRS(과학연구의 국가 센터)에서 철학은 '철학, 인식론, 과학의 역사'라는 제목 아래 45번째이자 마지막 부서를, 깨끗이 없애는 게 늘 문제가 되는 부서를 요구할 권리를 지닌다. 근대 세계에서 특별한 유형의 지식 발전에 근거하는 아포스테리오리a posteriori의 지식, 바로 여기 삶의 본질과 인간의 초월론적 인간다움을 해명하는 거대한 임무를 대체한 것이 있다.

도그마 성격을 띤 초월론적 삶의 부정은 그 완결의 극단적 지점에서 오직 철학을 왜곡하지만은 않는다. 새로운 학과를 위해 그것을 제거한다. 실증적이거나 과학적인 심리학이 그것이다. 프쉬케

psukhè가 마음(영혼), 주관성을 뜻하고, 로고스가 그것과 관련한 지식을 뜻하는 한에서 고전 철학은 심리학을 도맡았다. 심리학psychologie은 철학의 정의다. 주관성의 부정, 그 극단적, 존재론적 부정이 행동주의의 도래와 함께 20세기에 일어났다. 우리는 행동주의의 모순적 성격을 보여줬다. 이 과학을 위해 의식이 제거된 이상 새로운 대상을 찾는 일이 남았다. 행동이 그 대상이 될 것이다. 그러나 행동은 그것에 그 '의미'를 줄 수 있는 유일한 초월론적 주관성의 객관화를 그 안에 함축한다. 이것이 왜 과학심리학은 오직 인간 행동의 특수성과 자율성을 부정하면서만, 그것을 단순한 겉모습으로, 현상이나 그 자체로 생물학적 과정의 결과로 풀이하면서만 그 목적에 참으로 이르는가에 관한 이유다. 생물학에서부터 주관성에 관한 철저한 설명을 이뤄낸다는 주장과 함께 '과학'심리학은 그 궁극적인 물질주의적 전제를 드러낸다. 자연 과학에 발언을 주고자 그것은 스스로 자율적 학과로서 자신을 파괴한다. 이처럼 그것은 인간 안에 인간적인 모든 것을 어떤 방식으로든 인간적이지 않은 것으로 설명하면서 인간 소외를 그 절정으로 내몬다. 과학적이고 물질주의적 심리학은 결국 인간에게 적용되고, 인간 고유의 본질 그 제거로 되어 있는 갈릴레이 계획의 참모습처럼 보인다.

다만 아무리 주관성이 심리적인 것으로, 다시 말해 세계에 드리운 그림자로 되돌려졌을지라도 생물학으로 주관성을 조금이라도 설명하는 건 불가능하다. 만일 a가 생물학이고 b가 심리적인 것이라면, a와 b의 관계는 원칙에서 파악되지 않는다. b는 오직 확인될 수 있을 뿐이다. 그것도 그 자체의 차원에서, 그 자체 안에서 그 자체를 통해. 생물학에 관해서는 아주 새로운 것처럼, 생물학으로 되돌려질 수 없는 것처럼, 또는 데카르트처럼 말하면 본유 관념[50]처럼 말이다. 이처럼 우리는 생물학적 과정, 더욱이 화학적 과정에 관한 앎에서부터 심리적인 것, 붉음, 고통 따위에 관한 앎을 절대 이끌어낼 수 없으며, 반대로 심리적인 것에서 출발해서만, 또 그처럼 심리적인 것이 그 자신을 놓고 전제하고 아는 그대로 그것을 놓고 전제해서만 심리적인 것과 생물학적인 것의 상관관계를 확인할 수 있을 뿐이다. 게다가 이 상관관계는 그 안에 인간 심리의 주관성 그 자체가 아닌 그에 관한 표상만을 끼어들게 할 뿐이다. 주관성 그 자체는 물러가서 그 순수 내재성의 비탈자태적 밤에 억류된다.

문제가 되는 현상을 올바르게 이해해야만 하는 모든 사고는 그것이 과학주의적이든 물질주의적이든 생물학에서 출발해 그 자체로서 주관적인 것에 관한 어떤 앎도 얻을 수 없다는 것을 인정해야 할 것이다. 심층 심리, 곧 '심리적 삶의 잠재적 상태'라고 부르는 것에 관해 말하면서 프로이트는 단호하게 선언한다. "그것에 그 심리적 성격 때문에 지금으로선 전혀 접근할 수 없다. 어떤 심리학적 표상도, 어떤 화학적 과정도 그 본성에 관한 생각을 우리에게 줄 수 없다."[51] 오늘날 대학에 '심리학'이라는 항목 아래 놓인 학과

---

50 "왜냐하면 감각 기관은 그것을 기회로 해서 우리 안에서 깨어나는 관념의 어떤 것도 우리에게 가져오지 않기 때문이다. 또 그처럼 이 관념은 우리 안 이전에 있었기 때문이다." "1641년 7월 22일 메르센에게 보낸 편지", in *Œuvre, op. cit.*, III, p. 418.
51 *Métapsychologie*, coll. "Idées", Gallimard, Paris, 1968: *Gesammelte Werke*, X, 267. 지금으로 제한한 건 절대 보편적으로 옳은 명증 앞에서 무조건 항복하는 데 반대해 과학적 이데올로기가 내세운 거부에 대한 재미난 증언이다. 그 명증은 과학적 이데올로기에 가장 쓰라린 반론을 가져온다.

에 눈길을 던지면 생물학으로 도로 데려가는 행동과학심리학 옆에 정신분석학 강의를 발견한다. 서로 모른 채 자신의 길을 이어나가는 이질적인 두 연구의 이 이상한 병렬에 관해 어떤 이론적 정당성도 주어지지 않은 채로 말이다. 그런데 이런 상황에 관한 이유는 우리에게 명백하다. 그 상황은 인간 앎에 적용된 갈릴레이 계획이 지닌 부조리함의 엄연한 결과다. 행동심리학, 그 객관주의적 심리학을 통해 지식의 영역 밖으로 초월론적 삶을 배제하는 일은 무의식으로 그 삶을 물러가게 한다. 그런 자격으로 정신분석학은 삶을 되찾았다. 정신분석학은 철학의 무의식적 대체다. 그것은 철학의 커다란 과업을 다시 시작한다. 바로 인간의 인간다움 범위를 정하는 일이다. 그런 재개는 초월론적이고 먼저 본질적인 방법 없이는, 갈릴레이의 객관주의와 의식적인 단절 없이는 불가능하다. 그러나 정신분석학은 모순적으로, 그 객관주의로 끊임없이 되돌아온다. 그처럼 정신분석학은 반은 주관적이고 반은 객관적인 잡종 심리학만을, 경험심리학만을 세울 수 있을 뿐이다. 그 심리학에서 아버지와 관계, 항문 성애 따위 경험적 개념에 초월론적 구실을 하게 한다는 주장은 가장 심각한 혼동에 이를 수밖에 없다.

인간 앎에 갈릴레이 계획의 적용으로서 심리학은 새로운 '인간 과학'의 전형처럼 소개된다. 인간 과학에 관한 일반적인 이론을 그 해체라는 모습 아래 우리는 이 책의 5장에서 제안했다. 심리학 특수 교육의 발전, 철학을, 또는 적어도 '전통적이고 철학적인 심리학'을 대체한다는 주장, 형이상학적 낡은 꿈 대신 인간에 관한 과학적 앎으로 자신을 제시한다는 주장, 이 모든 것은 대학과 문과 내부에서 갈릴레이 원칙의 지속적인 확산을 확인하게 해준다. 심리학

옆에 같은 전제를 따르고 과학성이라는 같은 자격을 요구하는 사회학의 출현은 같은 의미를 지닌다. 사실은 결국 매우 특별한 사회학이 그곳에 관계한다. 인간의 인간다움에 관심 있고 그것을 작용에 놓는 사회학은 심리학만큼이나 초월론적 토대 없이 있을 수 없다. 그 토대는 어떠하든 모든 사회적 현상의 바탕에 있는 상호 주관성에 있다. 한편으로 상호 주관성의 내용은 관계에 들어가는 주관성의 내용과 다르지 않다. 그 결과 그 법칙, 곧 사회의 법칙은 그것을 구성하는 개인의 법칙과 다르지 않다. 다른 한편으로 상호 주관성을 그 자체를 위해, 그것도 결과나 상황으로서만이 아니라 그 형성의 초월론적 과정에 따라 생각해야 한다. 그 과정은 상호 주관성을 낳았거나 그 과정을 통해 상호 주관성은 스스로 자신을 낳았다. 이 일을 실현하는 것이 위대한 철학자의 과업이다. 프랑스 사회학자 타르드Jean Gabriel de Tarde는 모방이라는 중요한 현상에 관한 해명을 통해 모든 구체적 상호 주관성, 그 자기 구성의 초월론적 과정에까지 파고들 줄 알았다.

하지만 갈릴레이 계획을 통해 초월론적 주관성을 배제하는 일은 마찬가지로 상호 주관성을 배제하는 일이다. 과학적 사회학은 결국 같은 이름의 심리학과 똑같이 다른 대상을 자신에게 줘야 한다. 여기서도 또한 주관적 본질을 대체하면서 사회의 객관성 속에 주어진 존재로 되돌려진 '행동'이나 '현상'이 될 것이다. 더는 개인적이지 않고 사회적인 행동이나 현상이 될 것이다. 심리학의 행동이 주관성을 추상한 것과 똑같이 그런 행동이 상호 주관성을 추상하는 한 그것은 더는 주관성을 통해서가 아닌 그 자체의 힘으로 있어야 한다. 그렇지만 주관성 없이 그것은 아무 내용도, 의미도 지니지 못한다. 사회와 사회적 과정의 위격hypostase과 함께 상관항으로서 자율적인 사회적 법칙, 개인적 주관성의 법칙과 무관하고 나아가 주관성에 요구되는 그것의 위격, 이런 것이 뒤르켐Emile Durkheim의 결정적 주장이다. 그리고 이 주장만이 객관주의적이고 그 자체로서 과학적인 사회학을 세울 수 있다. "이 사회의 삶이 개인으로서 인간을 움직이게 하는 법칙과 반대되는 법칙을 따른다."[52]라는 부조리함, 프루동Pierre-Joseph Proudhon에 반대하는 논쟁에서 마르크스가 고발한 그 부조리함이 새로운 사회학의 명시적 원리가 된다. 마르크스를 전혀 모르는 마르크스주의자가 이어받은 그 새로운 사회학은 결정적으로 타르드의 사회학을 은폐하게 되며, 그와 함께 역동적이고 살아있는 사회학의 가능성을 은폐하게 된다.

어떻게 과학적 주장을 지닌 이 객관주의적 사회학이 레닌주의가 된 마르크스주의 안에서 정치적 이데올로기가 되기도 하고, 이론의 여지가 있는 윤리가 되기도 하는지를 우리는 보여줬다. 사실 사회/개인은 같은 것Même이다. 주관성, 상호 주관성, 실천과 같은 실체를 지닌다. 그 결과 그 둘의 법칙 또한 같게 된다. 그런 사회/개인의 관계가 분리된 두 개체 사이 외재적인 원인 관계로 생각됐기에 사회가 그 관계의 원인이 되고, 개인은 그 관계의 결과가 되었기에 결국 개인은 자신의 하찮은 조건에서 떨어져 나오려면 세계의 운명과 거의 형이상학적인 방식으로 동일시될 목적에서 정치적 과업에 자신을 바칠 도리밖에 없다. 우리는 삶과 개인이 자기 밖으로 도망치는 의미를 안다. 그리고 어떻게 그런 달아남의 원천이 사

---

52 Marx, Œuvres, Bibliothèque de lq Pléisade, Gallimard, Paris, 1963, I, p. 63.

실은 그들 안에 있는지를 안다. 개인적 삶의 폐허 위에 세워진 사회학, 같은 목적에 답하는 인간 과학은 오늘날 그 개념의 보잘것없음에도 그것이 괴상하게 입고 있는 갈릴레이의 번쩍거리는 옷 뒤에 마치 어떤 실제 힘을 가리키듯 이 힘은 그것을 은밀하게 살찌우는데, 자신의 절망을 그 안에서 가리킨다.

이 '과학적' 사회학은 대학의 물음과 관련해 결정적인 중요성을 띤다. 전통적 학과의 퇴행에 이바지하는 것으로 모자라 그 모든 학과에서 고유한 대상과 말할 권리를 빼앗음으로써 심장을 강타한 게 바로 그것이다. 사회학주의의 역사는 살아있는 개인의 역사가 아닌 초월적 구조의 역사다. 그 무게에 개인은 압도된다. 역사학자에게, 인간의 인간다움humanitas에 관한 더 깊고 뚜렷한 관점을 얻을 가능성, 있었던-존재existences-ayant-été와 그 존재가 지닌 매우 고도의 경험에 응수하면서 반복 속에서 그럴 가능성, 역사를 문화의 형태로 만들 그 가능성은 더는 존재하지 않는다. 일반적 형태와 윤곽에 관한 외재적 검토가 모든 이에게 실제로 있었던 것의 비밀 속으로 파고드는 일을 한 번 더 대체했다. 우리는 문학에서 사회학적 접근이 함축하는 걸 고발했다. 바로 그 자체로서 문학적인 것에 관한 무지다. 철학에 관해 말하자면 사회학은 더는 철학의 한 학과가 아니다. 그것은 지식을 포괄하는 이론에 더는 자리하지 않는다. 반대로 그 이론의 자리를 차지하면서 **사회학적 설명은 일반적으로 철학을** 지성의 원리이자 산실인 대신 **이데올로기로 만든다**. 철학의 역사는 관념의 역사일 뿐이다. 경험적 전체에 들러붙어 있고 그로부터 이해될 수 있는 단순한 사실성일 뿐이다.

그렇지만 관념적 세계 전체가 사회와 사회의 선결적 조직화에 따라 결정되는 한에서 그 관념적 세계가 발전하는 곳이자 그 세계와 구체적으로 동일시되는 대학은 그 또한 이 사회와 그 산물의 결과일 뿐이다. 사회/대학의 분리는 대학의 자율성이 반박된 지금 더는 존재할 이유를 지니지 못한다. 뒤르켕과 레닌의 사회학은 그 여러 파생물과 함께 문화의 모든 기본 학과 내부에서 자율성에 관한 그것의 권리를 잘라버린 것과 같은 방식으로 경계선의 제거를 요구한다. 자율성에 관한 권리의 제거 또는 사회적 상태의 헤게모니는 그 상태에 따라서, 모든 사회의 삼중 구조화에 따라서 생각되어야 한다. 정치적, 경제적 그리고 오늘날에는 과학기술적인 구조화가 그것이다. 정치적 종속은 전체주의를 의미한다. 경제적 종속은 모든 형태의 활동, 특히 지적이고 정신적인 활동에 낯선 목적의 강요를 의미한다. 경제적 종속은 생명 유지에 필요한 목적론의 전복을 함축한다. 과학기술의 종속은 그 정치적이고 행정적인 중개자와 함께 문화의 발전을 위해 마련된 장소 밖으로 문화의 추출을 요구한다. 또 그처럼 문화에 바쳐진 대학의 깨끗한 파괴를 요구한다.

이미 언급한 이 세 가지 결과에 근대 민주주의에 그 고유한 특징을 주는 네 번째 결과가 덧보태진다. 갈릴레이 계획을 통한 초월론적 주관성의 제거는 전혀 완전하지 않다. 삶은 계속된다. 하지만 우리가 말했듯 매우 세련되지 못한 모습으로 계속된다. 문화의 한 전형이나 더 까다로운 감성을 참조하는 일 없이 수행되는 기초 본능, 신체적이고 가장 돌발적인 모습을 한 힘, 이데올로기적 도식으로, 언어의 충격과 사진의 무게로, 요컨대 땅바닥에 닿을락말락 하는 존재의 충실한 반영이 된 집단 표상으로 되돌려진 사유가 그 세련되지 못한 모습이다. 매체 존재에 빈곤함을 반영함과 함께 매체를 통해 만들어지고 왜곡되는 바로 그 존재다. 정치적 사회주의에서 동기를 받은 교육 프로그램의 변경이 위대한 작가에 관한 연구를 사회 환경의 연구로, 철학서 읽기를 시청각 정보로 대체할 것을 요구했을 때 정신적, 나아가 관념적 내용의 명목으로 공들여 구상하고 고양된 문화의 산물을 대체하러 온 건 삶의 이 훼손된 모습이다.

하지만 모든 게 관련 있다. 문화는 자기 참조적 성격을 그 특성으로 지닌다. 어떤 주요 작품도 즉각적인 현실, 예를 들어 사회적 현실로부터 설명되지 않는다. 그것의 탄생은 이전의 모든 연구, 문화의 한 세계를 함축한다. 그것의 탄생은 이 세계를 연속이나 단절의 복잡한 작용에 따라 가리킨다. 그 작용의 재활성화는 그 탄생을 이해하는 데 불가피하고, 그 이해를 믿기 어려울 정도로 자유롭고 풍부하게 한다. 현실성을 지닌 문제에 관해 자료를 구성하는 게 훨씬 더 쉽다. 자격 없는 교사 가운데 30퍼센트 이상이 그들이 맡은 교과목을 전혀 공부하지 않았다고 보고서는 말한다. 사회적 현실에 관해 학생들은 준비가 돼 있어야 한다. 사회학주의의 보호 아래, 그리고 그 사회적 현실의 명목 아래 일상적 평범함, 평소의 행동, 초보적 환상, 매체 언어나 문맹이 규범이 될 때, 그것도 가르쳐야 할 그것 자체가 될 때 문화의 제거와 대학 세계의 쇠퇴는 서로 손을 준다.

전수해야 할 지식의 성격, 전수 방식, 바로 거기 대학에 제기된 두 물음이 있다. 전통적 학과를 왜곡하러 오고, 경험적 상황의 불확실한 특징을 이론적 규범의 지위로 격상하는 데 만족하는, 이른바 과학을 전통적 학과에 대체하러 온 내용의 변경은 전수 방식, 곧 그 자체로서 교육의 덜 본질적이지 않은 변화와 겹친다. 사실에 관한 정보의 소통, 사실만큼이나 외재적이고 피상적이며 순수 사실성과 유사한 소통이 절대 보편으로 옳은 명증이나 파토스적 확실성을 만드는 동시대성의 반복에 대립된다. 어디서 소통은 그 전형을 끌어오는가? 예전의 층위를 뒤흔든 과학기술의 맹목적인 자기 발전이 낳은 사회에서 기술 장치는 점차 인간의 주관적 실천을 대신한다. 소통은 거기서 더는 사적인 말, 관계에 들어가는 개인들에 매번 의존하는 그 말에 근거를 둔 살아있는 관계가 아니다. 그것은 더는 상호 주관성이 아니라 정확히 기술 장치다. 그것은 매체의 소통이 됐으며 그것으로 되돌려진다.

매체의 소통은 그 정수를 텔레비전에서 찾는다. 이 매체의 소통에 소통이 소통하는 것이 바로 그 자체며, 따라서 이 소통의 모습이 그 내용이 되었다는 것이 속한다. 그처럼 오직 이 소통에 들어가면서, 그 소통에 들어가는 한에서 현실은 있을 뿐이다. 중요한 건 기자의 수와 카메라 안에서 또 그를 통해 존재에 접근하게 될 것, 곧 사건 주변으로 모인 카메라의 수량이다. 사건에 그 중요성을 줄 뿐 아니라 그 존재를, 곧 그 성격을 그처럼 결정하게 될 매체 존재를 주는 카메라 안에서, 또 그를 통해 말이다. '사건'의 자격을, 또 그처럼 존재를 요구하는 건 텔레비전으로 방영될 수 있는 그대로 있어야 한다. 우회할 수 없는 요구를 통해 만들어지고 오려지고 제한돼야 한다. 우리는 그 요구의 본질을 알아봤다. 바로 현실성이다. 현실성은 거기, 지금, 그 가장 극단적인 정확함과 그 가장 극단적인 피상성 속에 있는 걸 가리킨다. 텔레비전으로 방영되고 텔레비전으로 방영된 것으로서 있을 수 있는 그것의 능력에서 그것은 이 피상성과 정확성을 지닌다. 결국 이 피상성과 정확성 속에 있을 시간에 그렇게 있는 걸 그것은 가리킨다. 그 뒤에 그것은 무로 기울어진다.

정치적 사회학 만능주의가 대학에서 사회 내용을 추진하고 사회를 휩쓸 때 대학 내부에서 지식 전수의 전통적 방식과 경쟁에 들어가는 건 그 내용과 함께, 또 점차로 매체가 그 내용을 구성하기에 모든 것을 점령하는 매체 소통이다. 참된 모든 교육의 본질을 이루는 동시대성의 반복은 특수한 물음을 다시 생각한다는 구실 아래 매체 소통의 일반적 격상을 확실하게 하는 '소통의 과학'에 자리를 양보해야 한다. '참된 교육법은 텔레비전이다!' 그리고 매체 소통과 함께 매체 존재에 자리를 양보해야 한다. 조사, 의견, 사람들이 말하는 것, 모든 종류에서 판에 박힌 것, 일반적 통속성, B.D., '영상의 새로운 문명', 평범함과 일상적 단조로움을 가리키고 그것을 친절히 개진하는 모든 것, 바로 여기 교사를, 현실성과 사회적 도그마의 노예가 된, 그만큼이나 수용적이고 쓸데없게 된 시청자로 변화한 교사를 가르치는 일을 떠맡은 것이 있다.

왜냐하면 이 모든 움직임의 구체적 진실은 다음처럼 요약될 수 있기 때문이다. **삶의 자기 증대라는 거대한 움직임을 그들 안에서 이뤄내면서, 가능한 반복 속에서 다른 이에게 그 움직임을 전수하는 과업을 자신에게 줬던 이들이 맡은 전통적으로 지적이고 정신적인 힘, 이 힘을 기술과 매체 세계의 맹목적 노예인 새로운 주인, 기자와 정치인이 성직자와 지식인에게서 빼앗았다.**

그렇다면 문화는 어찌되는가? 그것과 함께 인간의 인간다움은?

언더그라운드

기술적이고 매체적인 존재를 통해 사회와 그와 같은 존재로 점령 당한 대학 자체에서 쫓겨난 문화는 언더그라운드의 은밀함 속으로 던져졌다. 거기서 그 성격과 운명은 그것을 배제한 사회의 성격과 운명과 함께 아주 달라졌다.

근대성을 아직 알려지지 않은 유형의 야만으로 만든 근대성의 결정적인 특징은 모든 문화를 박탈당하고 그것과 무관하게 있는 사회라는 데 있다. 만일 과거의 모든 문명이 사례로 보여주는 것처럼 자기에 관한 자기 보존과 자기 증대로서 삶이 자체의 힘으로 문화의 한 과정을 구성한다면, 그런 상황은 오늘날 매우 평범하고 통상적인 것 같을지라도 거의 견딜 수 없는 하나의 역설을 만든다. 야만은 결국 일종의 불가능성이며, 만일 그런데도 그것이 일어난다면 이는 결코 삶이 지닌 힘의 어떤 설명할 수 없는 무기력함의 모습 아래에서가 아니다. 증오와 원한이라는 큰 현상 속에서 그 힘이 자기를 적대하는 쪽으로 돌아섰어야 한다. 그것은 그 존재에 동실체적인consubstantiel 그 받아냄 안에서 또 갑자기 더는 자기 자신을 견딜 수 없게 된 삶이 자기를 몰아내고자 하는 한에서 그렇게 한다. 야만은 결국 악Mal의 침입 없이, 자기 파괴라는 광적이지만 매우 잘 이해할 수 있는 의지의 침입 없이 조금도 있지 않다. 또는 사회적 퇴행이라는 모든 상태에서 자기이고자 하지 않는 삶의 확고한 거부가 지닌 폭력을 정체와 몰락의 특성이 지닌 명백함 뒤에서 알아볼 수 있다.

서양의 야만이 지닌 특성과 그것에 어마어마한 힘을 주는 건 이 거부가 모든 형태의 문화에 반대해 수행되지 않고 그 가운데 하나의 내부에서 수행됐다는 점이다. 바로 지식의 형태가 그것이다. 어떻게 그런지를 우리는 보았다. 어떻게 자연적 존재자에 관한 객관적 앎에 이르려는 계획이 근대성을 세운 이들을 앎에서 그 감각적이고 주관적인 모든 특성, 삶을 참조한 모든 것을 배제하도록 이끌었는지 말이다. 그처럼 삶의 부정, 다시 말해 결국에는 삶의 자기 부정은 긍정적인 발전이라는 겉모습을, 곧 인식과 과학이라는 겉모습을 띠었다. 엄밀함이라는 위신 아래 감춰진 주관성을 작용 밖에 두는 일은 지구의 황폐에 이르렀다. 이는 기술의 비주관적 성격을 통해 그리고 기술이 새로운 '인간 과학'에서처럼 인간 자신에 관한 앎에, 인간의 인간다움, 그 깨끗한 파괴에 적용됐을 때 그렇게 됐다.

지식의 영역에서 배제됐어도 삶은 있는 그대로의 욕구 그 모습으로 살아남았다. 이는 오늘날 삶에 '물질주의적' 성격을, 또 야만적 성격을 준다. 그렇지만 모든 사회는 그것이 상호 주관성에 근거하는 한 욕구 해소의 기본 방식으로 이뤄진 토대를 소유할 뿐 아니라 주관성들의 지속적이고 늘 움직이는 관계화를 함축한다. 주관성들은 그 관계화를 구성한다. 이 본질적인 상호작용은 그 가능성을 반복과 그 결과로 생기는 동시대성contemporéité에서 찾으면서 먼저 문화의 고도 형태에서 지식 전수의 확고한 방식으로 개입하지 않는다. 그것은 자발적으로 감정 이입과 모방 현상을 통해 파토스적이고 구체적인 모든 상호 주관성이 스스로 자신을 구성하는 과정 자체처럼 행해진다.

이 상호 주관성이 소통과 매체기술의 존재 속에서 소외될 때, 그것은 얼빠짐이라는 특성을 물질적인 우리 사회에 보탠다. 그와 함께 문화에 마지막 타격을 입힌다. 매체 세계를 정당화하고자 인간다움은 그 때문에 죽어가고 있는데 매체는 늘 존재했다고 사람들은 선언한다. 요컨대 비잔틴 양식의 모자이크, 대벽화, 책, 판화, 심포니 연주는 매체다. 또 그처럼 문화 자체는 본질에서 매체 성격을 띤다. 사회 성원의 지적, 도덕적, 감각적 저하에 바쳐진, 그의 깊은 무지에 바쳐진 한 사회의 치욕과 위선이 점잖게 뒤집어쓰고 있는 이 조악한 궤변은 폭로되지 않았을 것이다. 자신을 표현할 가능성과 따라서 그 권리를 지닌 이들, 정확히 모두 매체의 창조자인 이들이 그것을 되풀이하지 않았다면 말이다.

문화의 **매체**medias, 모자이크, 대벽화, 판화, 책, 음악은 보통 성스러운 것을, 어쨌거나 삶이 지닌 힘의 증대와 더 나아가 삶의 본질에 관한 열광적인 발견을 주제로 한다. 영매medium 자체는 예술이었다. 곧 다른 모든 힘을 지닌 감성을 중개로 삶이 지닌 이 힘을 깨우는 일이었다. 미적, 시각적, 음성적, 관념적 심상은 관조의 대상이었다. 그것은 머무는 것이었다. 초월론적 과정의 반복에서 그것을 창조해내는 데 이르면서 그것과 동시대인이 되고자, 매우 정확히 말해 이 활약, 곧 삶의 커진 이 힘을 자기 안에 다시 만들어내고 그 힘과 함께, 그 힘 안에서, 바탕의 취기에 이르고자 그것에 우리는 쉼 없이 되돌아온다. 문화는 이 반복을 허용하고, 그것을 일으키는 천재적인 작품 전체, 사람들이 세기의 밤을 가로질러 그들의 초월에 관해 서로 건네는 신호였다.

기술 시대의 매체는 아주 다른 성격을 보인다. 그 내용은 무의미한 것, 곧 현실성이다. 내일에는 조금의 관심도 더는 지니지 않게 될 것이다. 심지어 그것이 사건을 구성할 때조차도 더 많은 관심을 지니는 것은 아니라고 매우 생각해볼 만하다. 영매는 텔레비전에 방영된 영상이다. 조금도 항구적인 것이 아니라 자기에서 자신을 증대하고자 되돌아와야 할 것이 아니라 그것이 결코 떠나지 말았어야 할 무無 속으로 쉼 없이 무너져내리는 것이다. 매체 존재가 삶에 제시하는 건 결국 자기 실현이 아니다. 달아남이다. 그가 지닌 게으름이 그의 에너지를 억압하면서 그 자신에 관해 만족하지 못하게 할 때 그 모든 이에게 이 불만족스러움을 망각할 기회다. 매 순간 힘과 욕망이 새로 오를 때마다 다시 시작해야 하는 망각. 파리 교외 학생들이 그들의 선생과 똑같이 텔레비전 앞에서 보내는 건 일주일에 21시간이다. 내일 그들은 서로 얘기할 뭔가를 가질 것이다. 우리가 그 전달의 측면에서 또 그처럼 매체로서 문화의 위대한 작품을 헤아리면 상황이 거의 달라지지 않았다는 걸 인정해야 한다. 영속성을 목적으로 고안되고 말 그대로 영속성 안에서 일어났기에 그것이 소통 속으로 나아가는 건 그 자체에서부터였다. 사원,

대벽화, 책과 같은 항상 있고 제공된 그 안정적인 존재에서부터였다. 그것은 성스러운 것Sacré을 꼭 빼닮고자 하는 이들을 둘러쌌으며, 그것은 성스러운 것의 실체를 이뤘다.

오늘날에는 더는 그렇지 않다. 연속으로 제작된 산물의 범람 속에서, 그 산물의 품위 없는 광고의 범람 속에서, 중단 없이 이어지고 즉각적인 사라짐에 바쳐진 텔레비전 영상의 범람 속에서, 작가나 명상가, 학자나 예술가가 아닌 텔레비전 진행자, 정치인, 가수, 갱단의 일원, 매춘부, 각종 스포츠 챔피언, 모든 종류의 모험가가 쓴 책의 범람 속에서 예술 작품은 더는 그 자신의 향상을 이뤄내지 못한다. 그것은 정확하게 **영매**이기를 멈췄다. 그것은 그것이 결코 얻지 못할 새로운 매체, 음성 영상 매체의 중계를 필요로 한다. 왜냐하면 매체는 정치적 심급, 사회적 순응주의에 의존하기 때문이다. 매체는 무한히 사회적 순응주의의 지배와 힘을 증가하게 한다. 왜냐하면 그런 방식으로 매체는 지배 이데올로기에, 유행에, 주위의 물질주의에 다음과 같은 것을 요구하는 부패에 예속돼 있기 때문이다. 소통이 그 자체의 내용이 되었기에 매체는 주요하게 매체에 관해 말한다. 그곳에서 일어날 일을 미리 알리고, 그곳에서 일어난 일, 또 그처럼 그곳에 출연할 이들, 이제 막 출연한 이들, 가수, 배우, 정치인, 모든 종류의 모험가, 각종 스포츠 챔피언, 마이크를 받은 이들, 새로운 성직자, 우리 시대의 참된 사상가, 이 모든 이를 기술한다. 그리고 그들과 함께 현실성, 늘 새롭고 늘 가치 없는 것, 감각적이고 의미 없는 것, 주위의 물질주의, 저속함, 생중계, 상투적인 것으로 단순해진 생각, 의성어로 된 언어, 이해를 보장받은 이들, 아무것도 모르고 아무런 말할 것도 없는 이들에게 주어진 말을 기술한다.

매체 존재를 규정하는 매체 소통이 모든 것을 휩쓴다. 가치 또한 이제 매체의 그것이다. 자유, 기본적이고 본질적인 자유, '다른 모든 것의 핵심', 신문의 자유, 정보의 자유, 다시 말해 사실은 매체와 매체 존재 자체의 자유, 멍청하게 만들고, 품위를 떨어트리고, 굴복하게 할 자유다. 그리고 이는 근본적 의미에서 그렇다. 왜냐하면 매체 존재에는 다음과 같은 것이 또한 있어서다. 그 안에서는 모두 그와는 다른 존재로 살며, 그 결과 **그의 정신을 점거하러 오는 내용을 더는 그가 아닌 기기器機가 만든다.** 기기가 모든 것을 떠맡고, 그처럼 그에게 그의 영상, 희망, 환상, 욕망, 만족을 주는 일을 떠맡는다. 이 만족은 상상이지만 매체 존재가 실제 존재가 되었을 때 그것이 가능한 유일한 만족이 된다. 이 사회는 정신적 구호 대상자의 사회인 만큼 사회적 구호 대상자의 사회는 아니다.

매체 존재와 그 가치의 총괄적인 발전과 함께 작용 밖에 있는 건 총체적으로 그것에 낱낱이 대립되는 문화다. 여기에 우리가 말했던 아주 가차 없고 아주 근본적인 절대 검열이 끼어들어서 매체 그 자체는 그것을 따르고 광고, 시청률, 더 많은 숫자라는, 하향적 평준화라는 청동 법칙, 민주주의라는 가면으로 치장한 그 법칙으로 결정된 매체로서는 인간을 자기 자신에게서 앗는 영상의 혼란스러운 행렬 속에 다른 질서의 제작, 참된 창작을 도입하는 것은 불가능하다. 결국 순환을 깨트리기는 불가능하다. 그 속에서 텔레비전과 청중은 서로 그들 자신, 그 초라함의 영상을 보낸다. 왜냐하면 바로 거기 이 검열이 결정한 것이 있어서다. 바로 자기 자신 안에서 문화의 사실과 작품으로서 이뤄져 있는 모든 것, 자기 자신 안에 또 자기 자신의 힘으로 살아남은, 그처럼 자기 힘으로 살고 그렇게 하는 데 만족하는 삶의 증대, 그 과정으로서 이뤄져 있는 모든 것을 존재와 매체 세계 밖으로, 사회와 사람들의 세계인 세계 밖으로 몰아내는 일이다.

이 상태에서 문화는 무엇을 하고 무엇이 될 수 있겠는가? 그것은 삶이 자기 안에 지칠 줄 모르고 오는 것과 같은 자격으로, 결코 아주 침묵하지 않는 삶의 언어와 같은 자격으로 살아남는다. 하지만 문화는 일종의 익명 속에 머무른다. 문화가 열망하는 교환은 더는 도시의 빛 속에서 그 기념물, 그림, 음악, 교육을 통해, 그 매체를 통해 일어나지 않는다. 교환 또한 은밀함 속으로 들어갔다. 그것은 고독한 개인들이 우연한 만남에서 서로 같은 표시로 새겨져 있는 걸 확인했을 때 그들이 서로 소통하는 간결한 말, 성급한 지시, 몇몇 참조다. 문화를 전달하는 일, 모든 이를 그인 것으로 되게 해주는 일, 매체기술 세계의 견딜 수 없는 지루함과 그 마약과 그 흉물스러운 과대 성장과 그 익명적 초월성에서 벗어나는 일, 그들은 이를 매우 바랄 것이다. 하지만 매체기술 세계는 결정적으로 그들을 침묵으로 돌렸다. 몇몇 사람이 아직 세계를 구할 수 있을까?

옮긴이의 말

우리에게 아직 잘 알려지지 않은 미셸 앙리는 현대 프랑스 철학, 그중에서도 현상학을 이야기할 때 더는 비껴갈 수 없는 '현상학의 거장'이면서 그 비중이 나날이 커가는 사람이다. 미셸 앙리는 후설의 현상학을 계승하면서도 후설 이후의 전통적 현상학과 자신의 현상학을 구별한다. 그가 '현상학의 전복renversement de la phénoménologie'[53]이라는 이름 아래 꾀하는 것은 근본 현상학이다. 후설의 현상학보다 더 근본적인 현상학, 이것이 바로 그가 '삶의 현상학phénoménologie de la vie'이란 이름 아래 우리에게 제시해주는 것이다. 이 삶의 현상학을 그는 '세계의 현상학phénoménologie du monde'에 대립한다. 그러나 이는 단순한 대립을 넘어선다. 세계의 현상학은 삶의 현상학에 그 바탕을 두고 또 바탕을 두어야 한다고 그는 생각

---

[53] 미셸 앙리의 『육화, 살의 철학』 1장 참조.

한다. 세계를 설명하기에 그치고 세계를 설명하는 그 원리의 현상성phénoménalité, 곧 현상성의 현상성에 관해 물어야 하며 그런 물음과 함께 전통적 현상학은 새로워질 수 있다고 그는 믿는다. 그리고 이것이 현상학의 전복을 의미하는 것이다.

현상학의 전복은 현상학이 그 토대를 두고 있는 것을 뒤흔듦으로써 현상학을 새롭게 하는 데 그 목적이 있다. 현상학의 전복은 '현상학의 쇄신renouvellement de la phénoménologie'[54]을 목표로 한다. 이런 목표는 현상학의 토대를 뒤흔듦으로써 이뤄질 수 있다. 현상학의 토대란 무엇인가? 현상학을 그것이게 해주고 그것을 가능하게 해주는 것이다. 바로 다음과 같은 후설의 물음이다. 있는 것, 나타난 것, 존재자, 현상은 어떻게 있는가, 어떻게 나타나는가, 현상의 '어떻게', 나타남의 방식을 묻는 이 물음은 현상학에 고유한 대상을 규정해줌으로써 그것을 다른 모든 개별 학문과 구별되는 하나의 독립된 학문으로 자리하게 한다. 현상을 묻고 그에 관해 연구를 진행하는 다른 모든 개별 학문이 전혀 묻지 않는 것, 그러나 그 모든 학문이 자체의 연구 속에 반드시 전제하는 것, 현상학은 그것을 대상으로 하고 그것의 해명에 주력한다. 이 대상은 현상학에 고유하며 그것을 그것이게 하며 또한 그것을 다른 모든 개별적 학문이 전제하고 다른 모든 개별적 학문을 가능하게 하는 토대로서 학문의 구실을 하게 한다. 이 구실은 본래 철학의 것이었다. 철학은 다른 모든 학문을 아우르는 학문이었으며, 또한 다른 모든 학문의 이론적 토대를 제공해주는 가장 기본이 되고 으뜸이 되는 학문이었다.

---

54 미셸 앙리의 『물질 현상학』 서문 참조.

근대에 과학이 눈부시게 발전하고 철학에서 다른 모든 개별적 학문이 독립을 선언한 뒤로 철학은 사변적 이야기만을 늘어놓는 낡고 쓸모없는 학문으로 여겨졌다. 학문의 역사에서 사라질 위기에 처한 철학에 토대로서 학문이라는 이 새로운 사명 그러나 원래 철학 본연의 사명이었던 그것을 불어넣어주고 철학을 위기에서 구해준 사람이 바로 후설이었다. 이 새로운 철학에 후설은 현상학이란 이름을 주었다. 현상학은 흔히 알고 있듯 현상을 연구하는 학문이 아닌 현상의 '어떻게', 그 현상성을 연구하는 학문이다.

근본으로 되돌아가는 물음을 놓는 우리는 거꾸로 그 물음을 물어나갈 수밖에 없다. 곧 가장 나중에 생성된 것에서부터 물어나가야 한다. 그러다보니 세계에서 그 물음은 시작한다. 세계, 세계의 '현상'은 어떻게 가능한가? 세계, 우리가 살고 있는 이 세계, 수많은 현상을 만나게 되는 이 세계를 설명하는 원리가 후설에게는 '지향성intentionnalité'이었다. 그러나 후설은 여기서 더 나아가지 못했다. 미셸 앙리는 후설이 현상성을 발견하기 위한 방법으로서 행한 현상학적 환원réduction phénoménologique에서 철저하게 근본적이지 못했다고 비난한다. 세계의 '어떻게'를 묻던 데서, 이 '어떻게'의 '어떻게'를 곧 지향성의 '어떻게'를 이제 뒤집어서 물어야 한다. 이 물음, 가장 근원적인 이 물음을 체계적으로 이끌지 못한 건 후설 현상학의 한계이자 큰 결함이며, 이런 결함과 함께 그 이후의 현상학(하이데거, 메를로-퐁티⋯)은 좌초된다. 현상학의 위기, 세계의 모든 걸 환히 밝혀주는 세계의 현상성 그 자체는 정작 자신을 밝히지 못한 채 깊은 어둠 속으로, 무의식 속으로 들어간다. 후설 이후에 오는 하이데거의 철학은 시간으로서 파악된 '세계의 나타나기apparaître du monde'와 함께 실재적인 그 어떤 것도 가져오지 못하는 '존재론적 빈곤', '무능력함'을 감추지 못한다.[55]

지향성을 지향성이게 해주는 것, 지향성의 가능 조건이자 지향성을 이루는 실재성은 미셸 앙리가 '삶'이라 부르는 것이다. 그리고 이것은, 그를 따르면 데카르트의 '마음' 또는 '영혼'과 같은 것이다. 그리고 서양 철학 역사에서 대개는 주류가 되지 못한 다른 많은 철학자(예를 들어 멘드비랑, 키르케고르, 쇼펜하우어, 니체, 그리고 추가로 덧붙이면 프로이트, 카프카⋯)가 보고 그들 나름의 방식으로 설명한 것이다. 삶은 지향성을 무엇보다도 가장 먼저 삶으로서 규정한다. 자기 밖으로 자기를 내던지는 행위를 수행하기에 앞서, 그런 행위 속에서 세계의 '현상'을 의식의 대상으로서 드러내기에 앞서, 지향성은 삶을 통해 삶 속에서 자기 자신에게 자신을 드러낸다. 끊임없이 자기 자신에게 자신을 드러내는 행위를 자기 안에서 수행하는 지향성은 이때부터 살아 있는 지향성, 삶이다. 그러나 미셸 앙리는 여기서 그치지 않는다. 드러냄, 삶은 아직 비결정적인 개념에 지나지 않는다. 삶 그 자체는 그러면 어떻게 자기를 드러나게 하는가? 어떻게, 곧 지향성의 가장 궁극적이고 내적인 본질인 삶의 본질은 무엇인가? 미셸 앙리는 이를 촉발성affectivité으로 본다. 지향성이 세계의 '현상'을 드러내는 방식은 '탈자태ek-stase'다. 현상성으로서 지향성은 탈자태에 그 바탕을 둔다. 그러나 지향성은 세계와 세계의 현상을 나타내기에 앞서 먼저 그 자체로 존재한다. 그 자체로서 존재하는 지향성은 삶에, 더 정확히 말해 삶의 촉발성에 그 바탕을 둔

---

55 『육화, 살의 철학』1장 참조.

다. 촉발성은 지향성 그 자체의 현상성이며 또한 그에 앞서 삶 자체의 현상성이다. 이처럼 미셸 앙리의 현상학에는 두 개의 현상성이 있고 미셸 앙리의 삶은 철저하게 현상학적 삶이다. 삶이 현상학적 삶이라는 함은 삶, 우리의 삶은 더는 우리가 그 실체를 알 수 없는 어떤 신비에 싸인 추상적 어떤 것이 아니라 또한 모습을 드러내는 것, 나타난 것, 곧 하나의 현상이라는 것이다. 나타나기, 이런 나타나기를 통해 나타난 것으로서 그것은 구체적인 삶, 우리의 삶이며 우리 자신의 삶이다.

이처럼 우리는 미셸 앙리의 모든 저서에서 일관된 하나의 주장을 만난다. '현상학적 이원론dualisme phénoménologique'에 관한 요구가 그것이다. 미셸 앙리는 이것을 본 유일한 철학자는 아니었다. 하지만 그는 이것을 일관되게 요구한 유일한 철학자였다. 현상학적 이원론은 두 개의 현상성에 관한 인정이다. 전통적 현상학 그리고 고대 그리스 철학에서부터 지금에 이르는 주류의 철학은 '현상학적 일원론monisme phénoménologique'에 해당한다. 고전 철학은 현상, '나타나기apparaître'를 설명하는 보편적 방식의 존재를 인정함으로써 그와 함께 다른 방식의 존재를 철저히 배제한다. 물론 이런 배제는 체계적으로 진행이 되었기보다는 결과적으로, 어떤 의미에선 무의식적으로 이뤄졌다. 미셸 앙리는 하나의 나타나기가 아닌, 이때의 나타나기는 '세계의 나타나기'인데, 두 개의 나타나기가 있다고 주장한다. 바로 '삶의 나타나기'며 그 본질은 더는 지향성이 아닌, 지향성의 '탈자태'가 아닌 '촉발성', 그 '자기 촉발auto-affection'이다. 자기 촉발을 본질로 하는 삶은 근본에서 주관적 삶이며, 내 삶이며, 나 자신이다. 그곳에서 중요한 건 더는 중립적인, 무관심한,

익명의 세계가 아닌 고통과 쾌락, 불안과 욕망, 사랑과 절망, 슬픔 같은 것이다. 그리고 그 안에서 나는 나 자신을 쉴 새 없이 껴안는다. 고통은 언제나 내 고통이며, 쾌락은 언제나 내 쾌락이다. 나아가 나 자신은 내 안의 이 고통과, 내 안의 이 쾌락과 일치하고 그와 같아진다. 내 안의 이 고통, 이 쾌락은 내 삶이며, 나 자신이다. 그런 것과 내 삶, 나 자신은 분리할 수 없으며 그러할 때 더는 가능한 삶이란 있지 않다. 삶은 어떤 방식에서도 결코 익명의 삶이 아닌 주관적 삶, 내 삶이다. 모든 삶에서 삶은 한 개인의 삶, 그 개인 주관의 삶이다. 익명으로서 가능한 삶은 없다.

촉발성, 주관성에 이어 삶을 규정하는 또 하나의 본질적 특성은 내재성이다. 자기 자신을 일으키는 속에서 삶은 자기 자신에게 자신을 주며, 자기 자신을 느끼고 자기 자신을 깨닫는다. 삶의 내재성은 자기 자신에서 분리되는 걸 금지한다. 삶에서 주어지는 모든 것은 자기에서부터 자기 안에서 자기에게 주어지고 채워진다. 바깥, 타자, 간극 같은 것이 끼어들 틈이 조금도 없다. 삶의 내재성은 그 모든 지향성을, 외재성을 철저히 배제하는 절대적 내재성이며 이 절대적 내재성은 삶의 주관성을, 우리 자신의 주관성을 마찬가지로 절대적 주관성으로 만든다. 더는 객관성, 대상과 상대되는 것으로서 이해된 주관성이 아닌, 대상을 가능하게 하는 '형식'으로서 주관성이 아닌 그 자체로서 이해된 주관성이다. 이 주관성은 살아있는 주관성이며 내재적, 절대적 주관성이다. 미셸 앙리는 주관성을 자기 자신을 깨닫는 데s'éprouver soi-même 그 바탕을 두는 것으로 규정하며 이 바탕, 현상학적 바탕 없이는 어떤 주관성도, 어떤 자기성 ipséité도, 따라서 어떤 주체도, 어떤 자아도 가능하지 않다. 책상이 책상인 것은 곧 그것이 살아 있지도, 따라서 느끼지도, 따라서 주관도 자아도 아닌 것은 그것이 그 안에서 끊임없이 자기 자신을 느끼고 깨닫는 행위를 수행하고 있지 않아서다.

이 촉발적, 내재적, 주관적 삶은 또한 감성sensation으로서 삶, 다시 말해 자기 자신을 느끼고 이에 바탕을 두어 다른 모든 것을 느끼는 삶이며 미셸 앙리가 야만의 시초로 지목한 갈릴레이의 환원에도 어쩔 수 없이 세계를 감각적 세계monde sensible로 만드는 것이다. 갈릴레이의 환원은 삶과 삶에 속하는 모든 것, 그 감각 성질을 작용 밖에 두는 데 있다. 그러나 우리가 실제 사는 세계는 그처럼 환원된 세계, 수학화하고 기하학화한 세계가 아닌, 삶에 바탕을 둔 감각적 세계. 이런 세계는 더는 세계 단독이 아닌 '삶의 세계monde-de-la-vie'다. 감각적 내용을 뺀 세계는 추상화된 세계일 뿐 실제 세계가 아니며 감각적 내용 없이, 삶 없이 가능한 세계는 없다. 세계는 그 실재성이나 가능성을 삶에 빚진다는 의미에서, 또 삶의 욕구와 그 기본적 욕구(음식, 주거, 에로티시즘…)에서부터 상위의 욕구(종교, 예술, 윤리…)에 이르기까지 그 욕구를 만족하기 위해 그 실천이 행해지는 실천적 세계라는 의미에서 삶의 세계다.

삶에 속하던 세계에서 삶과 세계의 분리는 불가능하기에, 그런 세계는 가능하지 않기에, 좀 더 정확히 말해 삶이 배제된 세계는 그 황량하고 처참한 풍경을 우리 앞에 드리운다. 그 풍경은 더는 아름다움으로, 숭고함으로, 비장함으로, 경이로움으로 우리를 채우고 우리를 풍요롭게 하던 삶의 풍경이 아니다. 삶이 더는 가능하지 않은, 따라서 문화가 더는 가능하지 않은, 문화가 사라지고 그 자리에 말하자면 사이비 '과학적 문화'가 활개치는 빈곤과 좌절의 풍경이다. 삶과 문화의 본질적 관계에 관한 이해는 야만을 규정하게 해준다. 미셸 앙리에게 문화는 '삶의 자기 변화'이자 그 '자기 성취'다. 그리고 미셸 앙리는 우리 시대를 야만의 시대로 규정한다. 야만의 시대, 곧 우리 시대에 가능한 문화란 없다. 야만은 문화가 싹트기 바로 전의 상태가 아닌 문화가 죽기 시작하는 바로 거기에 그 얼굴을 내민다. "야만은 시작이 아니라 폐허다." 야만은 삶의 무지이자 배제이자 제거다. 이런 의미에서 갈릴레이에서 시작된 근대 과학은 한편으로 지식의 엄청난 축적이란 놀라운 결과를 가져오면서 이 지식이 문화로 이어지지 못하는, '지식과 문화의 분열'이란 엄청난 재앙을 가져온 야만으로 이야기된다. 과학은 본디 문화의 한 형태며, 본질적으로 삶에 그 뿌리를 둔다. 근대 과학이 이처럼 야만의 얼굴로 모습을 드러내는 것은 갈릴레이의 환원과 갈릴레이 이후 근대 과학을 사로잡은 객관주의, 과학주의 이데올로기에 그 책임이 있다.

이 객관주의 이데올로기는 좀 더 가까이 우리 안방을 차지한 TV에서 잘 볼 수 있다. 그 결과 우리나라는 성형시술 1위 국가라는 불명예(?)를 안게 되었다. 마치 자기 자신에서 내몰린 사람들이 자신의 잃어버린 정체성을 객관화된 무엇, 예를 들어 객관적 외모에서 찾는 듯하다. 마치 그들이 어찌하지 못하고 종국에는 뛰어넘지 못할 그들의 불안에서 벗어나려는 듯 말이다. 우리나라는 불행히도 성형시술에서만 1위 국가가 아니라 일본을 제치고 이제 자살 1위 국가로 등극했다. 예전하고는 비교하지도 못할 정도로 더 물질적으로 풍요로운 것 같은 이 사회가 사람들이 덜 행복한 곳으로, 나아가 살 수 없는 곳으로 변모하게 된 근본적 이유가 어디에 있을까?

여기서 우리는 야만에 관한 미셸 앙리의 진단에 또한 귀를 기울여 보아야 할 것이다. 만일 문화의 '폐허'로서 야만이 정치, 경제, 사회 전반에서 이미 빠르게 진행 중이라면 말이다.

성형과 자살은 야만이 낳은 많은 폭력 가운데 하나로 볼 수 있다. 여기에 자본과 기술 이데올로기에 잠식당한 '대학의 파괴'를 덧붙이자. 우리는 이미 오래전부터 팥소가 빠진 붕어빵처럼 학문이 죽은 대학, 허울만 대학인 대학, 당장의 지식과 실용적 지식만을 강조하는 대학, 대기업에 봉사하는 대학을 이야기해왔다. 오늘날 그 상황은 더 심각하기만 하다. 거기에 더해 대학의 경쟁력 강화를 위해 영어로 모든 강의를, 심지어 국문학을 할 것을 요구받는다. 언어가 우리의 얼이라 했을 때, 이는 대학에서 우리의 얼을 빼앗는 한심한 짓이 아닐 수 없다.

미셸 앙리가 이 책 7장에서 다루는 「대학의 파괴」는 어쩌면 우리 시대 야만을 보여주는 가장 상징적인 사례라 할 수 있겠다. 우리는 앞서 예술과 기술에서 그 극명한 사례를 보았다. 미셸 앙리에 따르면 이 모든 폭력의 기원에는 문화의 원천이자 야만의 원천으로서 삶의 본래적 에너지가 있다. 야만은 그 에너지의 제거가 아니다. 에너지의 억압이고 억압된 에너지의 전도된 방출로 이해된다. 미셸 앙리의 분석과 진단에서 더욱 놀라운 것은 근대 과학을 통한 삶의 배제가 종국에는 삶의 자기 부정이란 점이다. 결국 환경 파괴, 인간다움의 타락, 개인주의, 범죄, 공동체의 몰락, 노동의 소외… 이 모든 재앙의 근원에는 다른 무엇도 아닌 삶의 자기 부정, 삶이 스스로 자기 자신을 부정하는 일이 있다. 미셸 앙리는 이를 새로운 형태의 '니힐리즘'이자 '삶의 병'이라고 부른다.

1987년 이 책이 처음으로 프랑스에서 출간되었을 때 이 책은 대중적으로, 특히 마침 과학의 윤리적 방향에 관해 질문하던 생물학자 쪽에서 큰 성공을 거뒀다. 20년이 넘는 세월 뒤에 우리나라에 뒤늦게 소개되는 이 책은 그 현대성을 조금도 잃지 않았다. 우리는 이 책과 함께 이 책이 제시해주는 삶과 문화의 관계, 과학, 기술 나아가 공동체, 사회, 노동의 본성에 관해 다시 생각해볼 수 있을 것이다. 이 책은 한마디로 '삶을 위한 선언'이다.

2013년 11월
이은정

뉴아카이브 총서 11
야만
© 미셸 앙리, 2004

초판 1쇄 인쇄 2013년 12월 11일
초판 1쇄 발행 2013년 12월 26일

지은이   미셸 앙리
옮긴이   이은정
펴낸이   황광수
편집   김유정
저작권   유소영
마케팅   박제연 전연교
제작   이재욱

펴낸곳   자음과모음
출판등록   1997년 10월 30일 제313-1997-129호
주소   121-840 서울시 마포구 서교동 396-33번지
전화   편집부 02) 324-2347 경영지원부 02) 325-6047
팩스   편집부 02) 324-2348 경영지원부 02) 2648-1311
이메일   inmun@jamobook.com
커뮤니티   cafe.naver.com/cafejamo
트위터   @jamo_r

ISBN 978-89-5707-791-7(03160)